都市命案奇谈

似水无痕 / 著

疑云记

文汇出版社

图书在版编目（CIP）数据

疑云记：都市命案奇谈／似水无痕著．－－上海：
文汇出版社，2014.10
 ISBN 978-7-5496-1280-2

Ⅰ．①疑… Ⅱ．①似… Ⅲ．①推理小说－中国－当代
Ⅳ．①I247.5

中国版本图书馆CIP数据核字(2014)第223061号

疑云记
都市命案奇谈

作　　者 /	似水无痕
责任编辑 /	张　涛
装帧设计 /	王　翔
出版发行 /	文匯出版社
	上海市威海路755号
	（邮政编码200041）
经　　销 /	全国新华书店
印刷装订 /	江苏省启东市人民印刷有限公司
版　　次 /	2014年10月第1版
印　　次 /	2014年10月第1次印刷
开　　本 /	890×1240　1/32
字　　数 /	290千字
印　　张 /	10.75
书　　号 /	978-7-5496-1280-2
定　　价 /	26.00元

·版权所有　侵权必究·

目录

楔　子 …………………………………… 001

第一章　漂流瓶的诅咒 …………………… 003

第二章　染血的焰火之章 ………………… 043

第三章　命案目睹 ………………………… 079

第四章　偷窥校园 ………………………… 109

第五章　眼之祭礼 ………………………… 143

第六章　洋娃娃城堡的饕餮之宴 ………… 181

第七章　夜总会连环杀人案 ……………… 219

第八章　消失的证据 ……………………… 241

第九章　第三个凶手 ……………………… 267

第十章　未完结的旅途 …………………… 301

尾　声 …………………………………… 335

YI YUN JI 楔子

那是一双宝石般湛蓝且漂亮的蓝眼睛,此刻正如捕捉猎物般紧盯着眼前的男人。忽然间一个利索的转身,凌空击肘抬腿,宛如敏捷优雅的豹,所有动作一气呵成,那比她高出一头多的男人就痛呼一声倒地,甚至身形都往后滑动了几分。

他揉着腰际坐起身看着眼前身穿白色道服的少女,哀叫着抱怨:"我说雪莹,你就不能偶尔手下留情一次吗?每天被你这么摔下去,不死也要变痴呆了。"

"我有分寸的。"满不在乎的清脆女声扬起。

"才怪——"

那人刚要反驳,门口传来几声寥寥的掌声,那少女循声转过头,露出一张灵动秀气的脸来。看样子这名叫雪莹的少女不过二十来岁,典型东方美女的瓜子脸,小巧的下巴,尖而挺的鼻子,红润小巧的唇,黑亮的长发束在脑后,匀称有致的身形,看上去与普通的学生无异。但让人无法移开视线的,是那东方人所没有的蓝色眼眸。那究竟是双怎样的眼睛,剔透得没有一点杂质,却含着与她年龄所不符的凌厉。这样的眼眸,放在那充满东方韵味的脸上,竟然没有一丝不协调,反而使她平添了几分美丽。

看到站在门口的人,雪莹露出笑容,她丢下还坐在地上的男人,

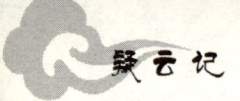

头也不回地向门口走去,"莫叔,怎么到这里来了?"

"正好到附近办案,调查完就顺路过来看看。"莫警官慈爱地看了看雪莹,又连忙补充道,"只是平常的入室盗窃,就没叫上你一起去。"

雪莹接过同伴递过来的毛巾,擦着脸上的汗,"没事,爸爸不是一天两天就能找到的,这我心里明白。"

莫警官叹了口气,"只要你不放弃希望,总会有线索的。"

"嗯,我会守着侦探社继续寻找。"雪莹的蓝眼睛中闪过坚定的神色,"只要有一线希望,我都不会放弃。"

"你是好孩子,我也会尽我所能帮助你的。"

莫警官看着眼前的雪莹,心里也不禁有些感伤。雪莹的父亲和他曾是警校的至交,但毕业后,她的父亲便和家人一起去了美国,做了当地的警察,并在那里和一位美国女子结了婚。中间几年他们一度失去了联系,可忽然有一天,他带着年幼的女儿回了国,并拒绝了莫警官邀请他到警局来供职的提议,自己开了间侦探社。

三年前,他追踪一个叫 M 的连环杀人犯,这本来不是他侦探社的范围,可他却表现出非同一般的执著,让莫警官至今也无法理解。在一次追踪中,雪莹的爸爸和 M 一起失去了踪影,谁也不知道到底发生了什么事。

那时候才步入大学的雪莹,坚强地接管下侦探社,她始终相信,只要追踪着那些离奇的命案,总有一天会发现 M 的踪迹,继而寻找到父亲。因此莫警官也利用工作之便,一直从旁帮助她。

"莫叔别站在门口,不进来坐坐吗?"雪莹笑看着莫警官。

莫警官看了看表,脸上颇有些无奈,"我也想,可是最近警局刚来了几个新人,我得回去看看。"

"新人?"雪莹眼中闪动出好奇的神采,"是什么样的新人?"

莫警官摇了摇头,双手一摊:"现在的新人啊——"

他的一声长叹,淹没在道场嘈杂的声音中。

YI YUN JI 第一章

漂流瓶的诅咒

[一]

　　昏暗的路灯下，他专心地擦拭着手中小巧的玻璃瓶，那动作很慢很轻缓，仿佛世间无双的珍宝。擦完之后，他凝视着手里的瓶子怔怔地发呆，有那么一瞬间的犹豫从他的脸上闪过。一阵夜风吹得树叶沙沙响，树影在夜风的摇曳下张牙舞爪地扑向专注站在原地的人，也使他的思绪清晰起来。他很快便坚定了自己的决心，用力握紧手里装着纸条的瓶子，走到河边，蹲下身把瓶子浸湿，然后趁着夜色来到不远处的一栋豪华的别墅前，把瓶子小心翼翼地摆放在门口。

　　他的目光凝视着在月光照耀下，泛出青白光芒的玻璃瓶，嘴角露出狰狞而冷酷的笑容。该是动手的时候了，这么多年，他等的就是这一刻。他又看了那瓶子一眼，才摘下手上的白手套，匆忙转身消失在无边的黑夜中。

　　雪莹抱着书本走向大学门口，准备一会儿去侦探社看看情况。多亏了以前父亲创下的良好口碑，才使得即使她没有太多时间打理，侦探社也能支撑下去。不过本来她继续经营这侦探社就不是为了盈利，父亲失踪时的保险金，足够她衣食无忧。但对于雪莹来说，只要有希望能寻找到一丝与M有关的蛛丝马迹，她都不会放过，只有这样，她

才能感觉到与父亲更加接近。

才走到学校门口,口袋里的手机响了起来。雪莹拿出来接通,莫警官的声音立刻传了出来。

"雪莹,你现在在哪?"

"在学校门口,正准备去社里。"

"太好了,你先别回去。"莫警官的语气短促而严肃,"滨河小区发生了一起命案,离你学校不远,你要不要来看看?"

"好,我这就来。"

雪莹简短地回答完,就挂断电话。她抬手看了看表,正指向中午12点,看来午饭是吃不上了。她是从心里感谢莫叔的,如果没有他,自己不会有这么多机会参与命案的调查。M只热衷策划命案,虽然从雪莹父亲失踪的那次追捕之后,M已经销声匿迹了很久,但雪莹有预感,只要她一直追查下去,M就总有一天会出现。对于她来说,不愿意错过任何一个可能。

骑上自行车大约15分钟,雪莹就来到了滨河小区。小区依护城河而建,虽然算城外,但它的地理位置和定位的人群,使得这里一跃成为数一数二的高档住宅区。

雪莹骑着车从大门进去,小区的院子大得堪比他们大学的整个校园,到达莫警官说的那栋别墅的时候,足足又用去了十几分钟。

出了事的别墅早已经被用警戒线封锁了起来,和大部分现场的外围不同,这里竟然没有太多围观的人群。雪莹不禁又环视了一下四周,住在这里的人非富即贵,想必更加重视忙于自己的事,没有太多的时间关心其他人家发生的事情。

在莫警官的授意下,雪莹得以顺利进入现场。这是一间装修堪称豪华奢侈的二层别墅,屋子里干净整齐,没有任何搏斗和翻动过的痕迹。她在走进来的时候留意到,门锁也是完好无损。中午的日光从客厅的落地窗照进来,带着夏日特有的炙热拂面,却愈发显得有种阴冷的气息在肆意蔓延,不经意间引出阵阵寒意。

一股血腥的味道在屋子里弥漫开，让雪莹不由得微微皱眉。落地窗前的纱帘微微浮动起来，可却炙热得感受不到一丝风。窗前的茶几上，两个白色茶杯并排而放，看上去整齐而有序，像随时等待人来取用。在尸体被发现的一层楼梯下，画着白线的大理石地板上，仍清晰可见一摊血迹，看似尸体已经被搬走有些时候，血迹凝结成暗红色，却依旧触目惊心。

"雪莹，你来了。"莫警官走了过来。

"死者是什么人？"

莫警官把手里的一摞照片交给了雪莹，雪莹翻看着，照片里一个中年男子侧着脸俯趴在地。他脸色灰白，有些青斑，身体僵硬，失去焦距的眼中带着几分惊恐，血从他脑后的伤口直淌到地板上。

"郑雷，这个别墅的男主人，蓝印房产开发公司的经理，法医初步鉴定死于大概两小时前，死因是从楼梯上跌落下来，头部受到猛烈的撞击，是他妻子回家第一个发现的尸体报了案。"莫警官从旁解释。雪莹仔细端详着照片里的郑雷，只是普通的现场，但不知为什么，郑雷的目光却让她在意。

"是意外吗？"麦嘉玮一边做着记录，一边问道。

"看上去并不是自己摔下来的，应该是被人从身后推下来。"雪莹边说，边做出推搡的动作。

"为什么这么肯定不是他自己失足掉下来的？"麦嘉玮追问。

雪莹摇摇头说："看这照片尸体的方向，如果不小心滑落下来，一定会下意识自保以减缓冲击力，应该会侧向倒地，可尸体却是顺着楼梯的方向，很明显是在毫无准备的情况下被从身后猛力一推，脸向下掉下来的。"

她说到这里忽然停了下来，诧异地循声望去，看向站在她身后发问的人。一张年轻而阳光帅气的脸，偏偏顶着一头有点蓬乱的黑发，手里拿着本和笔，正露出恍然大悟的神情看着雪莹。

"这人是谁？没见过。"雪莹向莫警官询问着。

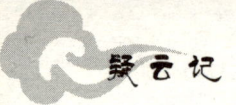

莫警官叹了口气说道:"我给你们介绍下,他是警局来的新人,麦嘉玮,这位是我好朋友的女儿,能干的侦探,雪莹。"

麦嘉玮看清雪莹的脸微微一愣,才回过神来把笔和本交到一只手上,有些慌忙地要摘下手套和雪莹握手。雪莹只是一点头算是打过招呼,然后就转过头不再看他。

"莫叔,死者的妻子怎么说?"

莫警官向一旁指了指,"我正要去做笔录,你也一起来吧。"

[二]

客厅那看上去价格不菲的布艺沙发上,坐着一个脸色苍白的女人,她便是郑雷的妻子林雨。她用面巾纸半掩着脸低声地哭泣着,虽然看上去保养得极好,但毕竟人过中年,脸上已经掩不去岁月的痕迹。

雪莹和莫警官在她旁边的转角沙发上坐下来,她的视线落在茶几上并排整齐摆放着的两只白色茶杯。"您丈夫今天在等客人吗?"

林雨摇摇头,"早上我开车带痴呆的公公去看心理医生,他一个人留在家里看文件,没说约了人。"

这个客人会是谁?和郑雷的死有没有联系?雪莹思索着,看着杯子里一口未动的冷茶,不抱什么希望地开口问道:"杯子上什么线索都没有吧?"

"你怎么知道?确实只有其中的一只杯子有死者郑雷的指纹和DNA,另一只杯子上什么都没有,可见凶手很小心地擦去了指纹。"麦嘉玮不知何时已经又把笔和本拿在手中,一副颇有些惋惜的表情,"所以什么收获都没有。"

雪莹微微一笑,嘴角扬起一个漂亮的弧度,"不一定,至少告诉了我们,这不速之客就是凶手,而且,还是死者认识的人。他这么小心地不留下任何痕迹,不正说明了这一点吗?"

"这我也知道。"麦嘉玮有些不服气地撇了撇嘴,用笔敲打着笔记本,"关键,要知道这人是谁。"他转向坐在一旁的林雨问道:"郑太太，有什么人和你先生有过节？"

林雨放下拿着纸巾的手，雪莹这才注意到，她脸上的悲戚看起来并不明显，刚才的哭泣有些故作声势的样子。林雨顿了顿，才开口说："我先生这一行难免会得罪很多人，生意上的竞争对手，收购案里的对象什么的。"

"目前郑先生在做什么案子？"

林雨又摇了摇头，"他的生意我从来不过问。"

雪莹从那两只茶杯上收回视线，插口问道："您刚才提到郑先生的父亲有痴呆症？所以您当时才没在家？"

"我公公已经痴呆很多年了，所以才会定期找心理医师去做治疗，可近几年却越来越严重，需要去治疗的次数也越来越多，今天也是约好了俞医生，所以一早我就开车带他去俞医生的诊所了。"

"俞医生？也就是说，他能证明你当时不在场？"雪莹追问。

"我们派人通知了他，那个心理医生已经在来这里的路上了。"莫警官解释着，然后他转向林雨询问着，"这几天家里有没有什么奇怪的事发生？"

林雨侧头沉思了片刻，忽然像想到什么陡然睁大了眼，神色露出恐惧，"也许是那个——"众人因为她的话一起看着她，等待着她的下文，林雨脸色看上去比刚才更加苍白，身体也有些微微颤抖起来，她深吸一口气才说，"前几天有人在家门口放了个瓶子，里面还有一封信。"

"那瓶子现在在哪儿？"莫警官追问。

"在书房，我去拿来。"

莫警官向麦嘉玮使了个眼色，麦嘉玮便合上手里的本和林雨一起走向了楼上。正在这时，一个戴着无框眼镜的年轻男人在警察的带领下走了进来。雪莹默默打量着他，整齐的衣着，干净斯文的气质，等他走到面前才问道："俞医生？"

那人露出微微惊讶的表情："认识我吗？"

雪莹摇摇头,"听莫警官说在等俞医生来,就大胆猜测了。"莫警官听了暗自一笑,雪莹继承了她父亲缜密的心思和观察能力,从来不会做没有根据的猜测,每个职业的人都有自己特有的习惯,要依据这些猜测出眼前人的身份并不困难。

"俞斌。"那人点点头,也没有再多说,从口袋里拿出名片递给了莫警官,看向雪莹的时候犹豫了一下,也拿一张给了她。雪莹接过来扫了一眼,"俞斌诊所",真是简单的名字。不难看出这俞医生的性格。

"俞医生是开私人诊所的?"

俞斌推推架在鼻子上的眼镜,"小地方而已,一般就接待些认识的病人。"

"俞医生太谦虚了,刚才听郑太太说,到您的诊所看诊的基本都是这一带有头有脸的人物。"莫警官笑笑,指了指一旁的沙发,示意一旁的警察打开记录本,"请坐,我们只是问几个问题。"

"今天早上郑太太是不是去了诊所?"看俞斌点头,莫警官继续问,"大约几点?"

"9点半左右,一直到10点半。"

"时间确定没错?"莫警官又问道。

"我预约表上有时间的记录,做我们这行,对时间很有概念,肯定不会错。"

莫警官看了一眼雪莹,雪莹沉吟了一下,补充问道:"你治疗的过程中,能确定她一直在旁边吗?"

俞斌摇摇头,"是这样的,我诊疗室向来不容许家属陪同进去,他们都是在旁边的会客室中等着,郑太太当然也一样。"

"她离开过吗?"

"这个——"俞斌一顿,"我就不清楚了,你们可以问问诊所的护士。"

又问了几个问题后,莫警官将记录推到俞斌的眼前:"目前没别的问题了,请俞医生在这里签个字,以后可能还要麻烦俞医生配合我们的调查。"

"这是应该的。"俞斌笑着回答，并在笔录上迅速签下自己的名字。

雪莹又看了眼俞斌，从他波澜不惊的脸上看不出任何端倪。心理医生，这是对她来说最难打交道的职业之一，如果他们刻意要掩饰自己的情绪，总要花上更多的时间去揭破那层伪装。不过他的话中听不出什么问题，也没有为林雨做开脱，因此没有太多怀疑的理由。

正在她沉思时，从二楼处忽然传来一声惊叫，是林雨的声音。雪莹和莫警官对视一眼，起身向楼上跑去。

[三]

二层书房的门口，麦嘉玮正盯着眼前的人一脸无奈，而林雨的脸色略有些受了惊吓的苍白。站在他们面前的老人，头发已全白，大约有六十多岁的年纪。那目光说不上的怪，似乎没有焦距般，神情恍惚中又透出一丝兴奋。

"爸，您别闹了。"林雨颤声劝着。

"把那瓶子给我。"顾虑到对方是个痴呆的老人，麦嘉玮也放轻了声音，哄劝着。

经麦嘉玮这样一说，雪莹和莫警官这才注意到，老人手中拿着一个玻璃瓶，看到突然间出现这么多人，他匆忙把瓶子紧紧抱在怀中，并用另一只胳膊护着。谁也不敢贸然上前，怕他情急之下打破了那玻璃瓶。虽然不知道是不是对破案有帮助，但总不能放过任何一个线索。

气氛瞬间安静下来，老人警戒地环视四周，空洞无神的眼中一簇火焰越燃越旺。忽然间他大笑起来，且一发不可收拾，脸上的褶皱随着他夸张的笑容挤成一团，看上去有些恐怖，那尖厉的笑声也随之响彻整个屋子，让人忍不住脊背生寒。"诅咒要应验了，报应，这都是报应——"

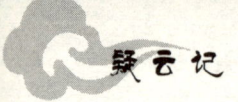

老人的话让雪莹和莫警官对望了一眼,麦嘉玮则趁这个时候敏捷地上前,手腕一拉一翻,那瓶子已落入他手中,这倒让雪莹有些意外,没想到这新人也有可取之处。老人似乎不甘心地还要上前夺回瓶子,却被跟上来的警员拉住动弹不得。

"交给我吧。"俞斌不知何时也站在了一旁。莫警官示意警员把老人送进房间里,俞斌也跟进去。看着关上的门,雪莹凝神飞快地思考着。

再坐到楼下的时候,林雨有些微微的颤抖,如果说刚才是失去丈夫的悲伤,那现在她脸上的不安又是什么呢?莫警官向麦嘉玮一点头,麦嘉玮带上白手套,打开了手中的玻璃瓶,取出里面不足巴掌大的一张字条,展开在众人眼前,上面歪歪扭扭地手写着寥寥几个字,读起来却触目惊心——"亡魂很快会来索命"。

"这是什么时候收到的?"莫警官皱着眉问。

林雨似乎不敢看那字条,移开视线不安地回答:"前天晚上,放在家门口。"

"郑太太,你是不是知道些什么?"莫警官顿了下,问出大家的疑惑,"和刚才老先生提到的诅咒有什么关系?"

雪莹默默观察着林雨,她的目光有些游离,并不直视大家,只是勉强一笑。"空穴来风而已,几年前开发这片地方的时候,我先生和这里原来的业主产生了一点摩擦,没什么大不了的。"

这时一个警员快步走过来,手拿一个小口袋递到莫警官面前,并低下头耳语几句。莫警官接过来,放到桌子上,一个小巧的钻石耳饰在正午阳光的照耀下熠熠生辉。莫警官看向林雨,"这是郑太太你的东西吗?"

一丝微光从林雨眼中闪过,那一闪即逝的慌乱没有逃过雪莹的眼睛。林雨摇了摇头,"不是我的,没见过。"

"带回去查查看。"莫警官把那耳饰交给一旁的麦嘉玮。

"这个是不是也需要查一下?"麦嘉玮将一叠文件递到莫警官眼

前,"在书房的桌子上发现了郑雷现在手头的收购案,好像和另一家公司竞争得很厉害。"

莫警官点点头,又转向林雨,"郑太太还有什么要补充的吗?"见林雨摇头,他站起身,"再想起来什么请随时和我们联系。"说完向门外走去,雪莹和麦嘉玮也跟了出来。

"你怎么看?"莫警官侧头向雪莹询问着。

"林雨没全说实话。"

"说得对。"莫警官赞同道,"今天我们回去看一下现场发现的一些线索和数据,有消息通知你。"

雪莹比了个OK的手势,摸着早就饿扁的肚子,有气无力地拍拍自己的脚踏车,"我就在社里等,不过在这之前,我要先喂饱肚子,不然没法好好思考。"

莫警官哈哈一笑,拍拍雪莹,各自向不同的方向走去。

父亲留下的侦探社是一栋两层的老旧公寓,雪莹就住在二楼。她当然没有维修的钱,也不认为有这个必要。虽然这楼的玻璃窗冬天会漏风,地板偶尔会渗水,木质的楼梯走起来咯吱作响,会被初次踏入的人误认为鬼屋,但雪莹不在乎,她希望这里能维持着父亲走时候的原貌。

自从她接手后,生意便不再像以前那么好,想想也是,谁会把重要的案子交给一个看上去弱不禁风的大学女生呢?也就只有以前父亲的一些客人,或者莫警官介绍来的生意,但无非也就是寻找失物什么的,幸好她不指望着这笔钱来生活。

雪莹吃饱饭回到侦探社,坐在并不宽大的桌子前,目光凝视着桌上相框中笑得灿烂的父亲出神,这似乎成了她每日的必修功课。正在这时,电话响了起来。雪莹接起来,里面传出轻快的女声,是雪莹的好友方子晴。"雪莹,你今天怎么没来道场?"

雪莹微微一笑,"去了案发现场。"

"有收获吗?"子晴的声音关切起来,作为雪莹最好的朋友,她是

唯一了解雪莹家里事情的人,当然也知道雪莹爸爸的事情。

"目前还没有。"

"一定会有线索的。"子晴安慰着雪莹,使声音听起来更加轻松,"你明天会来吧?大师兄还嚷着要再和你比个高下呢!"

"他一次都没赢过,还好意思说?"

雪莹轻笑,又和子晴闲聊了几句,才挂断了电话。刚要起身去给自己倒杯水,电话又响了起来。

[四]

雪莹撇撇嘴,无奈地又接起电话。

"雪莹,分析调查的结果出来了,我想听听看你的想法。"莫警官的声音从话筒中传了出来。这倒引起了雪莹的兴趣,她倾身靠向椅背,做好倾听的准备,然后等着莫警官继续说下去。"我们核对了下现场取证的脚印,据林雨的证词,保姆三天前就请假回家了,走前做过清扫,也就是说,这些提取到的脚印,都是这三天之内新留下的,除了郑雷夫妇、郑父,还有医生俞斌,和一个不知名的女人的足迹。"

"女人?"这让雪莹不由得想到那见到的耳饰,"除了郑家人以外,俞斌是私人医生,在那里出入不奇怪,可那女人是谁?"

"是啊,看来我们要查查看这位女客人了。另外,可别小看那俞医生哦,他是美国专攻心理治疗这方面的专家,年纪虽轻已经有不少成果。"电话另一端传来纸张翻动的声音。

"美国——"雪莹低声重复道,但很快就又将思绪重回到案子上,"那竞争对手和以前的业主,查得怎么样了?"

"竞争的公司负责人那里——"

"死胡同是吧。"雪莹接口,"像郑雷那样的人,如果真竞争如此厉害,不会客气地在家里招待竞争对手,还请他喝茶这么大方才对。"

"没错,那人有确切的不在场证明,不过却有个有趣的发现。"

"莫叔你就不要吊人胃口了。"雪莹兴致陡生起来,她从手边的笔筒里抽出一支笔,把话筒夹在脖颈间,伸手扯了张便笺纸,简要地做着记录。

"那块地以前是一个姓宋家族的祖坟,据说郑雷当初经手开发这个小区的时候,宋家人起初并不肯出让,可突然间被牵扯进一桩商业欺诈案里,那时闹得很厉害。不久宋家就宣告破产,宋家的后人妻离子散,只能卖掉一切远走他乡。但据说那人临走前留下一句话,大意是破坏这一切的人,将会永远受地下亡灵的诅咒,总有一天宋家的祖先会显灵来讨回这一切。"

"这就是那个诅咒的来由?"

"恐怕是的。"莫警官附和道,"而且林雨对这件事避而不谈的态度显然有问题。"

雪莹用手中的笔轻轻敲打着桌面,沉思片刻,"心中有鬼,不奇怪,显然当初的事情他们做了手脚,郑雷为了达到收购的目的不择手段,如果这样说,那姓宋的为报复而杀人的嫌疑就很大了。"

"我们正在联网查他的去向。"

"不过——"雪莹迟疑道,"郑雷会打开门接待对自己怀着深仇大恨的人吗?"

莫警官轻轻一叹道:"有线索总不能放过,先查查再说。"

"还有那丢了耳饰的女客人。"

"对,还有那女人。"莫警官加重语气重复着,然后便结束了对话。

雪莹收了线,目不转睛地看着笔下的记录,白天现场的情景又仿佛电影画面般闪现而过。她微微皱眉,好像有什么思绪一闪而过,但又无法准确地捕捉……

雪莹一边整理着身上的道服腰带,一边和子晴闲聊着从更衣室走出来。在思考案子的间隙,她喜欢靠运动来使头脑放松。

"今天练习完一起去吃点东西吧？"子晴留着一头利索的短发，有种男孩子般的豪爽，笑起来一脸阳光。

"没问题，正发愁晚上不知道吃什么好呢。"雪莹笑着答应下来，走到前几天刚被她摔出去的"大师兄"面前，晴空般蔚蓝的眼睛里含着狭促，"听说'大师兄'你昨天吵着要和我比划下，难道是怀念被摔出去的滋味？"

"大师兄"干笑两声，有些尴尬地摸着头，"我也就是那么一说，自从雪莹你来这道场，什么时候有人赢过你？"

雪莹微微一笑，母亲在她很小的时候，在美国死在黑帮的流弹下，因此她对母亲的记忆已经有些模糊。但父亲希望她在任何时候都能很好地保护自己，从她记事起，就训练她各种技能，格斗自然不在话下。

"'大师兄'太谦虚了，没有你每天任劳任怨的做沙包陪我练习，我又怎么能进步这么快？"雪莹丢给"大师兄"一个灿烂的笑容，那漂亮的面孔让人有些迷醉，"所以还要麻烦你继续陪我练习了。""大师兄"露出个我就知道的表情，尽管想到被丢出去和全身酸疼的命运百般不甘心，却还是认命地站起身走到场地中间。

"雪莹，有人找。"门中一个声音适时响起，"大师兄"悄悄舒了口气，这声音在他听来有如天籁一般。

雪莹疑惑地看向门外，一个似曾相识的男人走了进来。雪莹偏头飞快地思索了一下，那人已经走到眼前。"如果我还没认错的话，你是雪莹吧。"

"才一天就忘了？你好，新人，来这里有什么事？"雪莹淡淡一点头，打趣道。

麦嘉玮不满地撇嘴，皱着眉抱怨道："我不叫新人，叫麦嘉玮。"

雪莹虽然没有过目不忘的本事，但对记忆力还是很自信的。她不以为然地看了眼麦嘉玮，"我知道，我记性比你好很多，你怎么来了？"

麦嘉玮又看了雪莹一眼，但想到自己来这里的任务，还是把一丝怒气忍了下来。"我办案顺路经过，莫警官让我给你带点东西。"他拿出几张纸递到雪莹面前，同时也打量着眼前的女生，从昨天开始他就觉得奇怪，莫警官为什么如此照顾她？办案还会参考她的意见？她看上去比自己还要小上几岁，到底有什么本事？

"宋家人的踪迹查到了？"雪莹翻看着。

麦嘉玮点点头，脸上一抹憾然，"可惜根据美国传回来的资料，那人已经死了好几年，也无亲无故。"

雪莹饶有兴味地笑道："死人是不会杀人的，对吗？又是一条死胡同。"

麦嘉玮露出一个"废话"的表情，忽然像想起什么，继续说道："也不能完全这么说，有一点很奇怪——"麦嘉玮说这话的时候，语气中有着强烈的疑惑。

[五]

雪莹从里面抽出一张纸，眼中闪过了然的神情，她出神地看着手里纸上的字迹，不禁也皱眉思索起来。

"你也发现了吧？我们找到当初宋家人签署的文件协议副本，根据笔迹鉴定的结果，那瓶子里的纸条，竟然和宋家人的签名同出自一个人。"

"可你刚才不是说那人早就死了吗？难道死人真的会来杀人？"一直站在旁的子晴插话进来，她吐吐舌头，搓了搓自己的胳膊，一脸惊怕的表情。

雪莹摇摇头，"这不可能，根本没有亡魂索命这么一说，这其中一定是有某种联系，而我们还没发现。"

麦嘉玮半张着还来不及合上的嘴，看了雪莹一眼，为雪莹抢了他的话而有些不甘。"我们也还在查宋家那人的情况，就是不知道能查到多少，毕竟时间不短了。"

"那耳饰的主人呢？"雪莹忽然问。

"还没找到。不过我倒觉得那女人也许就是普通的一个客人罢了,郑雷显然是被人大力直接推下去的,一个女人怎么可能有这么大力气?"

雪莹抬头看着麦嘉玮,蓝眼睛中一丝微光闪过,"那可不一定,即使女性,单臂也能提起 50 千克的物体,如果使出全力是绝对没问题的。"

麦嘉玮上下打量着雪莹纤细的身材,满脸的怀疑,"如果是你这样的,就肯定不行,一看就肩不能挑手不能提的。"

"那么确定的话不如来试试看?"雪莹钩起嘴角,露出意味深长的笑。

麦嘉玮接收到雪莹挑衅的神情,显然并不服气,他反问道:"怎么试?"

雪莹指了指身上的道服,又指向道场中央,向麦嘉玮一偏头,"上次在郑家夺下那瓶子的时候我看你身手挺敏捷,要不要比划一下?"

身边的子晴明显地倒吸了口气,侧过头看着雪莹。而正好经过的"大师兄"听见这话,面部表情有点抽搐,无限同情地看了眼麦嘉玮,又叹息着摇了摇头,才踱着步走开了。似乎没想到雪莹会这么说,麦嘉玮露出意外的神情,因为雪莹的夸奖还有几分得意,但随即便担忧地摇了摇头:"我要是伤了你怎么向莫警官交代?"

"不用交代。"雪莹一摊手,语调淡漠,"我们来打个赌,要是你赢,你可以提一个条件,我赢了,你就要听我差遣,怎么样?"

麦嘉玮用行动代表了回答,他自信满满地走到道场中央,笑看着不远处的雪莹,一脸不以为意:"怎样都可以,因为我根本不会输,我以前可是警校的格斗冠军。"

雪莹眼中一丝冷笑一闪而过,走向麦嘉玮。子晴叹了口气,也跟了过去,经过麦嘉玮身边的时候还不忘拍拍他的肩,语带几分"哀悼",她几乎可以预见到这不知死活的男人的下场。"希望你家里有跌打药,保重。"

行礼之后，敛去了笑意的雪莹瞬间好像换了一个人似的，她目不转睛地凝视着麦嘉玮，身形并不动，水蓝色的眼眸中散发出一股冷冽的气息，无形的强大压力笼罩着麦嘉玮。麦嘉玮从没有见过这样的目光，有些被震慑住，竟忘了此时的处境。在看到雪莹身形飞快移动时，才下意识出手。

刹那间麦嘉玮还没搞清发生了什么事，触目可及的，已经是道场的天花板。听到巨响，一直捂着眼睛的子晴这才从指缝中看去，麦嘉玮人整个呈"大"字形躺在了地板上。她放下手跑到麦嘉玮面前，蹲下身眨着眼看了地上的麦嘉玮一眼，接收到他充满不敢置信的眼神，才俏皮地向雪莹吐吐舌头，"好消息，还活着。"

雪莹微一笑，刚才的凛然之气顿时消失无形，脸上的线条随之柔和起来，一张少女的脸庞明艳动人。她走到仍躺在地上的麦嘉玮身边，用脚尖轻轻碰了碰他道："还好吗？"

麦嘉玮没有回答，只是定定地看着雪莹，似乎还在神游当中。看着麦嘉玮呆滞的样子，雪莹忍不住轻笑道："还要在地板上躺到什么时候？"麦嘉玮这才如梦初醒般回过神，一跃而起，但目光还停留在雪莹的脸上，若有所思。

"这就是轻视女性的下场。"雪莹得意地拍拍他，一挑眉，"还记得刚才的赌约吗？从今天开始你归我差遣了。"麦嘉玮张了张嘴，但什么也没说。"还有，谢谢你今天陪我练习。"

雪莹解开束着黑发的带子，手抚着长发转向子晴，愉快地说道："去吃点东西吧，肚子饿了。"说完便向门口走去，子晴向还愣在原地的麦嘉玮再次送上充满同情的一瞥，也追了出去。只留下麦嘉玮揉着被摔疼的腰，那一头零乱的短发看起来更乱了，蓬蓬地顶在头上，脸上神情复杂。

正午的太阳像个大火球，灼热地烤着地面。在这无风也无云的天气里，连树上的蝉都懒得叫上一声。顶着这样的阳光，两个身影在滨

湖小区的路上一前一后走着。

"我是用出勤的借口出来的,可不能太久。"麦嘉玮一脸疑惑地跟在雪莹身后,"真不明白你到底要干什么。"

"只是有些事有点介意,所以午饭后顺便来散步运动下。"雪莹头也不回答道。

麦嘉玮白了一眼高挂在头顶的太阳,用手遮着刺眼的阳光,"散步?在这时候?为什么非要拖我垫背?"

"因为你是警察,我一个人去名不正言不顺。"雪莹终于转头看了麦嘉玮一眼,但仍没停下脚步,她露出个揶揄的笑容,"不记得了?你打赌输掉,所以是我的人了。"

"你——"麦嘉玮因为她的说法直瞪眼,但也说不出什么。

"嘘——"雪莹忽然停下脚步,打断麦嘉玮的话,伸出一只手指示意他噤声,并且目不转睛地望向前方。

麦嘉玮顺着她的视线看去,郑雷的别墅就在眼前。但更让他吃惊的是别墅前静立着的,是一个女人的身影。

[六]

那是一个长发披肩的女人,看上去身材窈窕,从这个角度无法看清她的脸。麦嘉玮移动着身体,尽管他很小心,那女人还是听到了响动。她转过头往这边看了一眼,麦嘉玮连忙拉了雪莹蹲下身,两人几乎鼻尖相碰,温热的气息扑在彼此的脸上,近得能听到彼此的心跳声。

两人的脸瞬间都有些异样的红,尴尬地转过脸,不约而同从树丛的缝隙中看向那女人。那女人定定地看了一会儿,似乎没发现什么,脸上露出些许不安,拿起手中的大墨镜戴在脸上,快步离去。

麦嘉玮率先站了起来,又拉起雪莹。两人好像避开病毒般迅速分开。麦嘉玮摸摸鼻子开口问道:"你怎么想?"

"看来我们要找的女人出现了。"雪莹一笑。

"记清她的脸了吗?"

雪莹指指自己的脑袋,"早说过,我的记忆力比你好。"

麦嘉玮这次没再反驳,只是干笑两声,"我们现在要干什么?"

"都到这里了,当然是去拜访下。"雪莹说完,兀自按响了门铃。

给他们开门的是林雨,她看上去有些憔悴,眼底带着掩不去的黑眼圈。准确说来,应该是种忧愁和疲惫,但却说不上十分悲伤。

"能进去坐坐吗?"雪莹微笑着问。

林雨看了眼雪莹身后的麦嘉玮,无声地点点头,闪身把他们让进屋里。屋子已经被收拾过,浮动着一股浓烈的空气清新剂的味道,可能想要遮盖住死人的气息,可显然并不成功,即使现在坐在客厅里,雪莹的眼前仍能重现出那天现场的情景。和第一次来时一样的午后,耀眼的阳光透过落地的玻璃窗直射进来,似乎能清晰地看到空气里飘着颗粒状的粉尘。与那天不同的是,今天那几扇窗户紧闭着,更加使得屋内憋闷起来。

林雨吩咐佣人端来两杯茶,可雪莹和麦嘉玮看着眼前的白色瓷杯,脑中不约而同地想起现场茶几上摆放的那两只茶杯,谁也没有了伸手去碰的想法。雪莹略一沉思,友善地开口道:"你还好吧?看上去很累。"

林雨长出了口气,缓缓地倚向沙发靠背,用有些黯然的眼睛望着雪莹,"你还年轻,又怎么会理解失去丈夫的这种痛苦?"

"既然这样,你就更应该配合警方寻找出杀害你丈夫的凶手,而不是有所隐瞒。"雪莹唇边露出一个若有似无的笑意,缓缓地说道。林雨所说的痛苦在雪莹心里一拧,失去亲人那种痛,她又怎么会不明白?

林雨脸上神情一滞,闪过片刻的焦虑,但很快又恢复了表情。"我不知道你们在说什么,对不起,恐怕帮不了忙。"

雪莹并不以为意,她早料到会是这样的结果,反正需要的资料莫

警官那里也能查到。她正思索着要怎么再开口,一阵不同寻常的吵闹打断了他们的对话。郑雷的父亲从楼上手舞足蹈地大笑着跑下来,嘴里念念有词,后面跟着一脸焦急的佣人。

"爸——"林雨无奈地站起身迎上去,却被郑父拉住,他孩子般地笑着,和那天的狰狞判若两人,唯一不变的,是那双焦距有些模糊的眼睛。"你看。"他举起右手,"他又要来了,亡魂又要来索命了。"

他满脸兴奋,完全不像在诉说着命案,却让周围的人都不由得感受到一股寒意。定睛看去,他手中握着个小玻璃瓶,在阳光的照射下亮得晃眼。雪莹向麦嘉玮使了个眼色,两个人同时移动上前,制住了郑父的行动。麦嘉玮小心翼翼地从郑父手里抠出那玻璃瓶,却空空如也。他向雪莹摇摇头,"只是普通的瓶子。"雪莹看着异常激动的郑父,脸上若有所思。

"夫人,郑先生他——"一旁的佣人犹豫地开口。

"什么?"

佣人看了雪莹和麦嘉玮一眼,喏喏地说:"他抢走了您交代我要扔掉的东西。"

"我什么都没交代过你。"尽管林雨极力掩饰,脸上却还是不禁露出了惊慌,她高声斥责佣人,"还站在这里干什么?还不赶紧去做你的事!"

林雨突如其来的反应让雪莹心念一动,她抓住郑父一直紧握的左手,一施力那手掌就张开了。望着他手心里静静躺着的一对钻石耳饰,麦嘉玮惊讶地睁大眼。"这不是上次现场发现的吗?"

"只是看上去一样而已。"雪莹淡淡说道,"你仔细看看,这耳饰是一对,没有丢失过。不过——"她顿了顿,看着面带颓丧的林雨,"这耳饰一看就知道价值不菲,为什么要扔掉?能说说它的由来吗?"

"是结婚纪念日,我丈夫送的。"林雨终于垮下双肩,低声坦白。她忧心地看了眼还在挣扎着,神情恍惚的郑父,"我能先送他去俞医生那里吗?不介意的话,你们可以一起跟来,也许等待治疗的时候我可以说点你们想听的。"

"你觉得呢？"雪莹转头询问着麦嘉玮。

"走一趟也许会有收获。"

"我倒是时间多得是，可某人不是偷溜出来的吗？"雪莹挑起眉取笑他。

麦嘉玮摸摸鼻子，干笑道："看，如果能得到有用的情报，我想莫警官不会介意我晚回去个一两个小时的。"

雪莹抿嘴一笑，算做了回答。

[七]

俞斌的诊所规模和一般私人诊所无异，并不大，家庭式设计。三室一厅，客厅用作接待室，最大的一间卧室就是诊疗室，与之相邻的是方便家属等候的会客室，剩下一间，则是办公室。

此刻，雪莹、麦嘉玮、林雨三人正坐在会客室里，看到送茶的护士走了出去，雪莹才开口道："不知道郑太太想和我们说什么？"

"其实我也不知道要从哪儿说起。"林雨握着茶杯，神情疲惫中带了几分茫然。

"那不如我来问好了，首先我想知道，口口声声说着失去丈夫痛苦的您，为什么要丢掉死去的丈夫送给您的东西？通常不是更该珍藏起来的吗？"雪莹偏头看着林雨，声音不大，却不容推诿。

林雨长叹了口气，"既然到了这个地步，我也没什么好隐瞒的，这耳饰确实是郑雷送给我的，但他还买了一副一模一样的，送给了另一个女人。"

说到这里，林雨停了下来，似乎还有一丝迟疑。雪莹也不急，只是用目光打量着周围，看似无意，蓝眸中却隐含着犀利。"我可以把你的话理解成，郑雷有情人吗？"

"这早已经是大家心照不宣的事实了。"

"这个大家包括郑夫人你自己吗？"

林雨闻言一笑，那笑容有些微妙，苦涩、释然，还有其他情绪隐含其中，难以说清楚。"我能怎么样？结婚这么多年，我已经习惯了这样的生活，只要他不离婚，定期拿出钱来养家，其他的我好久不过问了。"

"能说说那个女人吗？"麦嘉玮插话进来问。雪莹白了他一眼，也并不开口责备，反倒是麦嘉玮看向雪莹的目光中有些不满，说了这么半天，他也没听出个重点，只能自己问。

"她叫馨月，以前是我丈夫的秘书，但三年前就辞职嫁人了，现在也住在滨河小区里。"林雨说到这里，停顿了一下，"房子是郑雷送的。"

"这个郑雷倒是很大方，这样一套房子，恐怕也要不少钱吧，眉头都不皱一下就送给情人了。"麦嘉玮冷哼，"能说说她的住址和大概相貌吗？"

"我想没这个必要了。"麦嘉玮不解地看着开口的雪莹，她只是笑笑，简单叙述了几句，林雨有些惊讶，点点头，"应该没错，你说的人确实很像馨月。"

麦嘉玮张大嘴，与雪莹对望一眼，那么刚才他们在郑家门口看到的女人，就是馨月？"馨月在郑雷死的那天，去过你家里？"

林雨摇摇头，雪莹则白眼丢向麦嘉玮，低声在他耳边说道："你要是会情人，会让太太知道才怪。"

"我根本就不是那样的人好不好——"麦嘉玮跳起来辩驳，却又惊觉有些跑题，他摸摸头，"可惜死人是没法问了，看来我们需要去拜访下那个女人。"

刚说到这里，会客室的门从外面被打开，俞斌走了进来。他向雪莹和麦嘉玮点头打招呼，然后开口说道："郑先生已经基本稳定下来了，这几天如果情况不好，随时带他过来。"

"听说俞医生是这方面的权威。"雪莹透过敞开的门，看着在护士陪伴下等候的郑父，刚才还癫狂的老人，现在平静得如同什么都没发生过一般,"今天一见,果然名不虚传。"

俞斌温和一笑,"不过尽医生的职责罢了,只想着怎么做得更好,没有什么权威一说。"

"其实我对这些也有点好奇,不知道下次能不能有机会参观学习下?"

俞斌推推架在鼻框上的眼镜,"这恐怕有困难,我诊疗一向不让外人进入,这是不成文的规定。"

"真可惜。"雪莹露出些许失望,但很快又笑起来,"那如果我有这样的问题,能来找您询问吗?"雪莹说完笑得更加灿烂,一张年轻美丽的脸生动起来,俏丽动人。

面对这样的笑脸,俞斌当然无法拒绝,他斯文的脸上有些不好意思,点点头,"当然,只要能帮得上忙。"

从诊所出来,告别了林雨,雪莹和麦嘉玮一路并肩走着。

"真没看出来,你喜欢那类型的。"

"什么?"正兀自陷入沉思的雪莹反问。

"那个俞医生,不然你怎么会对他的诊疗那么热衷?"

雪莹看他一眼,湛蓝的眼眸中含着黠促的笑意,她才发现,这个新人还是挺有意思的。"我爸爸曾经告诉我,对于不了解的事物,有最基本的探究精神,这是身为一个侦探的关键。"

"你父亲是个优秀的侦探?"

雪莹目光闪过一丝黯然,沉默下来。但很快她便笑起来,斜睨着麦嘉玮,"喂,新人,我跟你很熟吗?问这么多干什么?有这个时间,不如去查案子。"

"说了别叫我新人!"麦嘉玮不满地瞪着雪莹,吹胡子瞪眼却丝毫没效果,只能讪讪说道:"我回去查查那个叫馨月的女人。"

"还有一件事。"雪莹拉住作势要走的麦嘉玮,麦嘉玮疑惑地看着她,"我觉得林雨还有隐瞒。"

"她没说实话?"

"不,也许她说的是真话,但却不是全部。那个馨月已经结婚了,郑雷再大方,可能送房子养着情人的全家吗?除非——"

"你的意思是说,里面还有别的原因。"麦嘉玮似乎有些明白了。

雪莹笑着拍拍他的肩,"还不算太笨,新人。如果可能的话,再查查看馨月还在郑雷公司做事时,发生过什么事没有。"

"我不叫新人!""我知道。"麦嘉玮的吼声和雪莹波澜不惊的声音传来。

[八]

入夜,月色似乎并不明朗,被层云遮去了大半,星光也稀疏错落。一道身影四顾张望,似每走出一步都那样小心翼翼。借着黯淡的月光望去,依稀可见一个身姿颇具风韵的女子,但奇怪的是,此刻既无阳光也无风雨,她却以长围巾遮住了几乎多半张脸,只露出一角肌肤,和散乱在耳边的长发。

她走得脚步很轻,这条通向河边的小路平日鲜少有人,故而路两旁丛生了不少杂草。她的脚步匆匆踏在上面,发出"沙沙"的声响。微凉的夜风吹过,掀起她脸上的围巾,一张娇媚美丽的脸,只是面带惶恐,本就白皙的皮肤看上去更加全无血色。虽然已经把自己层层裹得密不透风,她还是忍不住打了个冷战,重新拉好围巾遮住脸,更加紧握住手中的东西。

仿佛挨过一世纪般漫长,她终于走到河边,伫立在河岸旁不停深吸着气,极力要让自己镇定下来,却好像作用不大。她不安地左右张望,一双美目中写满了焦急。

忽然间身后传来脚步声,踩得岸边的石子发出声响。那女人浑身战栗,又深深吸了口气,几乎把腹内的空气抽光,才鼓起莫大的勇气缓缓转过头。忽然眼前一闪,黑暗狰狞迎面扑来,她惊恐地睁大眼,还来不及发出声音,便慢慢倒地。

一道黑影站在她的面前,冷眼看着躺在冰冷地上的女人,嘴边噙着一抹冰冷的笑。她的双眼仍然瞪大,却再也聚不上神采,嘴还半张着,仿佛想要说些什么,却再也发不出声音。鲜红的血从她头部涔涔流出,染红了河岸边的小石子,她一直紧握的手无力地垂下,手掌摊开处,一个轻巧的玻璃瓶从她手中滚落,与岸上的石子碰撞,发出清脆的声响。

雪莹翘着腿坐在侦探社老旧的桌前,斜目扫了端坐在沙发上的不速之客一眼,又专心做起自己的事情来。她也不开口,右手拿着一块白色软布,左手处赫然是一把小巧的刀,毫无任何装饰的刀柄,银色的刀刃在她的轻轻擦拭下,折射出银光来。再仔细看向桌上,她面前展开的白布上,并排还摆放着两把同样的小刀。

"喂,我说大小姐,你都擦了半小时了,我也不指望你帮我端茶倒水什么的,能不能请您抽空看我一眼?"从进门就被晾在一边的麦嘉玮终于忍不住叫道,不知道为什么,雪莹的动作看得他心惊胆战,就好像那几把刀会随时飞向自己一样。

"水在厨房,茶叶在壁橱里,要喝茶麻烦你自己动手。"雪莹终于擦完最后一把刀,小心放置在桌子上,好整以暇地看着麦嘉玮,"你到底是来干什么的?"

麦嘉玮长出一口气,靠进并不柔软的沙发里,"你终于想起来要问了吗?"

"我不问你自己就不会说?新人看来果然没什么重要任务,能闲到在我这里一坐半小时,我可没那么多时间和你喝茶聊天,没事的话我准备送客了。"

"你——"麦嘉玮顿时被噎得瞪圆了眼睛,但触及雪莹那挂着恶作剧般笑容的表情,才知道自己又被摆了一道,他很不甘心地坐起来,将手中文件一丢,"是莫警官叫我来的,我们又进一步调查了蓝印当初经手的收购案,宋家的商业欺诈案确实事出蹊跷,当初只是蓝印提供了一份文件,证据根本不足,可不知道蓝印下了多大本,硬是把这

个罪给定了下来。"

雪莹走到麦嘉玮身边,也在沙发上坐了下来,看似不经意地翻看着他带来的文件,眼眸中蓝色的波光闪动,深沉似海。"那个叫做馨月的女人在中间起了什么作用?"

"就像林雨说的,馨月当时是郑雷的秘书兼情人,想必整件事她也知情。"

"所以她结婚离职后,郑雷才给了她那么丰厚的报酬封口?"雪莹翻动文件的手忽然在半空中停滞了下来,她睁大眼紧盯着其中的一页,微微皱起眉,"文媛?这个女人是谁?"

"据说是当时'蓝印'的会计,负责财务。"

"就是说,如果当时郑雷贿赂了宋家商业欺诈的案子,她也应该是知情人之一。"

麦嘉玮先是点点头,继而又像想起什么,拨浪鼓般摇了摇头。"只可惜,这叫做文媛的女人,三年前就死了,滨河小区的施工现场曾经发生坍塌,当时正在现场巡查的文媛当场死亡。"

"一个会计需要去施工现场巡查?"雪莹放下手中的资料,隐隐陷入沉思。

"嗯,这一点确实有些奇怪,但死无对证,当时的具体情况我们也无从得知。"

"她没有什么家人吗?"

麦嘉玮叹了口气,"她好像是个孤儿,从小在孤儿院长大,当时是蓝印出了一笔安葬费,将她的后事处理了。"

雪莹纤长的手指轻轻抚过文件夹,低头沉默着,长长的睫毛掩住了她湛蓝的眼睛,看不出她心中所思。麦嘉玮刚要开口发问,尖厉的电话铃声打破了屋内的安静,麦嘉玮连忙掏出手机接起,只应了几句,神情顿时变得严肃起来。

他默默地挂断电话,"莫警官打来的。"看雪莹不解地望着他,又补充道,"滨河边发现一具女尸,身份还在确认中,初步怀疑正是馨月。"

麦嘉玮说话间已经站起身，雪莹皱起秀气的眉，也随着他站起来，向外走去。

[九]

滨河是这座城市的护城河，虽然并不宽，但蜿蜒绕城流过，为这水域并不多的城市带来几分生机。

滨河小区之所以得名，是因为它坐落于滨河边，一段水域从小区内流过。而现在这河边早已站满了围观的人。郑雷的命案现场因为是在室内，还并未引起诸多的关注，而此时却是在宽敞的河道边，自然引起人们的议论纷纷。

雪莹和麦嘉玮穿过警戒线，径直走到莫警官面前。现场还没清理完毕，女尸仍维持着原状。雪莹蹲下身仔细端详，尸体横斜在河岸上，头部浸在水里，丝丝血水仍从周围晕染开来。透过清澈的水，可以看到死者的脸因为被河水浸泡而略有些肿胀变形，系在脖颈间的长围巾漂荡在河面上，如纸般苍白的颜色，更加衬得尸体毫无血色。

"是她没错。"雪莹站起身，转过头不再看。

"身份还没得到证实。"莫警官解释道。

麦嘉玮也走上前，看着警员将尸体抬上来，"这女人我们见过，应该是馨月。"

一丝惊讶从莫警官脸上一闪而过，他转头向身后的警员交代道："去馨月家通知他们来认人。"那警员应了一声，便快步离开了。

"头部的伤是致命的原因吗？还是溺水？"雪莹边问边巡视着周围。

"具体死因还要验尸之后才能确定，但也发现了第一现场。"

雪莹随着莫警官来到不远处的河岸边，她环视四周，这里距离宽阔的河岸还有几步之遥，正好被一旁的转角掩映住，光线比其他地方更为昏暗些，是远离人们视线的死角。目光延展处，一条蜿蜒小路，

可以看出并不是正规修建的道路,而是人为踩踏出来的。离小路的尽头不远,几滴散落的暗红色血迹,星星点点喷洒在道路的碎石上,如果不仔细看,还真难以发现。

"这是——"麦嘉玮的声音从旁传来。循声望去,只见他正从口袋里拿出手套戴上,小心翼翼地弯腰拾起什么。雪莹和莫警官走过去,看到他手中的东西,并没露出意外的神色,或者说,在这里看到这个装着字条的小玻璃瓶,是在意料之中的事情。

"看上去和郑雷家里的一样。"麦嘉玮紧盯着手里的玻璃瓶,抚了抚永远有些蓬乱的头发,他小心地打开瓶子,取出里面的小字条,展开翻来覆去察看着,露出疑惑的神情。雪莹见他的样子也好奇地凑过去,他手里的字条洁净得有些讽刺,上面空空如也,一个字也没有。

"这字条为什么是空白的?表示什么意思?怎么和郑雷家的不一样?"

雪莹轻声一哼,挑眉斜看了麦嘉玮一眼,"不然你以为所有案子都延续一个模式走吗?那还需要脑子干什么?别看了,再看也不会瞪出东西来。"她说完语重心长地拍拍麦嘉玮的肩,"新人啊,你需要学习的还很多。"

麦嘉玮咬牙瞪着雪莹,雪莹却只是丢给他一个轻笑,转身不再理会他,走到莫警官身边,询问道:"脚印查了吗?"

莫警官摇摇头,"查过了,但这条路走过的人太多,找不到什么有用的证据。"

"凶器呢?""石头,但上面找不到指纹,只有死者的血迹。"雪莹点点头,这也是在意料之中的。

谈话间,刚才被派去馨月家的警员匆匆赶回来,向莫警官行了个礼,说道:"馨月的丈夫出差去了,刚才打过电话,正在回来的路上,可能要明天才会到,家里就只有保姆和孩子,不太方便来认尸,只拿了一张照片。"

莫警官从警员手里接过照片,一个妩媚美丽的女子盈盈而笑,虽然女尸被水浸泡后，脸部已经肿胀变形，但从五官不难看出，和照片上是同一个人。他把照片递到雪莹和麦嘉玮面前，"是你们见过的女人吗？"

麦嘉玮抢先点头回答："郑雷死后，她曾经出现在郑家门口张望，但很快就走了，郑雷家里那耳环也是她留下的，说明郑雷死的当天她也曾去过，本来她的嫌疑很大，可现在又要重新调查了。"

看着有些挫败的麦嘉玮，莫警官劝慰道："查案子是这样的，而且一切都还未定，等明天馨月的丈夫回来再说。"

雪莹的目光落在阳光下的河岸上，仍有警员在忙碌地清理现场，太阳渐渐刺目起来，河水冲刷着河堤的声音，隐隐约约传入耳中。

"什么？馨月死了？"林雨从雪莹嘴里听到这个消息的时候，惊讶地瞪大眼睛。雪莹一直暗暗打量着她的反应，蓝色的眼眸沉若海洋。

"郑太太，请问您昨晚人在哪儿？在干什么？"麦嘉玮又拿出他的小笔记本，询问道。

"你们怀疑我？"林雨有些惊怔，但随即笑出声来，"的确，刚知道我丈夫和馨月关系的时候，我曾经恨过她，但那早已经是陈年旧事了，我也说了，只要郑雷不离婚，我不会和他们计较的，她只不过是个没名分的可怜女人罢了，不值得我动手杀了她吧？"

"我们只是例行询问。"

"我昨晚一个人在家，没有人可以证明，如果你们真的觉得我有嫌疑，那我也没什么可说的。"林雨扭了头，不再说话。

门被打开，俞斌端着茶盘走了进来，把几杯茶放在桌子上，打破了这短暂的沉默，"喝点水吧。"

"又打扰俞医生你，真不好意思。"雪莹向俞斌微微一笑，粲然的少女面庞让俞斌有些不好意思起来。他推了推架在鼻子上的眼镜，和善地回应道："没事，正好刚给郑老先生检查完，也不算太忙。听说又发生了新的命案？"

"俞医生认识馨月这个人吗?"雪莹偏头问。见俞斌摇头,雪莹拿出馨月的照片推到他面前,又问:"俞医生也经常会到郑家别墅看诊吗?从来没在那里遇到过这个女人?"

俞斌倾身向前看了看,又坐正身体,"其实我从不出诊,一般都是郑太太带老先生来这里,上次郑雷先生死的时候,被叫到郑家问口供是第一次去。"

雪莹点点头,手轻轻抚着放在桌上的茶杯,眼睛径直盯着茶杯出神,半晌才笑笑道:"俞医生,我最近精神状况不大好,晚上总睡不着,一闭上眼就是书本上的内容在转,你说我是不是学习压力太大了?"

"有可能,很多学生都会有这种症状的。"

"可是这种状况时间长了,让我很困扰,我想约个时间来做个心理咨询,可以吗?"

"当然没问题。"

"和莫警官约好的时间快到了,我们是不是该走了?"麦嘉玮不知道什么时候已经完成了对林雨的询问,他收起笔和本站起身,板着脸看着雪莹。雪莹看了看表,又甜甜一笑向俞斌道了别。

[十]

"真看不出来你会是学习压力大的好学生。"一出俞斌的诊所,麦嘉玮就念叨着,怀疑的目光落在雪莹身上。

"你还会相面?我可是品学兼优,人见人爱的一等良民。"

麦嘉玮撇撇嘴,对她的话嗤之以鼻,"品学兼优?我看是别有居心才对。"

雪莹很无辜地吐吐舌头,露出人畜无害的笑容,"那你说来听听,我有什么居心?"

"我又不是你肚子里的蛔虫,哪知道你葫芦里卖得什么药,也许是看人家长得还不错,故意接近一下呗。"

"啧啧,我怎么好像听出点酸味?难道——"雪莹刻意拖长话尾,作出意味深长状,还煞有介事地在麦嘉玮身旁嗅了嗅。

麦嘉玮白了她一眼,悻悻嘟囔了一句:"懒得听你胡说八道。"

雪莹忽然一笑,大力拍了麦嘉玮的背一下,那长期在道场练习的力道,拍得买嘉玮一口气差点没顺上来,猛烈地咳了几声。看着他狼狈的样子,雪莹轻笑出声,"就只能猜想出这个结论?作为警察,你的想象力太贫乏了,不及格。"说完昂首挺胸从麦嘉玮身旁走过,留下麦嘉玮狠狠向她的背影瞪了几眼,也迈步追了上去。

莫警官在滨河小区门口等候着他们,汇合后,几个人一起往小区内走去。

"馨月的丈夫唐烨回来了,我们现在要去做笔录。"在去往馨月家的路上,莫警官简短叙述道:"昨天的验尸报告出来了,死者肺里没有水,致命伤是头部受到重击。"

"嗯,那就是死后头才被浸到河水里。"雪莹点点头。

"另外就是,昨天找到的玻璃瓶,上面只提取到死者的指纹,其他的就没什么发现了。"

说话间,几人已经来到了馨月家门前。开门的是一个相貌普通,但看上去干净整洁的男人,他便是馨月的丈夫唐烨。走进屋子,和郑雷的家格局大体差不多,只是面积上略小一点。

唐烨看上去有些疲惫,眼底充斥着血丝,不难想象是整晚都没有睡好。他点燃一支烟,隔着烟雾看着莫警官一行人,沉默地抽着。雪莹打量着他,这男人不知道是将自己的情绪掩饰得太好,还是心里早有定数,沉静得似乎什么事都不曾发生一样。

"唐先生,听说您今天早上才赶回来?辛苦了。"莫警官开口打破了沉默。

唐烨点了点头,算是打了招呼,他的声音有些沙哑,但语气平缓,"我一直在出差,接到你们的电话,才回来的。"

"最近家里有什么奇怪的人或事吗?"莫警官问道。

"最近都在外面,不太清楚。"

"不知道唐先生出差了多久?"雪莹忽然问。

唐烨抽烟的动作一滞,微微皱起眉想了一下,再开口时带了几分迟疑,"这次大概有一个多月了吧。"正在做记录的麦嘉玮笔下一顿,和雪莹对望了一眼,继续低下头挥笔写着。

"您经常会这么长时间地出差吗?"

唐烨又抽了口烟,缓缓答道:"近几年出差比较频繁一点,几个月是常有的事。"

"不知道唐先生和您妻子结婚几年了?"莫警官看着桌子上唐烨和馨月的合照问。

"不到三年。"

"那结婚前关于您妻子的事情,您知道多少?"

唐烨狠狠吸了最后一口烟,将烟按灭,揉了揉额角,好像很烦躁的样子。他深吸了口气,才开口道:"事到如今,想必你们也调查得差不多了,我也没什么好隐瞒的,如果你们是指她和郑雷的事,我知道有一年了。"

"就是说,您知道您妻子和郑雷的关系?"

"刚结婚的时候是不知道的,那时候我真的很爱她。我们认识的时候,她已经从郑雷公司辞职了,她一直跟我说,郑雷对她的好只是前老板的福利,我虽然也有怀疑,但不愿意多想。可——"唐烨说到这里停了下来,似乎在整理自己的思绪,又更像是不愿意提及接下来的事情。

"事情有了变化?"

唐烨又点了一支烟,有些抖的手泄露了他的心烦。"自从孩子出生后,她和郑雷又来往频繁起来,她几次说要和郑雷断了,可一直没兑现。不瞒你们说,我还曾怀疑过孩子的父亲到底是谁,但每当看着无辜的孩子,又无法说出离婚的话,所以才选择出差避开这一切。"

莫警官拿出河岸边找到的玻璃瓶,"这个你在家里见过吗?"

唐烨摇摇头,刚要开口说些什么,一阵脚步声急跑了过来,一个长得虎头虎脑的小男孩出现在大家面前，一双又黑又亮的大眼睛忽闪忽闪地望着满屋子的陌生人。男孩看上去也就不过一岁多的样子，脚步还有些摇晃，雪莹赶忙扶住差点撞到她面前的孩子。

"妈——妈——"小男孩步履蹒跚，径直走向放在桌上的小玻璃瓶，大眼睛中闪动着晶亮的光彩，说着就要去拿瓶子。

雪莹及时抱住小男孩胖乎乎的身子，笑着逗弄着他，麦嘉玮上前一步拿起了瓶子，走到跟在男孩身后的保姆面前，问道："你们见过这东西吗？"

保姆瞪大眼睛仔细看了看，似乎有些记忆，但又不太确定。

"宝宝见过是不是？"雪莹边说边抚摸着孩子的小脑袋，一岁多的孩子还不会完整表达，只是摇动着小手咿咿呀呀。

"这瓶子很像太太前几天拿回来的，那天夜里我起来给孩子拿水喝，看见太太一个人坐在客厅，也不开灯，在黑暗中对着这瓶子发呆，把我吓了一大跳。"

"那好，今天我们就问到这里。"莫警官说着站起身。

"那个——"唐烨的声音从旁传来，似乎有些犹豫，他略一停顿才接下去问："我什么时候能去看一下她？我是说，我妻子——"

莫警官向外走的脚步一顿，他回过头看着唐烨，答了句"随时可以"，然后又继续向外走去。

［十一］

"我们查过了，唐烨没说假话，他确实才出差回来，郑雷和馨月死的时候，他都有不在场证明。"

"嗯，我已经想到了。"雪莹似乎并不意外。

"我们又检查了一遍馨月那瓶子里的字条，还是没发现什么，保姆为什么会说她盯着那白纸发呆呢？"

"我想我知道原因，而且也大概猜到凶手是谁了，但还有一些细节的地方没想明白，我现在要去证实一下。"雪莹将手机夹在脖子

旁，站在门口弯身系着鞋带，然后推开门走出去。

"什么？"电话中传来麦嘉玮惊奇中带着担忧的声音，"你是不是知道答案了？你要去哪儿？别乱来。"

"放心，我有能力保护自己，你不是亲自确认过了吗？"

知道雪莹指的是那天自己在道场被她摔出去的事，麦嘉玮现在想来仍然还有些窘迫，但还是急急地说道："可你毕竟是个女孩子，自己别做什么危险的事，我看你还是告诉我或者莫警官——"

"在确定之前，我不想多说，你这样帮我转告莫叔——"雪莹正色环视四周的行人，声音有片刻低了下去，然后不等麦嘉玮说话，说了句"就这样"，便匆匆挂断了电话，任手机怎么再响也只是一笑置之不再去接，因为她现在有更重要的事情要去做。

雪莹骑着自行车，一路来到俞斌的心理诊所前，锁好车，收好钥匙，步履轻快地走了进去。在诊疗室的门口，她毫不意外地看到带着郑老先生的林雨。郑老先生不犯病的时候很安静，只是目光有些呆滞，恍恍惚惚对不上聚焦。林雨看到雪莹微微一点头，面带不解地询问："你打电话给我，说让带着父亲来这里，有重要事要说，现在可以说了吗？"

雪莹一笑，"还不到时候，别这么着急。"

林雨正要继续发问，诊疗室的门被从里面打开来，俞斌匆忙低头从里面走了出来，看到林雨和雪莹几人一怔，但很快便笑起来，"郑太太，我没记错的话，今天应该没有预约，怎么突然来了？"他又望向雪莹，"还有雪莹也来了？"

雪莹走上前站在门边，笑着说："上次不是说了想找俞医生您做个心理咨询嘛，今天正好有时间，就不请自来了，碰巧在门口遇上郑太太。"雪莹边说边看了眼林雨，林雨不明白她的用意，一时间不知道该怎么回答，索性保持沉默。

"哦，那我们先到会客室去谈好了。"俞斌说着就要关上诊疗室的门。

　　雪莹并不急着移动脚步,而是一个细微的闪身,迅速来到郑父身前,手指灵活地一送,在众人毫无觉察下将一个东西塞入郑父手中。郑父缓慢地抬起手,在打开手掌的一刹那,那原本空洞的目光忽然愈燃愈烈,犹如注入兴奋剂一般,整张脸焕发出不同寻常异样的光彩。他转而癫狂起来,围着几个人又是笑又是叫,林雨使尽全力也拉不住他。

　　还是俞斌手疾眼快,一个施力从身后抱住他,但郑父还是不停地挣扎着,连带得俞斌也有些摇晃,几乎抓不住他。郑父的叫声越来越尖厉,席卷着几分狰狞恐怖,回荡在屋子里。但忽然间,笑声戛然而止,郑父转而凄厉地哭了起来,嘴里还不停念着:"诅咒,诅咒啊……"

　　俞斌紧皱着眉,在看到郑父手中握着的东西时神情一凛,他又看了雪莹一眼,好像明白了什么,他腾出一只手,使劲从郑父手里抠出那小玻璃瓶,郑父又发了一会儿疯,才渐渐安静了下来。

　　"试验完毕,郑太太,请您带着老先生先到会客室等一下。"雪莹笑盈盈地向着一旁不明所以的林雨说道。

　　"是啊,我想雪莹小姐有话要和我谈。"俞斌目不转睛地盯着雪莹,面无表情地说。

　　"俞医生说得对,我有很多不明白的问题想请教您呢。"雪莹从容地迎视他。

　　林雨看了看两人,领着郑父离开了。雪莹则被带进了俞斌的诊疗室。诊疗室里并不大,里面只有简单的几件家具。一套办公用的桌椅,一张宽沙发,一个三层的书架上摆满各种医学用的书籍。

　　"俞医生,我有点口渴,能为我倒杯水吗?"

　　"当然。"俞斌推了推眼镜,仍然温和地笑着,只是镜片后的眼眸中沉淀着几分微妙的墨色。他走到饮水机前,刚要拿起纸杯,只听见雪莹的声音再次传来,"不好意思,我不大习惯用纸杯。"雪莹说完,还不忘向俞斌嫣然一笑。

俞斌没有回答，伸向纸杯的手往旁边一移，从饮水机旁的柜子中取出一个白色瓷杯，盛了水轻放在桌子上。但雪莹并没有走过去拿起，而是静静凝视着那杯子片刻，微微扬起嘴角露出个笑容，然后转过头，指尖轻拂过书架上的书籍，轻柔地开口，却不提刚才在门外的事，"俞医生这里的医学书种类很全面呢，您除了心理学也研究别的？"

"以前在美国留学的时候学的临床医学。"

"那后来为什么转攻了心理学？"

"兴趣，所以后来就转了专业。"俞斌回答得很简单，声音中也听不出任何波澜。

"听说心理学里有种催眠的心理暗示，我想借几本有关这方面的书，不知道俞医生这里有没有？"雪莹仍没有回身，专注地审视着书架摆放整齐的书。

俞斌笑笑说："催眠可不是谁都能驾驭的，我劝你放弃比较好。"

"如果是我当然不行，但要是俞医生您这样的权威，操作起来一定易如反掌了？"雪莹说着缓缓转过身，带着淡淡的笑意，蓝色的眼眸却如一道寒光望向俞斌，"据我所知，催眠过程中，被催眠者会遵从催眠师的暗示或指示，并做出反应，根据催眠师的技巧不同，会导致被催眠的人自主判断、自主意愿行动减弱或丧失，而我猜想，俞医生您对郑老先生设定的触发器，就是玻璃瓶了吧？"

坐在桌前的俞斌抬头看着雪莹，镜片后的眼睛微微眯起，脸上始终带着的和善笑容，也渐渐隐没在唇边。

[十二]

"功课做得不错，小姑娘，但我不明白你在说什么。"良久，俞斌才缓缓靠向椅背，悠闲地看着雪莹，一脸的不置可否。

"没想到聪明如俞医生你，理解能力竟然这么差。"雪莹啧啧叹道，"那我不如再说明白一点好了，第二次去郑家的时候，看到郑老先生手里拿着个普通的玻璃瓶在那里疯笑，我就觉得奇怪，回去联想一下便不难发现，几次看到他犯病，都是手里拿着类似的玻璃瓶，才大胆这样猜测。我查了一下，在催眠状态下接受暗示性指示更具作用，而能做到这一点的，就只有俞医生你了，郑老先生他们还等在会客室吧？要不要我们再去试试看？"

俞斌闻言十指交叠，倾身靠在桌上，挑眉开口道："不必这么麻烦了，好吧，我们假设你说得成立，你到底想说明什么？我又有什么理由这么做？"

"混淆视听，扰乱命案调查的视线，开脱你的罪名。"

"哦？这我倒有兴趣听听看，我犯了什么罪？"

"谋杀。"雪莹凝视着俞斌，樱唇轻启，缓缓突出这两个字来，"是你杀了郑雷和馨月。"

俞斌轻笑出声，"你想玩侦探游戏，那我就陪你玩一下，你倒是说说，郑先生死的那天，我正在给他的父亲做治疗，又是怎么同时跑到郑家去杀了他呢？"

"这很简单，因为你根本不在这里。所谓的治疗，只是你一个人说的，这诊疗室治疗的时候只有你和郑老先生两个人，再也没有第三个人在场，只需要一颗安眠药，你自然有充足的时间翻窗出去，杀了人再返回来。"雪莹说着，缓缓踱到窗前，她推开窗子，小心地从窗口的夹缝中取出一根细若毫发的线头，在俞斌眼前一晃，"这就是证据，如果把这个交给警察，拿您的衣服做下比对，想必结果就很清楚了。"

俞斌脸色微变，但还坐在原地，"我早就说过，在那次做笔录之前，我从没去过郑家。"

"俞医生，您惯用左手，也就是常说的左撇子吧？"俞斌看着雪莹，没有接话，雪莹继续说道，"上次在郑雷的命案现场，我看到桌上的茶杯就觉得有哪里不对劲，后来看到您端来的水，才注意到是方向错了，所以虽然没查出指纹，却说明你碰过那杯子。"雪莹指着桌面上的茶杯，"通常人放杯子的时候，因为是右手握杯子，把手应该向

右,而你摆放的杯子,却始终向左。"

"那又怎么样?"俞斌终于站起身,"这样就能证明我是凶手吗?"

"也许不能,也许能。不如让我来猜猜看,那天想必你让郑老先生睡着,然后就赶去了郑家。郑雷说是在等人谈生意,其实是约了馨月,而他约馨月,恐怕不是为了私会,而是他收到的那个瓶子。当初他们合伙陷害宋家,心里总是带着不安,这就是郑雷一直待馨月家不薄,而馨月也始终无法与他断了关系的原因所在,他们是一条船上的人。"

"我根本不明白你说宋家的事指什么,而且,这与我又有什么关系?"俞斌上前一步,斜看着雪莹。

"其实准确地说,我想先收到那漂流瓶的不是郑雷,应该是馨月,而她那瓶子里的纸条上,就能告诉我们凶手是谁。"雪莹兀自说下去,然后伸出手,从口袋里摸出那张折叠好的白纸,"我们要不要打开看看?这上面就写着你俞医生的名字。"她将字条展开,上面端正而清晰地写着俞斌的名字。

"这不可能,你以为随便拿张纸来就能糊弄我?"

"你为什么如此确定的这样说?又怎么会知道这不是馨月瓶子里的那张字条?"雪莹咄咄地看着他,"因为原本瓶子里有字的条被你换走了,我想那字条上,写着那晚约她出来见面的事。"

俞斌牵动嘴角,看似不屑地又笑了笑,"你的意思是说,我去郑家杀了郑雷,然后又把馨月约出来杀掉,那我有什么理由这么做?"

"文媛。"雪莹缓缓吐出这两个字,俞斌闻言浑身一震,但还是面带笑容,"你说什么?我不明白。"

"你的过去可以掩饰,但却不可能完全抹去,你根本不叫俞斌,而应该叫文武,斌不就是文武的和写么?而当初因为意外死在建设工地的蓝印会计文媛,就是你的姐姐,这一点,只要去你和文媛曾经生活过的孤儿院,就应该可以查到了。你可以不承认自己的身份,但连唯一相依为命的姐姐,也不认了吗?"

俞斌眯起眼看着雪莹,忽然笑出声来,而且那笑声越来越大,冷静斯文的脸也随着有些扭曲起来。笑声戛然而止时,一支漆黑的枪已经对准了雪莹。"好吧,侦探游戏到此结束。"

雪莹挺直脊背,湛蓝的眼眸中没有惊惧,甚至看不出任何情绪。

"你还知道些什么?又对当初工地发生的意外了解多少?那根本不是什么意外,而是郑雷和馨月杀了我姐姐。"俞斌眉头紧锁,整张脸因愤怒而笼罩在凌厉的神色下,"就因为我姐姐说要告发他们花钱诬告宋家的事,他们把她叫到工地去,杀了她,伪造成意外事故。"

"你就是因为这个杀了他们?"

"本来我只计划杀了郑雷一人,为了这一步,我计划了好久,成为郑家的私人心理医生,还有给郑雷父亲做诊疗,都是为了这一天做准备。就像你说的,那天我约了林雨带着郑雷的父亲来做治疗,把他们引出家门,然后用安眠药让郑父睡着,翻窗去了郑家,我跟郑雷说想要和他谈谈他父亲的病,他就打开门让我进去,在那我看到了馨月,正脸色发白地盯着我提前放到郑雷家门口的瓶子,在那一瞬间我就明白了,杀了我姐姐的人,不止一个。"

"所以你把郑雷推下楼杀死之后,又开始计划怎样杀了馨月?"

"是的,虽然见到我来,她匆匆就走了,但只那一刻,就注定了她必须要死的结局。"俞斌咬着牙,紧握着枪的手也因愤怒而有些微微的颤抖。

[十三]

"所以说,馨月的那个瓶子是临时准备的?"尽管此刻被枪指着,雪莹仍是一脸淡定地发问。

"就像你说的,我在上面写了时间地点约她见面,说要谈三年前的事,馨月本来就已经很害怕,郑雷的死更让她的恐惧达到了极点,她收到我的字条,就匆匆赶来,后面的事,我想你们也知道了。"

"你杀了她,然后把原本的字条换成了空白的是不是?"

俞斌冷笑道:"我和姐姐从小就没有了父母,两人一直相依为命

在孤儿院长大，姐姐省吃俭用，拼命工作送我去美国读书，没想到，善良的姐姐，却死在这两个自私自利的家伙手中，他们应该死。"

"没有什么人是应该死的，你处处以被害者自居，可你在杀人前有没有想过被你利用的郑老先生？还有馨月那只有一岁多的孩子？你其实同样地自私自利。"

"胡说！"俞斌的手指一动，"事已至此，反正姐姐的仇已经报了，没想到在美国用来防身的枪现在派上了用场，索性杀了你，然后自杀，也早点去找姐姐团聚。"

"可惜——我还没活够，不想这么年轻就把小命送了。"雪莹说话间身子一低，一声枪响，子弹擦过她飞扬的长发，俞斌打了个空，还没来得及重新瞄准雪莹，一道寒光闪过，划破他的手腕，他一声痛呼，随着清脆的声响，他手中的枪掉落在地上。一把轻巧的小刀，此刻正插在俞斌身后的书架上，在阳光的照射下闪动着银色的光芒。

与此同时，诊疗室的门被人从外面大力打开，莫警官带着警员正站在门口，麦嘉玮手中的枪，正准确无误地指着俞斌。他的目光顺着向俞斌身后望去，那寒光闪闪的小刀看上去如此眼熟，他又转向雪莹笑盈盈的俏脸，忽然想到什么似的倒吸了口气，雪莹向他一眨眼，麦嘉玮顿时感到脊背有阵阵凉意袭过。

"带走。"莫警官一挥手，涌入几个警员立刻上前抓住了俞斌。

"等等。"雪莹踱到书架前，慢条斯理地拔下自己的小刀，开口说道，"我们好像还有最后一个问题没有解决，就是给郑雷的那张字条，上面为什么会是宋家人的笔迹？俞医生能回答下吗？"

俞斌没回头，只有声音从门口传来，"我在美国收到姐姐的一封信，上面写了郑雷他们当年行贿的事情，可我收到的时候，姐姐已经死了。就在我苦于不知道要从何下手报仇的时候，有个人找到了我，出钱帮我办好转学心理的事情，帮我做了完整的计划，那张字条，也是他给我的。"

没想到他会这样说，屋子里陷入瞬间的沉默，这样说的话，就是还有个幕后的操纵者?这案子比想象的还要复杂。

"那人是谁?"莫警官问道。

俞斌摇摇头:"我从来没见过他,他每次派来的人,不是流浪汉就是随便一个路人,估计也都是花钱找的,我只知道,他叫 M。"

"你说 M?"雪莹神色一凛,快步走到俞斌面前,"他长什么样?怎么联系他?"

"从来都是他联系我,具体我也并不了解。"

雪莹颓然垂下头,蓝色眼眸中光芒有些黯然。这是父亲失踪以后,她第一次听到 M 的消息,但却就这样轻易断了线索。想来也是,狡猾奸诈如 M,又怎么可能如此轻易就暴露了自己?

"雪莹。"莫警官担忧地看着她。

"我没事。"雪莹再抬起头,又是一脸粲然的笑,与平时并无两样。

莫警官轻轻一叹,向着麦嘉玮交代道:"你送雪莹回去。"然后便带着其他警员,押着俞斌离开了。

"真的很奇怪,那个 M 到底是什么人?为什么要帮俞斌?"麦嘉玮一边走,一边还念念有词,发现雪莹一直沉默不说话,又不甘心地追问道,"你不觉得奇怪吗?"

"他就是个唯恐天下不乱的变态,给警察找麻烦就是他最大的乐趣。"雪莹喃喃答道。

"你这么说好像知道这个人?刚才看你的反应也确实有些奇怪,你认识他?"

雪莹偏头看了他一眼,晶莹的蓝眼睛中眸光闪动,少顷露出俏皮的笑容,"怎么可能,你想太多了,说到反应,我到想到了,刚才是谁看到我的飞刀,吓得冷汗直冒啊?"

麦嘉玮干咳几声,揉了揉乱蓬蓬的头发,样子有些窘迫,"我那是,那是一时没想到,觉得有点意外罢了。"

"哦？新人的意外还真是多，看来回去我要和莫叔打个招呼，你还需要好好磨炼，欢迎以后常来道场，我随时奉陪。"

麦嘉玮闻言打了个寒战，张大嘴看着雪莹。雪莹被他呆愣的样子逗乐，指着麦嘉玮笑到直不起腰来。发现自己又被戏弄了，麦嘉玮不满地瞪着她，却也拿雪莹无可奈何。他撇撇嘴，略想了一下，还是开口说道："不管怎么说，你这次还是太危险了，以后别再单独行动，去哪里也提前打个招呼。"

雪莹会心一笑，知道麦嘉玮是担心自己。她向麦嘉玮眨眨眼，拍了拍他的肩，但这次动作却轻柔了很多，"怎么？这么担心，不会是对我有意思吧？"

麦嘉玮毫不客气地白她一眼，愤愤道："真是好心没好报，不过我看你这么强悍，也不需要担心。"说完独自迈开大步，向前走去。

雪莹望着他的背影，唇边挂着一抹浅笑，不管怎么样，这次的案子总是顺利解决了，至于 M，他既然已经现身，就一定还会有下一次，只要她不放弃，相信总有查到父亲消息的那一天。

第二章

染血的焰火之章

[一]

是夜，一轮冷月悄无声息地挂在当空。一缕银色斜照入窗口，夜风吹起处，窗帘翻飞。屋里只亮了一盏孤单的灯，但这立灯上，却罩着个大得不协调的红色灯罩，不仅遮去了大部分的灯光，更把整个屋子衬得血色般通红，暗红的灯光映在墙上，随着风隐约摇动，像一双无形的手，随时要把人的灵魂吞噬进去。

一道修长的身影独坐在餐桌前，灯光将他的黑影在墙壁上无限拉长。他唇边勾勒起微笑，优雅地端起面前的高脚杯，向对桌礼貌地举起示意，然后缓缓送到嘴边，可顺着他动作望去，桌子对面竟然空无一物，根本没有半个人影。

透明杯子中红色的液体，随着他晃动杯子的动作摇着，在并不明亮的灯光下，却折射出诡异的艳丽。他露出满意的神色，慢慢又品了一口，轻抿嘴唇，注视着杯子出神。屋内流动的血腥味道似乎刺激了他的神经，他眼中燃过异样的光彩，握紧手中的杯子，仰头将杯中残留的液体一饮而尽。

他将高脚杯不紧不慢地放在桌上，抬起头，月光映照着他的脸，一滴还来不及抹去的红色挂在他的唇边，顺着他白皙的皮肤缓缓流下来，好似一朵鲜血般刺目的花朵绽放。他用舌头舔去那落网的最后一

滴,抿嘴又品了品,然后微张开口,灵活的舌从牙齿扫过嘴里的每个角落,脸上挂着无限回味。

"莫叔?这次又是什么案子?"雪莹把道服塞到柜子里,这才把电话拿到手里询问着。

电话另一端传来莫警官有些凝重的声音,雪莹几乎可以想象出他此刻的表情。"这件案子有点不一般,几句话说不清楚,你最好能到现场来一趟。"

"OK,我正好练习完了,现在就过去。"

雪莹蹬着自行车,心里暗暗盘算着,莫警官说得如此严重的案子,必然有独特之处,到底什么样的事件能让办案多年的莫叔都感到棘手?难道会和 M 有关?自从上次"漂流瓶事件"断了 M 的线索之后,就再也没了和 M 有关的一点消息,他是躲藏起来,还是在计划着下一次出手?

她思考间已经来到莫警官电话中所说的地址,这是坐落在纵横交错小巷中的唯一一栋楼房,看上去已经颇有些年头,外面的灰色油漆略有褪色,斑斑驳驳的。她一走上三层的楼梯,就看到麦嘉玮站在一家的门口,倒省去了她再找的时间。

雪莹走过去,麦嘉玮倚靠在墙上有些发愣,直勾勾地看着楼道对面的墙壁,根本没发觉雪莹的到来。雪莹皱了下眉走近他,一拍他的肩,麦嘉玮惊叫一声差点跳起来。

"你,你吓死我了,怎么不出个声。"看到是雪莹,麦嘉玮拍着惊魂未定的胸口,说起话来一时都不太连贯。

雪莹白他一眼,"你还吓着我了呢,你叫什么?见鬼了?"

"呃,差不多。"麦嘉玮难得没有辩驳,雪莹这才发现,仔细看他,脸色竟微微有些苍白,麦嘉玮上下看了看雪莹,"你来这儿干什么?"

"当然是看现场,莫叔打电话叫我来的,不然还来串门?"

听到雪莹的话,麦嘉玮咽了口唾沫,脸上隐隐露出一丝忧虑。他指指身旁的门,"你要进去?我劝你最好不要……"

他话还没说完,雪莹已经推开门径直走了进去,一股浓烈的血腥味顿时席卷而来,跟在雪莹身后走进来的麦嘉玮发出一声干呕,立刻转身跑了出去,几个深呼吸后才又走了进来。雪莹站在客厅里,脚步也有些停滞,她震惊地看着眼前的情形,一时竟也无法说出话来。

客厅的地上、墙壁上、家具上,到处都是飞溅的血迹,尽管颜色已微微转为暗红,却仍触目可见,眼前如一层红雾笼罩,加以不断扑鼻而来的血腥味道,让人不由得升起阵阵寒意,几乎有种身处炼狱的错觉。客厅的沙发旁,一具男尸俯趴在血泊中,背后还插着一把刀。刀的大半已经隐没在他的身体里,唯有尽染了血迹的刀把,似乎在诉说着一切的罪恶。

"这——"雪莹向前走了几步,来到尸体旁,终于明白了麦嘉玮为什么会这样,也知道了莫叔让她来看看的用意。这种血腥到恐怖的场景是不多见的,凶手或者和死者有深仇大恨,再不然就是感官型的犯罪,从这种视觉效果中得到自我满足和乐趣。

"雪莹你来了?"莫警官走过来,面色凝重地看着雪莹,"你需不需要到外面休息一会儿再进来?"

雪莹摇了摇头算作回答,犯罪现场要分秒必争,多耽误一刻,就可能错过一些重要的信息。她在尸体旁蹲下来,却没有去看尸体,而是从莫警官手上接过白手套戴上,小心翼翼地捡起一张纸牌。这张纸牌背面向上,已经浸满了从不远处尸体上流出的鲜血。尸体旁为什么会出现扑克牌?而且只有一张?雪莹看了莫警官一眼,莫警官向她点点头,她这才把纸牌翻了过来,虽然白色的牌面上也是血迹斑斑,但一个大大的黑桃A,还是清晰可见。

一旁传来麦嘉玮吸气的声音:"这是什么?暗号吗?"

"雪莹你有什么看法?"莫警官摸着下巴问。

与此同时雪莹的脑中也在飞快地思考着,"有两种可能,一种可能是偶然掉在这里,但整个屋子只看到这一张纸牌,死者不像正在和人玩牌的样子,所以另一种可能性比较大,那就是有人刻意放在这里,作为某种信息。"

"但信息也可以分为两种。"莫警官顿了顿,才继续说道,"有可能是死者放在这里,暗示凶手而留下的死亡信息,也可能是凶手放在这里的。"

"凶手已经杀了人,还丢一张纸牌在这里干什么?"麦嘉玮疑惑地问。

雪莹看他一眼,解释道:"很多有名的连环杀人案,凶手都会在现场留下类似的标记,让警方去追踪,却又不得要领。"

"这——如果真是这样的话,那凶手岂不是心理变态?"

"恐怕还不仅仅是这样。"莫警官低叹般的声音传来,并转头向客厅另一端的餐桌望去,循着他的视线,一只高脚杯静静立在桌子上,杯底隐约可见一层薄薄的暗红色液体,在阳光的照射下死寂般的殷红。

[二]

"这是什么?"雪莹跟在莫警官身后走到餐桌旁,这里四处充满血腥的味道,即使沉静如她,待久了也不免感到有些压抑得透不过气来,但却又不愿意放过任何一处能够调查的地方。

莫警官的视线指向杯子,向她示意。雪莹小心地端起玻璃杯子拿在手中,还没凑近仔细观察,一股浓烈的鲜血味道瞬间便充斥口鼻,即便多少适应了这屋子里充满的血腥味,但这更加清晰的味道还是刺激着每一根神经,让人有些目眩。雪莹脸上神情一凛,皱起眉将杯子又放回了原处。这味道,是血没错,凶手在杀了死者之后,还坐在这里,像饮料般喝了他的血?雪莹蓝色的眼眸中微沉似水,这凶手到底在想什么?

"这杯子里面和屋里其他地方的,都是死者的血吗?"雪莹转向莫警官问。

"这个要等鉴定科的化验结果出来才能确定。"

"死者身份知道了吗?"

莫警官点点头,"这个倒是很顺利,死者名叫石景沪,平时靠打零工为生。第一个发现的是他的女朋友沈海心,她下午2点左右来找石景沪,发现就是现场这个样子,她马上报了警。"

"死者的女朋友?她现在人在哪里?"

"沈海心在警局,因为这里——"莫警官指了指四周,"实在不适合问话,就把她暂时带了回去等着问询。"

沈海心,雪莹在心里默念着这个名字,不知为什么竟感到有些耳熟,却一时间又想不起来在哪里听到过:"我能旁听你们的问话吗?"

"这个问题不大,那我们现在就走吧。"

在警局的走廊里,雪莹看到了正要被带进问讯室的沈海心。那是个高挑的女人,比身旁的麦嘉玮略低了一些,但身形很纤细。波浪般的长发垂在肩头,染成火红的颜色,在光线的映射下张扬着艳丽逼人的味道。她皮肤白皙,五官精致,尤其是那动人的红唇,微微张合间牵出无限诱惑。

雪莹脑海里忽然微光一闪,星火般的记忆涌上心头。"沈海心?你还记得我吗?前几天在中央综合医院,我们曾经碰过面。"

沈海心闻言一愣,她上下打量了雪莹片刻,才妩媚一笑,"对不起,我没什么印象了。"

雪莹也回以一个灿烂的笑容,"可我却记得很清楚,像你这样的美女,看过一眼就决不会忘记的。"

雪莹的记忆随着眼前的美女沈海心,被带到一周以前。中央综合医院的走廊上,不管什么时候总是人来人往。雪莹站在楼道转角处的指示牌前,正仔细查找着住院处的位置。她颇为无奈地长出一口气,这医院修得好像迷宫一样,不是折腾人吗?

好不容易确定了自己要找的位置,雪莹看看表,自己已经用去了太

多时间,她不由得加快了脚步。在楼梯转角处,她和一个同样匆匆走过的女人撞到一起,不过雪莹反应敏捷,一个闪身,已经稳稳站住。

"对不起。""你没事吧?"两人同时开口。那女人的声音有些低沉,却是一张美得让人过目难忘的脸。

"沈海心。"忽然有个中年女人快步走了过来,她穿着简单而朴素,胸前挂着护工的名牌,"是沈海心吧?你掉了这个。"她说着将一张看上去像检查报告的纸,递到这个名叫沈海心的女人面前,看样子是匆忙之间追过来的。

沈海心在看到她手中的检查报告时微微蹙了一下眉,但温和的笑容很快便挂上了她的脸,她接过来,客气地说道:"这是我的,谢谢你。"

"不用客气。"那女护工露出质朴的笑容,不好意思地搓着手,"收好别再掉了,那我先回去工作了。"

那护工离开后,沈海心迅速将纸收进包里,又向雪莹一笑,也转身离开了。

"你真的不记得我了?好可惜。"雪莹惋惜地一叹。

沈海心摇摇头,"每天遇到那么多人,怎么可能每个都记住?抱歉了。"

沈海心被带进问讯室,雪莹和麦嘉玮站在隔间,隔着眼前的玻璃观察着莫警官的问话场景。

"你去医院干什么?有病?"即使明知隔着玻璃,里面的人无法听到,但麦嘉玮还是压低声音在雪莹耳边问。

雪莹冷眼说道:"你才有病呢,我同学生病住院,我是去探病的。"

"嗯,看你活蹦乱跳的样子也不像有事的。"麦嘉玮退开一步,微微拉开一点距离,似乎这才有些放心,"什么病毒看见你估计也闪得远远的。"

"嘘——闭嘴。"雪莹指指屋里,示意他问话已经开始。

"沈海心小姐,你最后一次看到死者是在什么时候?"莫警官递给沈海心一杯水,坐下来问道。

"昨天中午,我去给他做饭,我们一起吃过午饭之后,他说还有工作,我就离开了,约好今天再过去,可没想到——"提到自己的男朋友石景沪,沈海心的眼中雾气弥漫起来,不一会儿便盈上了一层泪水。

"从你昨天离开到今天,你和他就没联系过?"莫警官把纸巾送上前,继续追问。

"谢谢。"沈海心抽出一张纸擦着眼泪,哽咽地回答,"他是做零工的,时间不固定,也不知道会工作到什么时候,我怕打扰他做事,所以每次他说要工作的时候,我们从来不联系。"

"你好好想想看,他最近有没有和人结怨?如果这样残忍的杀人手法,除非是极大的仇恨。"

沈海心摇摇头,喝了口水稳定下自己悲伤的情绪,"没听他说过,景沪是个正直的好人,有些事上有点固执,可能得罪了一些人,但要说有极大的仇恨,我实在想不出来。"

莫警官又拿出装有纸牌的口袋,"那你见过这个吗?知道其中是不是有什么特别的含义?"

沈海心仍是摇头,眼中露出疑惑,"这不是景沪家里的,我从来没见过。"

"那好,今天的询问到此结束,请你这几天不要出远门,以便我们警方随时调查,另外你再想起什么,请及时和警方联系。"莫警官说着站起身。

沈海心在警员的陪同下向门口走去,在即将跨出审讯室的时候忽然停住脚步,回过头望着莫警官,哭红的双眼中盈满了恳求,她沉声道:"警官,景沪死得太惨了,还请你们尽快抓到凶手。"

[三]

正是学生放学的时间,临近学校的一间小小的蛋糕店此时已经座

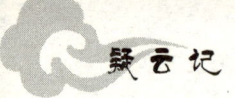

无虚席,有情侣双双对对甜蜜约会,更有一些死党相约小坐。雪莹和子晴也置身其中,对坐在临窗的一张小桌旁,每人面前一小块蛋糕,一杯饮料。

"雪莹,你在听我说话吗?"子晴伸出手在雪莹眼前晃了晃,这才把雪莹从失神中唤回来。

"什么?你再说一遍。"

子晴无奈地一摊手,"我都说半天了,感觉一直在自说自话,你到底在想什么啊?"

"抱歉,我在想最近的案子,走神了。"雪莹露出歉意的笑容,"不然今天我请客好了。"

"这次的案子很棘手吗?第一次看你为难成这样。"子晴用叉子戳了一块蛋糕放进嘴里,边吃边关切地问。

雪莹轻叹口气,也用手里的叉子有一搭没一搭地拨弄着盘子里的蛋糕。"可以说毫无头绪。"如果像他们推测,凶手可以把现场弄成那样,甚至还坐在尸体旁悠闲地喝着死者的血,那必定不能用常人的思维来考量。而且不知道为什么,她隐有种预感,那个黑桃A的纸牌,似乎预示着这一切只是个开始。"不过,有消息莫叔就会通知我了,说不定又派那个呆头呆脑的新人来。"

子晴咬着吸管,眼中含笑审视着雪莹,"你为什么处处针对麦嘉玮?我倒觉得你态度有些奇怪哦。"

雪莹听了子晴的话,满不在乎地一笑,"你多心了,我只是看不惯他那愣样子,不敲打他一下,就凭他这样,什么时候才能从菜鸟进化成真正的警察?"

子晴只是用吸管搅动着杯子里的水,脸上挂着别有深意的笑容,忽然她眼前一亮,指着窗外拍拍雪莹的手,"那不是你的菜鸟警察吗?"

"什么叫我的?"雪莹反驳道,顺着她指的方向看去,果然麦嘉玮正站在距离学校大门不远的位置东张西望。"这人还真不禁念叨。"雪莹说着打开手机,拨通了麦嘉玮的电话。

"请问你在准备诱拐大学里的清纯少女吗?"

这距离难以看清麦嘉玮脸上的表情,只见他四下张望,好像在寻找雪莹,话筒里传来他的声音,"喂,我是那种人吗?是莫警官要我来找你的,你人在哪里?"

"看对面,在距离校门100米的位置有家粉色招牌的蛋糕店,我们就坐在靠窗的位置。"

不一会儿,麦嘉玮便推开蛋糕店的门走了进来,坐到雪莹身边,脸上已现了一层汗珠,想必是在这炎热的夏日午后,一路小跑过来的。他拿起桌上的纸巾胡乱擦着汗,雪莹见状从饮料杯中拿出吸管,将杯子推了过去。

麦嘉玮先是一愣,继而毫不客气地大口灌了下去。接收到子晴和麦嘉玮有些惊诧的目光,雪莹双手一摊解释道:"看他这半死不活的样子也没办法好好说话是不是?总得想办法让他顺顺气。"

"那就谢谢你的好意了。"

"就别客气了,赶紧说莫叔让你来的目的吧?"

"我是来说明这几天的调查结果的——"

"对现场的勘察结果已经出来了,死者石景沪的死亡时间大约在夜里一两点左右。"

雪莹沉吟一下,"那有人看到凶手的可能性就很小了。"

"没错。"麦嘉玮边说边拿出随身的笔记本打开来,"根据警员的调查,那栋楼本来就是近期计划拆除的老旧建筑,所以很多居民都已经搬了出去,本来就没有几户人家,再加上又是深夜,根本没有人注意到是否有人出入。"

"那血迹化验的结果呢?"雪莹问道。

麦嘉玮拿出几张现场的照片,解释道:"墙上和玻璃杯里的血迹,都是死者石景沪的,但杯子上却没有查到任何指纹,屋里除了死者和

他的女朋友沈海心的指纹,也没查到别人的。"

一旁的子晴拿起照片好奇地看了一眼,立刻被那恐怖的场景震慑住,倒吸了一口冷气,把照片又丢回桌子上,拍着胸口大口喘着气,"我的天呀,吓死我了,这凶手也太血腥了吧!"

"沈海心。"雪莹重复着这个名字。

"沈海心那晚说在自己家里睡觉,虽然没有确切的证人,但她没有杀害自己男朋友的动机,周围的邻居都说他们两个人感情很好,连吵架都没有过,而且她是死者的女朋友,自然经常出入那里,有指纹也并不奇怪。"麦嘉玮拿起饮料又喝了一口,才继续说,"根据石景沪认识的人说法,就像沈海心说的,他是个正直的人,在有些事上有些固执,但基本上待人还是很随和的,所以在朋友里评价很好。"

这样一个人,到底谁会用这么残忍的手段杀了他呢?是寻仇?还是因为争执?雪莹飞快地思索着:"那纸牌呢?有什么线索?"

麦嘉玮摇摇头,"很遗憾,只是普通的一张牌而已,上面除了死者的血迹,什么也查不出,到现在对于它的含义也没有任何头绪。"

"我总觉得这纸牌没有那么简单。"雪莹用手摆弄着吸管陷入沉思,正在这时,麦嘉玮的手机响了起来。他接起,脸上表情越来越复杂,几句简短的对话之后,他应了句,"好,马上就到。"就挂断了电话。他抬头看向雪莹,"恐怕你的预感是对的,那纸牌又出现了,你要不要一起来?"

"那还等什么?"雪莹说着迅速站起身,继而又像想起什么有些抱歉地看向子晴,"今天恐怕不能继续聊天了。"

子晴灿烂一笑,"没关系,你快去吧,今天这顿我请客。"

[四]

沿海一带还未完全开发,所以人迹罕至。海边原来是一家厂房,几排破旧的仓库饱经风雨,带着斑驳的锈迹。因为这几年要开启海边的旅游,才开始绿化这一带,工厂早已经迁走,仓库也废弃不用多时。离海边不远处，有个修建到一半的公园，还未对外开放，而装着尸体的编织袋，就是在公园新近栽种的矮树丛中发现的。

"尸体是今天早上负责管理园林的工人在修剪枝叶的时候发现的。"莫警官解释着。

茂密的矮树丛间，挂着几个编织袋，原本红白相间的颜色，此刻更是被不断浸出的血水染成刺目的红。那周围密布的本是翠绿的枝叶，也如被血洗刷过一般，带着一股浓重的血腥味道，在一片绿色之间，唯有这一丛，红得绮丽。

在莫警官的指挥下，负责现场勘察的警员把编织袋拿了下来，小心地打开，顿时一股令人作呕的气味传了出来。与其说尸体，不如说是残肢来得更加贴切些。除了自小腹到大腿的一截不见踪影外，尸体其余的部分被切割成七八块，每个编织袋各放一部分。

等现场人员勘查取证完毕，雪莹才走上前，皱着秀气的眉，弯下身察看着尸体。"从血的流量来看，这尸体应该才被切割不久。"

"我也是这么认为的，而且切割尸体的地方，应该距离这里不太远，我已经派人在附近搜查去了，希望能找到分尸的现场。"莫警官接口道，"从尸体的脸部来看，应该是年纪在40到50岁之间的女性，但具体身份还需要再确认。"

雪莹一边听着莫警官的解释，一边仔细察看着尸体，在看到尸体头部的时候，她忽然停了下来。雪莹脸上的表情变得越发凝重起来，她蹲下身戴上白手套，触摸着浸泡在血水里的头，翻转着尸体的脸端看着，蓝眸也因为沉思而凝聚起灼灼的光。忽然间她眼中微光一闪，缓缓开口道："我想我见过这死者。"

她的话让在场的人都是一愣，麦嘉玮率先追问："你认识这死者？确定没看错？"

雪莹站起身，摘下已经被血染红的白手套，不紧不慢说道："我只是说见过，没说认识，你们找找看尸体上半身的部分，看看胸口的衣服上有没有个中央综合医院护工的名牌，上面应该写着她的名字。"

"中央综合医院?"莫警官重复着,立刻示意旁边的警员按照雪莹的说法去翻找,不一会儿,果然拿来了一个红底白字的名牌,上面写着"护工:王英"。

"我去中央综合医院探病的时候见过她。"雪莹顿了一下,脑中有什么灵光一闪,她偏头想了一下,又补充道,"就是遇到沈海心的那天,她捡到了沈海心的病历表给送过来。"

"又是沈海心?"麦嘉玮叫道。

与此同时,雪莹也在沉思,两个死者都与这个叫做沈海心的女人有过接触,世上有这么凑巧的事情吗?但从上次王英给沈海心送病历表时候的表现来看,他们又应该是不认识的,沈海心也没有杀害她的理由。

"不管怎么说,还是要先去中央综合医院调查看看。"莫警官摸着下巴说道,"另外就是,还有这个——"他说着拿出一个套着透明口袋的扑克牌,上面斑驳的血迹触目惊心,"这是在编织袋旁发现的,我们来的时候,就插在树叶中间。"

雪莹接过口袋,把纸牌反转过来,黑桃2。又是一张纸牌,而且还是和上次的那张顺次连接的,可以确定的是,两起案子都是同一个凶手所为,石景沪和王英,这两个人之间有什么关联呢?这纸牌仅仅是凶手的标记吗?还有没有什么更深的含义?无数的问题一时间出现在雪莹的脑海中,但唯一可以确定的是,如果不尽早找出凶手,就不排除随时出现下一个被害人的可能。

正在思考间一个警员远远跑过来,在莫警官耳边低语了几句,莫警官神色一凛,"好消息,找到了分尸的现场。"

雪莹也为之一振,把纸牌重新交给鉴定人员。"走,去看看。"

穿过几排林立的仓库,一行人在其中一个仓库前停下了脚步。这几间仓库一看就可以知道早已废弃多时,因为要修建海边的公园,成排的仓库已经被拆掉了一部分。此刻他们面前的这间仓库,已经连大门都不知道什么时候被拆掉了,只有挂满锈迹的卷帘门,从卷到一半的高度依稀望去,里面一片漆黑,隐着一股冰冷的死寂,让人不由得脊背升起阵阵寒意来。

雪莹和莫警官对望一眼，莫警官一挥手，指挥着警员打开卷帘门。随着"吱吱"的声响，年久缺油的卷帘门被完全卷了起来，借着门口的光线看进去，一些新近的年轻警员不由得闭了眼。里面的情形，说堪比屠宰场也不为过。空荡荡的仓库里面，一眼就可以望见最靠里面的一根柱子旁，散落着几个还没有使用的编织袋，与装着残尸的一模一样。那原本只是蒙着些尘土的水泥柱子，血迹飞溅了足有一人多高，然后又顺着柱子流淌下来，留下一道道染血的死亡痕迹。一旁的墙壁更是惨不忍睹，地上随处可见大片的血迹，因为此处阴凉，鲜血还未凝结。

"采集点血样送去化验，看看是不是死者王英的血。"莫警官对身边的警员命令道。

他们小心地绕着地上的血迹走着，因为早就没有人来过，周围的地面遍布着厚厚的一层尘土，只有血的周围留下清扫过的痕迹，看来是犯人为了不留下自己的痕迹，刻意清理了现场。虽然看似是心里疯狂的罪犯，但却好像不仅这么简单，雪莹心中想着。

顺着放射状血的痕迹，在位于中心的位置有一大片殷红的血，血色仿佛绽开的花朵，红得诡异却摄人心魄。血水中浸泡着一把刀，早已看不出本来的颜色。

"这应该就是分尸的工具了吧？"麦嘉玮站在血迹的边缘，目不转睛地看着那把刀，看上去有些紧张。

"看境况有可能，但还要拿回去调查才能确定结果。"

"呃，要我去？"接收到莫警官的目光，麦嘉玮吞了下口水，面露犹豫。

"我真怀疑你到底是不是警察。"雪莹看着他的样子，好笑地打趣道。

麦嘉玮不满地看她一眼，"你还有心情笑？"

"难不成要哭？命案每天都在全世界发生，但没有无缘无故地杀人，凶手一定会抓到的。"雪莹湛蓝色的眼眸中闪动着自信，"我看你根本不适合做警察，菜鸟一个。"

"谁说的，拿就拿。"

真是单纯的人，看着硬着头皮去取刀子的麦嘉玮，雪莹的唇边勾起一个漂亮的弧度。

[五]

中央综合医院，市内最大，部门也最全的一间医院。走进医院，一股淡淡的消毒水味道在周身飘散开来。雪莹和莫警官一行人穿过人来人往的大厅，到问讯处问明了王英负责的地方，按照指示牌直接来到位于四层的外科诊区。

外科诊室的门敞开着，能直接看到一个身穿白褂的男人耐心地在询问病人的病情。莫警官象征地敲敲门，那医生抬起头，很年轻的一张脸。

"您要看病的话，请先到外面等一下可以吗？"很温和的声音，带着客气的笑容。

"我们不是来看病的。"莫警官说着走了进去，拿出警员证递到他的面前，"能耽误你一点时间吗？"

那人一怔，点点头道："能不能等我看完这个病人？"

"当然。"莫警官和雪莹几个人站到一旁，等着他给病人看诊完毕，才走上前。

"外科的何恬医生？希望你能回答我们几个问题。"

"好的，请坐。"何恬轻声交代护士暂时停诊，自己走过去关上门，也在莫警官对面坐下来。

"不知道你认识一个叫做王英的人吗？"莫警官直接问道。

何恬略微思考了一下，微微颔首，"如果我没记错的话，她应该是我们外科病房的护工，我去查病房的时候经常听到病人夸她勤快，所以有些印象，但最近好像没看到过她。"

"你大概有多久没见过她了?"

"大约有一星期了吧,我也不太确定,她出什么事了?"

莫警官顿了顿,才缓缓地说:"她死了。"

何恬的嘴顿时震惊得张大,仿佛不知道一时该说些什么。"她怎么死的,这——"

"具体情况我们还在调查,不知道王英在这里有什么熟人?"

何恬摇摇头,"护工的资料医院应该都有登记,但据我所知,她才来这里不到一个月,亲人都在偏远的老家,在这里也没有什么朋友。"

"那结怨的人呢?"莫警官追问,"她有没有和人发生过冲突?"

何恬又是摇头,"至少我没见到过,你们也可以再问问别人。"

"那好,谢谢你的配合,如果再想到什么随时和警方联系。"莫警官站起身,刚要向门外走去,诊疗室的门忽然被从外面猛力打开。"陈医生,我说过里面有客人,您——"伴随着护士急切地阻止声,一个同样身穿白褂的人一阵风般走了进来。

"怎么?翅膀硬了,能单飞了,连见面都要预约?需不需要我也去楼下挂个号再来?"进来的是个年纪看上去已经有50多岁的老人,发间已经隐约可见染了斑白,但却气色红润,说话声如洪钟。

"看您说的。"何恬赶忙迎了上去,态度谦逊,"不知道陈老师您来这里有什么事吗?"

"废话,不然你以为我这么闲?"那人似乎刚看到屋子里站着的莫警官等人,迟疑了一下,但很快便恢复了刚才气势汹汹的模样,扫了其他人一眼,仍将犀利的目光盯到何恬身上,"你们外科这边怎么做事的?今天你转到我这里需要整形的病人,资料里居然少了一页,你到底知不知道,小看这一页的后果可能导致整个手术的失败?"

"您先别生气,我马上就安排护士去查,一定尽快把资料补齐给您。"何恬上前安抚着老人,即使被冷言批评,仍是一副尊敬的样子。

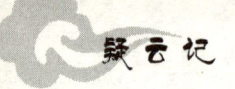

"我希望这种事没有下次。"老人冷哼一声,甚至都没再正眼看屋子里的其他人一眼,转身像来的时候一样快步走了出去。

接收到莫警官他们略带诧异的目光,何恬不好意思地一笑,"别看陈老师这样,他只是说话比较直,但却绝对是个尽职尽责的好医生,而且他还是整形界的权威,十年前我们医院第一宗变性人的手术就是他成功完成的。"

"那我们就不打扰你做事了。"说着,几个人告别何恬走出了诊疗室。

"这次的案子比较特殊,我们来整理下现有的资料。"此刻不大的侦探社里,莫警官带着麦嘉玮,和雪莹相对而坐,面前摊开着几张资料。

"这次的凶手方法极其残忍,每次不弄成极端血腥的场面决不罢休。"麦嘉玮拿着自己的笔记本,两次现场的画面似乎还在眼前,只要想到,就让他有种反胃的感觉。

"从表面上看,像是冲动型犯罪,从这种血腥中获得感官的满足,但在善后的处理上,又收拾得极其缜密。"雪莹补充道。

莫警官摸着下巴,似乎也在沉思,"是的,凶手两次作案之后都把作为凶器的刀子留在现场,可上面除了死者的血迹什么都采不到,还有第一桩案子现场的玻璃杯上,也完全提取不到DNA和指纹,第二桩案子的分尸现场,也扫去了脚印。"

"我们调查了王英的资料。"麦嘉玮说着指向桌子上的其中一张照片,"已经确定了是死者没错,据她接触的病人说,她大概失踪了一星期左右,但因为她才来不久,大家都没有在意,其他的和何恬医生说得差不多。"

"那个何恬医生又是什么人?"雪莹又问道。

"他据说是中央综和医院里,最有前途的年轻主治医生。"麦嘉玮像是想起什么,又继续说,"还有那天那个陈医生,全名叫陈启盛,在整形医学界是个相当有名的人,好像何恬刚入医院时,曾经在他手底下实习,所以何恬才一直叫他陈老师。"

人物关系好像理清了,又似乎模糊间,还有着什么问题。雪莹低头思索着,这两起命案的被害人看上去毫无联系,但那诡异的纸牌又揭示着两者是同一个凶手所为,而这两个人的交集,似乎只有一处,可如果真是这样,杀人的动机又是什么呢?

"据鉴证科的结果,王英被分尸弃尸的时间应该是这几天没错,但很奇怪,死亡时间大概有五天以上了。"莫警官翻着眼前的资料,也不禁微微皱起眉。

"五天?"雪莹蓝眸中微光一闪,"我记得上次和沈海心在医院看到王英,就是五天以前,莫叔,看来我们有必要再找沈海心问问看了。"

[六]

仍是同样的问讯室,端坐在桌前的女人一头火红的卷发看上去格外炫目耀眼。沈海心隔着桌子看着莫警官,美丽的脸上带着一丝希冀,她一坐定,就迫不及待地发问:"怎么样?是不是抓到凶手了?"

"很可惜,我们还在查。"看到沈海心目光瞬间黯然下去,莫警官停顿了一下,继续说道,"我们今天请你来,是为了另一件案子。"

"另一件?什么意思?"沈海心侧过头,疑惑地看着莫警官。

"你认识一个叫做王英的女人吗?"看沈海心摇摇头,莫警官拿出王英的照片放在桌上推了过去,"这个就是王英,你看看有没有印象。"

沈海心凑上前,却没有拿起照片,只是淡淡地扫了一眼,"好像有点眼熟,但记不清在哪儿看到过了。"

"那好,我提醒你一下,她是中央综合医院的护工,有人看见你一星期前曾经和她有过接触。"

"哦,这么说的话我想起来了,是她啊。"沈海心恍然大悟,抚了

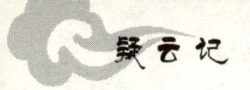

下耳边的长发,"她只是捡到我的检查表,帮我送过来罢了,难道碰过面的每个人我都要认识吗?那前几天在你们这里遇到的那个女孩,也说曾经在医院见到过我,难道我和她也认识不成?"

"别误会,只不过前几天发现了这个叫做王英的女人的尸体,而在抛尸现场,有张和你男朋友石景沪命案现场一样的纸牌。"

听了莫警官的话,有些漠然的沈海心眼中忽然燃起了光彩,"你是说,杀死她的人和杀了景沪的凶手是同一个人?"看莫警官点头,她忍不住又激动起来,"那你们快去抓凶手啊,还在这里问我干什么?"

"相关人物我们都会例行询问,王英曾工作的中央综合医院的工作人员,我们也都是这样盘查的,你放心,我们会尽快抓住凶手的。"

沈海心闻言一怔,脸上以极快的速度闪过一丝难以言说的神情,但瞬间便隐没在一片平静之下。"希望如此。"沈海心又靠向椅背,交叠起修长的双腿,出神地望向窗外,似乎若有所思,沉默着不再开口。

对沈海心的问话没发现任何端倪,但很快却又发生了第三起命案,而这次的地点就在雪莹他们才刚去过的中央综合医院。雪莹接到莫警官的电话赶到的时候,天色才蒙蒙亮,灰白色的医院大楼耸立在晨雾中,静谧得仿佛仍在沉睡一般。

因为时间太早,还没有开始看诊,医院大门紧闭,雪莹再次走在医院的走廊里,却不像前几次白天来的时候那样人来人往。走进整形科的楼层,更是空荡荡地不见一个人影。楼道里很暗,只在走廊尽头亮着一盏昏黄的灯,两旁的黑暗沉沉地压下来,顿时为这气氛增添了几分凝重。

整形科的资料室前,已经有几个警员在进出忙碌,麦嘉玮正在对着一个护士问话。雪莹走上前,轻声问:"这次死的是什么人?"

"你也见过。"麦嘉玮向资料室的门里望了一眼,吐出三个字,"陈启盛。"

陈启盛?那个整形专家?那天外科诊疗室里,气势汹汹的老人?雪莹心中一沉,前几天他还中气十足地在训斥人,转眼间就变成了躺在里面的尸体。"确定和'黑桃'的案子是同一个凶手?"

"你进去看看就知道了。"

雪莹走进资料室,麦嘉玮也跟在她身后走了进去,资料室空间并不大,并列摆满了移动的档案架,每排紧邻的档案架之间,仅能容纳一人站立。即使开了灯,光线却被高大的架子遮去了大半,只有凭借窗口照进来的一丝晨光,才能将屋内的情形勉强看个清楚。

陈启盛的尸体靠坐在两排高大的档案架之间,如果不仔细看,几乎难以发觉。说是靠坐,其实并不准确。倚靠在档案架前的只有陈启盛的上半身,从腰部以下便是一片血肉模糊,流出来的血染红了地上的白色瓷砖,留下一摊触目惊心的殷红。而不远处的另一架子前,斜挂着两条腿,但腹部到大腿以上的部分却不见了踪影。

莫警官手拿着一个小口袋走过来,雪莹接过,举向窗口,借着透进来的光线可以清楚地看到,透明的口袋里赫然装着一张染血的纸牌——黑桃3。雪莹闭上眼,片刻又睁开重新望去,看来她一开始的预感没有错,凶手在第一个现场放下纸牌并不仅仅是简单的挑衅,而是以黑桃的纸牌依次进行的残忍谋杀。但如果说一开始的石景沪和王英,勉强还有沈海心这个连接,那眼下的陈启盛,又和前两个人有什么关系呢?难道她一开始就想错了?凶手根本是无目的地选择被害人?雪莹总觉得,虽然凶手的手段凶残,但看上去并不像毫无理智的随机杀人,这几起命案的被害人之间,到底有什么关系是他们没注意到的呢?

"有什么线索吗?"雪莹将纸牌交还给莫警官问。

莫警官摇摇头,"因为发生在深夜,值夜班的只有死者陈启盛和一个护士,没有目击者。"

"刚才我对护士进行了问讯,据值班护士说,大概晚上10点左右,陈启盛说要到资料室整理材料,听说陈启盛的脾气很怪,做事的时候谁打扰他就会大发脾气,所以护士也不敢来打扰他看资料,直到快天亮时有个住院病人出了点状况,护士来资料室找他,才发现了尸体。"一旁的麦嘉玮翻着手中的笔记本补充道。

想到那天在外科诊疗室对何恬的态度,雪莹也并不觉得意外,对自己带出来的徒弟都是那样的态度,护士会害怕他也不足为奇。"我刚才进来的时候,好像看到走廊里装了摄像机。如果拿着装有尸体缺失的那一部分包裹出去,不会拍不到吧?"

莫警官微微叹了一口气,"这个我们也问过了,这间医院的摄像机是前几天才刚装上去的,除了前面大厅里的,其他都还没来得及启用。"

"大厅里的监控录像也派人去查过了,没发现什么可疑的地方。"麦嘉玮说道。

雪莹湛蓝的眼中眸光一沉,"这医院还有没有别的出路?"

"你去问问护士。"莫警官向麦嘉玮示意。

[七]

经过询问,医院果然还有后门,而且距离命案现场的整形科不过几十米的距离。说是后门,其实只是一扇仅能容下一人穿过的铁门。此刻雪莹和莫警官几个人,正按照护士指引的路踏着台阶走向整形科的另一端。这里位于医院的偏僻角落,一丝光亮也不见,大家仅凭着手电发出的微光,小心翼翼地走着。

"看来就是这里了。"雪莹看着眼前紧闭的门,门上虽然已经锈迹斑驳,但门的把手上却一尘不染,看来是有人新近擦拭过,"凶手应该就是从这里逃走的。"

"这里有血迹。"麦嘉玮忽然用手电照着地面叫道。大家循声看去,果然水泥地上依稀可见点点血迹,像是滴落在这里的。

"去取一点化验一下,看看是不是死者的血迹。"有警员立刻领了莫警官的命令走上前去。莫警官自己则走到铁门前,向后看了一眼,神色一沉,缓缓推开了门。随着铁门"咯吱"一声开启,一道光线从门缝里照射进来,刺得大家忍不住用手遮了下。

几个人依次走了出去,发现这是位于医院大楼外的一个平台,从平台上蜿蜒着向下的铁楼梯,一直通向医院后面的一条小巷。

"这里原本是运送一些医疗设备的出入口,但三年前医院重新修缮以后,就废弃不用了。"跟在身边的护士解释着。

"这里也有些血迹。"雪莹弯下身仔细端详着,"看来凶手是带着尸体的一部分,从这里走出去的,但既然这后门如此隐蔽,又已经早就不用了,凶手必定是对医院熟悉的人。"

莫警官派了几个人沿着血迹的方向去搜索,站在一旁的护士看着他们,似乎有些欲言又止地犹豫,"有件事有点奇怪,不知道对你们破案有没有帮助。"

"说说看。"

"刚才你们调查现场的时候,我发现陈医生身后的资料架上好像少了几盒病例档案。"

"什么?"莫警官习惯性地摸着下巴问道,"你能想起少的是什么吗?"

护士想了一下,才回答:"具体的患者没法确定了,但是陈医生经常会把那些病患的资料整理得井井有条,那些病例档案都是按照时间顺序排列的,那个架子上应该是十年前的资料。"

"找到了!"下面传来警员的高喊,几个人循声看去,顺着血迹下去调查的几个警员正在从楼梯旁的垃圾桶里拽出一个渗着血的编织袋。莫警官等几个人赶紧快步走下去察看。

"看上去和装着王英尸体的编织袋一样。"

"可王英的案子,几乎可以算是碎尸,这里为什么就只有割下尸体的中间部分呢?"麦嘉玮不解地问。

"也许是时间来不及,凶手又不方便把尸体整个运出去再分尸了。"雪莹猜测着。

莫警官走过去察看了袋子内,又走了回来,"是尸体失踪的部分没错,可是没发现护士所说丢失的病例。"

为什么只有病例会不翼而飞呢?凶手拿走病例的目的是为了隐藏什么?雪莹思索着,十年前的病例里到底记载了什么秘密?等等,十年前?雪莹头脑中忽然灵光闪现,她转向身边的护士,问道:"你刚说十年前?"看护士不解地点点头,她才又继续追问,"医院里还有没有谁,熟悉十年前陈医生接手过的病患?"

护士略微思考了一下,"外科的何恬医生吧,他十年前曾经跟着陈医生实习。"

再次坐在外科的诊疗室,何恬仍是那样温和的样子,但在那种平静中却透出一股隐约的伤感。对于莫警官他们的到来,他似乎并不意外,只是客气地一笑,但脸上却没有了笑意。

"我听说陈老师他被杀了,这是真的吗?"他一见到莫警官就站起身迎上来问。

莫警官点点头,沉声说了句"很遗憾"。何恬听了,眼圈有些泛红,颓然低下头,交叠的双手搅动着,一丝悲伤从他脸上扩散开来。

"根据我们的调查,你曾经在陈启盛医生手下实习?"麦嘉玮又拿出笔记本问道。

"没错,实习过一年。"

"是不是十年前?"雪莹忽然问。

"这个你们也调查清楚了?确实是十年前开始的。"

"那在你实习期间,有没有发生什么特别的事?"莫警官问。

"这——"何恬思考了下,"准确地说,那一年对于陈老师是至关重要的一年。"

"为什么这样说?"

"以前陈老师虽然是医院整形界的专家，但并不像现在这样有名，十年前，陈老师花了将近一年的时间，成功完成了一桩变性手术，顿时声名鹊起，晋升成为这方面的权威。"何恬解释道。

雪莹闻言微微偏过头，头脑中仿佛依稀有个模糊的思路，却又难以清楚地捕捉。

走出中央综合医院的时候，太阳已经完全升了起来，医院开始照常的运转，只是把整形科封闭了起来。

"三张黑桃牌，已经死了三个人，不知道还会不会有下一个被害者。"麦嘉玮望着医院的大楼，感慨着。

"会的。"雪莹抚了抚遗落在耳边的长发，"除非尽快抓住这凶手，不然这案子还会继续下去。"

"黑桃可是有十三张牌，难不成凶手要杀够十三个人？"麦嘉玮吸了口气，瞪大眼睛。

莫警官叹了口气，"主要我们不知道凶手的目的是什么，所以就也无法确定他到底有多少个目标。"

是啊，这几起案子之间到底有什么关系？到这里就会是结束吗？还会不会有下一个被害者？有的话，又会是谁？谁心里都没有答案。

"总之先看看分析的结果再说。"莫警官沉声说道，"雪莹，你现在要去哪里？回侦探社？"

雪莹抬腕看了看表，"不了，我直接去上课。"说完蹬上自行车，和莫警官他们道了别。

[八]

谁也没想到，没等警方的调查结果出来，凶手又再次有了行动，而这次的案发现场，竟然是距离这里几百里外的一个小镇子。雪莹赶到和莫警官约定的地点，准备搭莫警官的车一起去案发现场，远远就看到莫警官和麦嘉玮等候着，身边好像还站着另一个挺拔的身影。等走到近前，雪莹才看清那是个褐发蓝眼的男人，一张英俊帅气的脸，

轮廓深邃，唇边挂着一抹亲和的笑。

"来，我介绍一下，这是从美国来交流的Daniel，可是年轻有为的精英，他会在这里待上半年的时间，和我们一起做事。"莫警官介绍道，"这位是我一个老朋友的孩子，雪莹，帮着我们破了不少案子，以前也在美国住过一阵子。"

"莫警官过奖了。"Daniel开口，竟然是很标准的中文，他上前一步露出迷人的笑容，倾身给了雪莹一个热情的西方式拥抱，轻吻了下她的面颊，才带着笑意再度开口，"叫我的中文名字罗逸凡就可以，我也可以叫你雪莹吧？"

"当然。"从小生长在美国的雪莹，对这种见面的问候方式已经见怪不怪，反倒是麦嘉玮睁大眼睛，然后小声嘟囔了几句谁也没听清的话。

"好了，我们快走吧，那边的警察还等着呢。"莫警官打断了他们的谈话，几个人上了车，径直赶往案发现场。

与其说小镇，不如说是郊外更加贴切。这里如画般的风景与大自然的清新幽静，是城市中所遍寻不着的。汽车行驶在小路上，两旁的山峦清晰可见，仿佛近在咫尺。山脚下一道小河蜿蜒流过，只有"哗哗"的水声，和蝉鸣鸟语，在这一片静谧中回响。

雪莹从车窗中探出头，深吸了一口带着青草香的空气，顿时感到心旷神怡，仿佛心灵都经过了洗涤。汽车在崎岖不平的小路上一个颠簸，雪莹微微一晃，坐在一旁的罗逸凡敏捷地扶住她，并向她一笑。

就在欣赏风景中，镇子出现在眼前。镇子呈四四方方的形状，没有都市的高楼大厦，一排排灰色瓦的平房依次而立，看上去简单质朴而井然有序。唯一破坏了这安静祥和的，是靠近里面的一间房屋前，远远站在一边议论纷纷的村民。

车在屋前停了下来，莫警官带着雪莹几个人下了车，刚走到屋门口，就有个警察模样的人迎了上来，眉头紧皱成一个"川"字。"是莫警官吧？你们终于来了，我是这镇子上的警察，老卢。"他一边说，一边拿出纸擦着汗，在这炎热的夏日里，再加上紧张不已，额间已经汗水淋漓。"我在这里做警察已经20年了，这镇子一向平静，平时连个偷窃都没有，没想到忽然间发生了这么大的事——"

"我们还是先去看看现场再说。"

"这现场——"老卢忍不住又擦了擦汗，脸上露出心有余悸的神色。想来这镇子里从没见过这样的场面，虽然还没看到现场，但如果确和前几桩是同一凶手所为，那现场估计也好不到哪里去，果然老卢停顿了下继续说道，"这现场实在是太血腥了。"

这是一间与其他屋子看上去无异的房间，但唯一不同的是，不大的空间内好像鲜血充斥的屠宰场，和前几个现场一样，四处都是刺目的血迹。尸体倒在离门不远的地方，看上去四五十岁的样子，皮肤黝黑，头发蓬乱，身上的衣服虽然浸满血迹，仍掩不去又脏又破。

"又没有了尸体中段的部分？"麦嘉玮小心地绕过满地的血迹，走到尸体跟前。

"发现尸体的时候就这样的。"老卢说道。

莫警官点点头，"看来是黑桃凶手做的，发现的那个纸牌呢？"

"在这里。"老卢指了指桌面，雪莹走过去，扫视一眼，又看向众人，"是黑桃4。"

"尸体的身份确认了吗？谁发现的？"莫警官继续问道。

说到这里，老卢眼中微微闪过一丝轻视。"这人名叫范成，游手好闲在镇里有名，十几年前曾经因为猥亵罪判刑进了监狱，放出来以后更没有人愿意和他打交道，就自己独居在这，靠接济过日子。他的尸体也是今天早上邻居发现屋里传出恶臭，来查看的时候才发现的。"

"这里的血很奇怪。"罗逸凡不知道什么时候已经走到桌子旁，指着纸牌周围说着。其余人闻言都走到桌前，仔细端详着上面的血迹。

"确实。"雪莹皱着眉，刚才自己只顾看纸牌，忽略了这一细节，她不禁暗责自己的疏忽，"这点的血，不像是溅上去的，到更像故意滴上去的。"

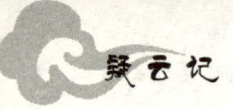

"从这形状来看,更像是用某种东西滴上去的。"罗逸凡顿了一下。"刀尖。""刀子。"罗逸凡和雪莹同时说道。然后两人互看一眼,会心笑了笑。

"看来是用凶器故意弄上的。"莫警官摸摸下巴,"但现场并没有发现凶器,也没有尸体的残余部分。"

"没想到一来就让我遇上这样棘手的案子,不过这倒让我燃起了斗志。"罗逸凡的眼中光彩灼灼,"我喜欢有挑战的案子。"

雪莹低头沉思着,这一切到底代表着什么呢?虽然几起命案现场都存在些许的不同,但那顺序出现的纸牌,和相似的残忍现场,凶手到底在想什么?而且这百里之外的镇子上的范成,又与前几个被害者有什么关联呢?

"和这黑桃有关的,前几起命案的资料我也研究过了。"罗逸凡开口。

"你有什么想法?"莫警官问。

罗逸凡微微一笑,"这世上没有无缘无故的杀人,每起杀人案即使看起来毫无章法,其实在凶手无意识的行动中,还是会透露出某种原因,比如遥远的记忆,心中的阴影等等。"

心中的阴影?等等,雪莹脑中好像忽然有根弦"啪"地接连上,一切都在瞬间清晰了起来。她转向一旁的老卢,突然问道:"刚才是不是说范成坐过牢?能具体说说看吗?"

"这没问题,我办公室有相关记录,需要的话,和我一起去看看吧。"

[九]

"怎么突然拉我来这里吃饭?"坐在闹市区的一家看上去价格不菲的餐厅里,麦嘉玮看着对面笑盈盈的雪莹,显得有些坐立不安。

"案子没破也得吃饭,是不是?"雪莹唇边漾开一个美丽的笑容,拿着菜单不紧不慢地翻着。她湛蓝的眼眸中平静无波,让人无从猜测她的想法。"找个服务生来介绍一下他这里的特色吧？"麦嘉玮撇撇嘴，不置可否，看上去他也没有提出异议的余地。

雪莹按响了服务铃，很快便有一个身材高挑的服务生出现在桌旁。"请问您现在点餐吗？"

"先给我们介绍一下吧。"雪莹仰头嫣然一笑，那服务生却在看到雪莹的时候怔住了。

"是你？"麦嘉玮显然也很吃惊，指着来人张大嘴。那人在脑后束起的火红色长发，虽然身着饭店的制服，却难掩艳丽的容貌，都并不陌生。"沈海心？你在这里工作？"

"真巧。"雪莹看上去似乎并不那样惊讶，反而淡淡地向沈海心问好。

"你们来这里干什么？"

"当然是吃饭啊，来餐厅不吃饭还能干什么？"雪莹回答得一派悠闲。

沈海心怀疑的目光在雪莹脸上巡视着，但雪莹只是缓缓喝着面前的茶。半晌，沈海心才客套笑笑，脸上表情也自然了些。"是来约会吧？"

麦嘉玮闻言连忙摇头，"只是一起吃饭而已，不是你想得那样。"

雪莹淡定地看她一眼，才笑道："我还没那么无聊，要和他出来约会，只是听说这家餐厅不错，又正好缺少个出钱请客的人——"

她的话尾微扬，立刻引来麦嘉玮不满的抗议，"喂，我什么时候说过要请你吃饭——"

"那两位慢慢吃，我就不打扰了。"沈海心打断麦嘉玮的话，转身准备离开。

"对了'菜鸟'，我们还得快点吃，要不然何医生就该下班了。"雪莹忽然提高声音。

麦嘉玮疑惑地看着她："何医生？"

"就是中央综合医院的何恬医生啊，你忘了？"雪莹向他眨眨眼，

"他不是答应了莫叔,帮着警方修复整形科十年前丢失的资料吗?毕竟他那时候在陈医生手下实习,估计修补资料很快就能完成的,所以他才每天都待在那个资料室。"

沈海心脚步一顿,并没有回过头,而是加快速度离开了。

"你又搞什么鬼?我们什么时候跟何医生有这种约定了?"麦嘉玮看着雪莹,低声问。

"从来就没有啊。"雪莹仍是翻动着手中的菜单,头也没抬,"随便点些什么吃,赶紧吃完去中央综合医院,别错过了好戏。对了——"雪莹合上菜单,饶有兴味地看向麦嘉玮,"别忘了顺便给莫叔他们也打个电话,让他们一起来参观。"

雪莹和麦嘉玮吃完饭已是夕阳西下,天空隐隐残留着最后一丝余晖,等他们来到中央综合医院的门前,连这一点微光都隐没在天边,夜幕沉沉地压下来,似乎要将天地间的空气抽离。

"呃,我们这时间来医院干什么?"麦嘉玮望着中央综合医院灰白色的楼,因为早已过了看诊时间,除了住院区仍有灯光以外,办公楼大部分窗口都漆黑一片,死一般寂静无声。

"来抓凶手,你是警察吧?"

"凶手在里面?"麦嘉玮又看了黑漆漆的大楼一眼。

"进去看看不就知道了。"雪莹说着,迈步向医院大楼里面走去,麦嘉玮也赶紧跟了上去。

因为有麦嘉玮的警员证,他们很顺利便进入了办公楼,这下麦嘉玮似乎才明白了雪莹叫他跟来的目的,那就是方便进入医院大楼。楼道里比从外面看到的情形也好不了多少,拐角处几盏昏暗的灯,似乎不足以照亮整个过道,一片幽暗中只有模糊的轮廓依稀可见。四周安静得连自己的呼吸声都仿佛能听得真切,让人不由得放轻了脚步。即使这夏日的夜晚,也好像能够感受到水泥的冰冷,阵阵寒意扑面而来。

"资料室好像亮着灯？难道有人？"麦嘉玮压低声音问。

"你自己去看一下就明白了。"

他们小心翼翼地走到资料室前，资料室的门虚掩着一道缝，灯光从里面倾泻出来，投射在走廊的墙壁上。向里望去，一个身穿白褂的身影正在灯下低头翻阅着资料，麦嘉玮从侧影定睛看去，竟然是何恬。

"这不是何医生吗？"麦嘉玮吃惊地看向雪莹，"难道何医生真的大半夜还在整理资料？"

雪莹将他拉开几步，"一会儿你就知道了。"

"还这么神秘，不用去和何医生打个招呼吗？哦，我知道了，你是在等莫警官？"

"嘘——"雪莹拉了他一把，示意他噤声一起躲在墙角的黑暗中，"别出声，来了！"

麦嘉玮还没来得及继续问，一阵有节奏的脚步声传来。能听得出来人刻意放轻了动作，但回荡在这空旷寂静的夜里，仍是沉闷地一下一下敲打在人心头。麦嘉玮悄悄探头看去，一道黑影踏着薄雾般的灯光而来，在资料室门前停下来，静静注视着里面的一切。

麦嘉玮和雪莹两人屏住呼吸，凝视着眼前人的一举一动。只见那黑影悄无声息地将资料室的门又拉开一些，一个闪身走了进去，而里面的何恬似乎丝毫没有察觉，仍在专注地察看着资料。那黑影走到何恬的身后，缓缓举起右手，在他抬高的手上，一柄明晃晃的匕首赫然在月色下闪着森然的寒光。

"小心！"麦嘉玮一声惊呼，向前奔去，但比他更快的，是一道银光从他身旁一晃而过，只听一声惊呼，传来金属落地的"叮当"声。

[十]

"没想到我们这么快又见面了，沈海心小姐。"雪莹手执另一把银色小刀，以备对方如果有任何行动再次出手。资料室的门被完全打

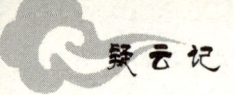

开，莫警官也带着罗逸凡和其他几个警员出现在门口。本来一直在看似专心翻看资料的何恬，放下手中的东西，趁沈海心怔忡的片刻，飞快跑到警察身后，而他原本翻着的资料，竟然只是几张白纸。

"没想到真被你说中了。"罗逸凡向雪莹一笑，语气中带着赞赏。

雪莹转向他说："这还多亏了你，要不是你那天'心中的阴影'那番话提醒了我，我也不会确定了沈海心就是凶手。"循着雪莹的目光看过去，沈海心一身黑衣，火红的卷发披散在肩头，月光下，她美丽的脸庞艳丽中透出一丝诡异，唇角挂着一抹无声的冷笑。

"确实很巧啊。"沈海心冷冷地开口。

"世上的巧合很多，但这次我们可是特地在这里恭候你的。"雪莹微微一笑，"我们早料到你会来拜访何医生，在我对你说了何医生每天留在这里，打算补齐十年前的资料之后。"

沈海心的神色微一滞，但还是维持着笑容，"这是你设计好的？"

"也算不上设计，只是试探下罢了，如果你不是凶手，就不会匆忙赶过来想杀了何医生，我猜，为的是想掩盖十年前的事吧？"看沈海心不置可否地挑眉，雪莹继续说道，"你处心积虑想要隐瞒的，就是你曾经身为男人的事实，沈海。"

随着她的话一出，在场的人都惊怔住，唯有沈海心，在听到沈海这个名字的一刻，仿佛某种一直以来维系着的力量忽然抽离，连唇边的笑意也淡去了几分。"你什么时候知道的？"

"这件案子从一开始就显得扑朔迷离，疑点众多。"雪莹并不正面回答，兀自说道，"我还要感谢你，如果不是你特地千里迢迢跑去杀了范成，我还无法将这些事串联到一起，而揭开了这一切谜底的，就是镇子里老卢警官的办案资料。"

"是范成被判刑的猥亵案？"罗逸凡忽然想到什么，恍然大悟道，"可我记得资料上当时的被害人是个男孩，叫做——"

雪莹点点头："沈海。我猜想因为这件事，让他的心理发生了本质的变化，所以才会在十年前做手术变成了女人的沈海心，而当时帮他手术的，正是陈启盛医生，这一点虽然十年前的资料已经丢失，但那时候正在实习的何恬医生可以证明。这手术虽然使得陈医生声名鹊起，但通常这种手术都会严格对患者的资料进行保密，所以我一时没找到证据，才会找到何恬医生，铤而走险拜托他演了这一场戏。"

"没想到我竟然会上了你这个小丫头的当。"沈海心忽然幽幽地笑起来，"记得变成女人的那一刻，陈医生和我说，从今以后，你要连心也变成女人，所以我才改名沈海心，我绝不允许有人破坏我好不容易建立起来的新生活！"

"但你却杀了赋予你这个新生命的陈医生。"雪莹沉沉说道。

"这都要怪你们，要不是你们在医院做什么调查，陈医生也不会死！"沈海心的目光有些狂乱起来。

"你错了，你只是为了掩盖你变性的事实，所以才杀了陈医生，拿走十年前的档案资料，然后给自己的自私找个借口。今天之前，我一直想不明白，你杀了陈医生有充分的理由，杀了范成也不奇怪，毕竟他是这一切的罪魁祸首，但医院的护工王英呢？可今天我从何医生那里找到了答案。"雪莹说着拿出一张纸，扬在手中，"我咨询了何医生，即使变性人的手术再成功，也总有痕迹可循，这是你前几天来做检查的报告，里面就透露了你曾经身为男人的事实，而我第一次在医院遇到你的那天，王英捡到还给你的，我想正是这张报告吧？她没想到，自己的一时好心，惹来了杀身之祸。"

沈海心冷笑一声，"我多年处心积虑想要隐瞒的事情，知道的人都必须得死，谁让她看到了。"

"你又错了。"雪莹叹口气，"王英才刚从乡下来，根本不识字，你的名字还是她拿着检查报告问了身边的人，才追过来的，又怎么可能发现你以前是男人的事情呢？"

沈海心一震，喃喃呓语般念叨："怎么会？"

"这就是事实，而你却仅仅因为这个，杀害了无辜的人。"

"那我杀了景沪不就没有意义了？"沈海心的目光渐渐变得涣散而

有些失神，片刻忽然阴森地笑起来，那笑声尖厉中带着掩不去的伤悲。

"我猜想，你的男朋友石景沪，是为数不多的知道你以前事情的人吧？"雪莹试探地问。

提到石景沪，沈海心的表情露出一丝柔和，似乎陷入某种回忆中。"景沪是个很好的人，他知道我的过去，却毫不在意地爱着我，可是——"说到这里，沈海心一顿，神情重又变得狂乱起来，"可他太过正直，他无意中听到我的梦话，知道我杀了那个女护工的事情，一直劝我去自首，我知道，如果我不自首，他早晚有一天也会去报案，所以我干脆杀了他。"沈海心偏过头，唇边勾勒起一个诡异的笑，"你们知道和心爱的人融为一体是什么样的感觉吗？当他的血缓缓流进我的身体，那感觉美好得无法形容，只有这样，他才会完全属于我。"

"疯了——"麦嘉玮瞪大眼睛，不可置信地说道。

"所以只有石景沪的尸体是完整的吧？我想，你之所以把所有尸体的中间部分割去，也许是为了刻意模糊性别部分，想要忘记自己曾经是男人的事实。"

沈海心一笑算做了回答。"你问了这么多，可以回答我一个问题吗？"

"说说看。"

"你是从什么时候开始怀疑我的？"

雪莹对她这个问题似乎并不感到意外，她湛蓝色的眼眸深似海洋，站在原地，定定地望着沈海心。

[十一]

"从你每次遗留在现场的纸牌。"雪莹缓缓开口说道，"我一开始就觉得奇怪，石景沪的现场，留下的纸牌是黑桃A，王英弃尸现场，留下的是黑桃2，按照道理，是依次排下去的没错，但王英尸检的结果却表明，她死亡的时间是在石景沪之前，那王英的纸牌顺序在后，是以她弃尸时间为准吗？其实并不是这样，因为黑桃的纸牌，是你后来才设计的，杀王英的时候，你还没有其他想法，杀石景沪，是在你意料之外的。所以你才在石景沪的命案现场丢下纸牌，然后找到被你隐藏起来的王英的尸体，分尸抛弃，留下黑桃2的纸牌，装成预谋好的系列杀人。"

"你以为我愿意吗？"沈海心美目轻轻眯起，声音平缓中透出危险的气息，"我又何尝想杀了景沪？我爱他啊。但是，我绝不容许有人破坏我好不容易建立起来的一切！"

"你口口声声说爱他，其实不过还是为了掩盖自己的秘密罢了，为了你自己，你杀了一个又一个无辜的人，石景沪是，王英是，陈医生又何尝不是呢？这里的后门，早在三年前就废弃不用了，你之所以知道，是因为你十年前手术时曾经在这里住院。"

"不错，那天你们在问我的时候，我听到他说会在医院进行什么例行询问。"沈海心纤手一扬指向莫警官，继续说道，"我怕会引出十年前的事情，所以特地查了陈医生的排班，趁他那天夜班，和今晚一样，从后门溜进来杀了他，然后——"

"然后你没有足够的时间像处理王英那样分尸，就只割下尸体中间部分，从后门逃跑，把包裹随手扔在了后面小巷的垃圾箱里。"麦嘉玮接下去说道。

"不是这样的！"沈海心忽然高声叫道，她看上去微微有些激动，胸前剧烈起伏着，"陈医生是给了我新生活的人，我敬重他，虽然不得以杀了他，但不会做分尸那样的事情。"

"有什么区别吗？"雪莹问道，"同样也没能逃过被你灭口的命运。"

沈海心的喘息更急了，声音带了些颤抖，"所以这一切都要怪那个范成，都是他的错，他最该死，我从杀了陈医生以后，立刻赶到镇子上，你没看到他知道我要杀他那时候的表情，立刻吓得脸都白了，就知道求饶。"沈海心挑起眉，脸上露出一丝诡异的笑，似乎在回味着当时的感觉,有些意犹未尽,美丽的脸也莫名地变得狰狞起来,说出口的每个字都像是咬牙挤出来一般,"但我还是毫不犹豫地杀了他!这种痛苦,比他加在我身上的痛,要轻了千万倍!"

"那么王英和范成的尸体残余部分,你又丢到了哪儿?"莫警官小心地问道。

"扔到河里去了。"

"那恐怕需要沈海心小姐你跟我们走一趟了。"

"别动!"沈海心忽然大声喝道,她飞快从口袋里拿出一个闪着银光的东西,众人屏住呼吸望去,幽蓝的火苗正从打火机中冒出来,在所有人眼前跃动,"我身上的衣服都是易燃材料做成的,而且里面还浸了汽油,谁再上前我就点燃它。"说着她略一停顿,环视暗暗向小刀摸去的雪莹和持着枪一脸戒备的警察,冷笑道,"不要想着打掉这打火机,我身上还带着十几个这样的东西,你们没机会的,退后。"

僵持了半晌,罗逸凡轻声说:"我们还是先听她的话退出去,这里太危险。"

莫警官也点点头,"说得对,不能贸然行事。"

"可是——"雪莹迟疑地又看了沈海心一眼。

"走。"她身旁的麦嘉玮拉住她,不由分说把她拉出了门。

沈海心看着退出去的几人,露出满意的笑容,她侧目看着雪莹,柔柔道:"怎么,不甘心吗,小侦探?没有人能抓住我!哈——"随着她尖锐的笑声响起,她的手向身体移去,在大家还来不及反应的片刻,已经点燃了身上的黑衣。火苗随即汹涌地蹿起来,眨眼工夫,便已将沈海心的身影吞没。她的笑声仍从火中隐隐传来,似乎丝毫感受不到火烧在身上的疼痛,"我不会死的,只要这世上还有黑暗,我就会一直活下去,我一定会再回来的,下次再见面的时候,死得也许就是你们——"

火红色的火焰中,已完全看不到资料室内的任何情形。那滚滚的浓烟席卷着火舌,让人无法靠近;那汹涌的火焰,映红了黑夜,仿佛白昼一般。

　　资料室的火彻底熄灭已经是天亮的时候了,让大家大吃一惊的是,一片焦土中,遍地都可以踩到资料室物品的残骸,但唯独没有发现沈海心的尸体。莫警官搜索一圈后,便先带着几个警员回去做善后处理了,只有雪莹,仍若有所思地留在现场,尝试寻找着最后一丝线索。

　　雪莹皱着眉仔细察看着,不放过任何一个角落。一个好端端的人就这样在眼前凭空消失了?她怎么也无法相信。沈海心到底去了哪儿?她是怎么走出这里的?如果有帮手,又是谁帮了她?

　　雪莹的脚步一顿,忽然停在一处蹲下身子,目光灼灼地望着地面,小心翼翼地翻动着一块看似桌面的焦木,神情转为凝重。她不顾粗糙,将这已经烧黑的焦木紧握在手中,在那漆黑颜色的掩映下,一个刻上去的 M,虽有些模糊,但看在雪莹眼中却格外清晰。

　　M?又是 M,这肯定不是巧合这么简单。M 在暗中帮了沈海心?如果是这样,沈海心会消失也并不奇怪,但沈海心又是怎么和 M 联络上的?雪莹将手中的焦木握得紧了又紧,心也随着一点点沉了下去,M 接下来还会有什么行动?父亲到底在哪儿?雪莹抬头望向窗外的天空,和天际一样湛蓝的眼眸中波光闪动。

第三章 命案目睹

[一]

　　七月的夏夜室闷得几乎透不过气来。看看表，已经指向深夜一点，子晴躺在床上，瞪大眼睛看着天花板，翻来覆去怎么也睡不着。白天阴沉了一整天，到现在一滴雨也没下，即使屋子里开着空调，也仍然是又闷又热。她再次翻了个身，将脸面向窗口，天黑得不见一丝星光，连月亮也隐去了面容。

　　子晴居住的是一个老旧的小区，但紧邻她家的楼新近盖了几栋高层公寓，从她家的窗子望去，在这静寂的夜里森然伫立着，整个院子显得没有一点生气。子晴闭上眼，说服自己定下心来入睡，屋子里瞬时静得只听到她自己的心跳声。

　　就在这时，一道明亮从眼前划过，紧接着便是沉闷如擂鼓的雷声。子晴一惊，不安地又睁开眼，雷电交替，照亮整个黑夜，她却总觉得有什么东西黑暗沉沉地压下来。

　　忽然，对面楼的一个窗口亮起的灯光，在这一片漆黑中格外刺眼。灯只是一闪，不过几秒钟的工夫便熄灭了，但子晴却瞪圆眼睛，张大的嘴怎么也合不上。她用手捂住心脏的位置，感觉自己的心就快要跳出来。

　　在那一瞬间，她清楚地看到那个窗口中，一个背对着自己的身

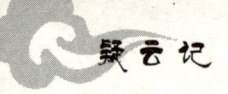

影,即使在屋子里也身穿男人的大外套,头戴毛线帽子,正用力掐着面前女人的脖子,直到她无力反抗,身体软软地滑倒了下去。闪电划过,再次照亮天际,子晴定睛再向那个窗口看去,哪还有半个人影?雷声连绵滚动,一个炸雷之后,豆大的雨点落了下来,几乎没有缓冲的时间,刹那便疾落起了大雨,雨点"噼啪"地敲打在玻璃窗上,黑暗中,子晴睁大眼睛,胸口随着她的急喘剧烈起伏着,再也无法平静。

　　道场的角落里,子晴抱着膝盖坐在地上出神。昨晚整夜没睡,让她眼底隐隐浮动着黑眼圈,那窗口闪现的一幕,总是萦绕在她眼前,挥之不去,让她一直瞪着眼到天亮。难道是自己热得眼花看错了?她很快便摇摇头否定了自己的想法。先不说她看得是那样真切,如果真的发生了谋杀,那必然只有报警一途,可要是她直接就这样去报警,恐怕会被当作疯子直接轰出来,肯定不会有人相信。就当作什么都没看见,她又感到良心不安。她现在该怎么办才好?这种事能找谁商量?

　　"想什么呢?这么专心?"一个充满活力的声音在耳边响起,雪莹手里拿着毛巾,一边擦汗一边走过来,她运动后的脸颊泛着红润,湛蓝色的眼眸神采奕奕,美丽夺目。

　　子晴眼前一亮,这不正是自己的救星?"雪莹,来这边坐。"她指指自己的身边,招呼着雪莹坐下来。

　　"怎么?"雪莹坐在子晴身边,转头看着她。

　　"我——"子晴嘴张了张,有些犹豫,一时不知道该怎么开口。

　　雪莹眨眨眼,看出来子晴有话要和她说,追问道:"有什么事吗?"

　　"有件事,我不知道要怎么和你说。"子晴咬咬唇,才再度开口,"我想,昨晚我看到了一起谋杀。"

　　雪莹的抽气声清晰地传来,她按了按子晴的手,又警觉地环视四周，见没有人注意到她们，这才压低声音说："这里不方便说话，走，到侦探社里说去。"子晴点点头，两人换下道服，一起离开了道场。

"你说你亲眼看到了谋杀？这到底是怎么回事？"雪莹从冰箱里拿出一瓶矿泉水交给子晴，自己也在沙发里坐了下来。

"我知道说出来你也许会不相信，但我确实看到了，那个男人，掐死了一个女人。"子晴紧握着水瓶，想到昨晚眼前的一幕，还有些心惊胆战。

雪莹安慰地拍拍她的手，轻声说："别害怕，慢慢说，有我在呢。"

"在我家正对的那个楼里，昨天晚上下雨前我睡不着，忽然看到对面的窗户亮起了灯，一个背对着我的男人狠狠地掐着对面女人的脖子，一直把她掐死了。"

"然后呢？"

"然后灯就熄灭了。"子晴猛喝了一口水，看了眼若有所思的雪莹，连忙继续说道，"虽然只有短短几秒钟，但我敢肯定没看错，我发誓！"

雪莹笑笑，向她挤挤眼睛，"你的话我还用得着怀疑吗？"说完站起身，"那我们走吧。"

"去哪儿？"子晴不解地抬头望着雪莹。

"去你家院子里散散步。"

"我们——不用通知警察吗？"子晴缩缩脖子，还有些疑虑。

"莫叔他们也是很忙的，这种还没影儿的事，就先不要麻烦他们好了，别忘了，我可是打遍道场无敌手。"雪莹说完，摆了个气势十足的架势，和子晴相视而笑，一把拉起她向外走去。

雪莹和子晴站在午后的阳光中，夏日里的骄阳似火，刺得她们几乎睁不开眼,只能以手遮在头顶,无谓地挡着太阳,仰头望着眼前的高楼。这灰白色的楼看上去刚盖了没几年,却丝毫看不出新的模样来。

"确定是这里?"看子晴用力地点点头,她继续问,"哪家?"

子晴伸出手指向其中的一个窗口:"六层,就是那里。"

"好,我们就去看看。"

雪莹拉着子晴,一路坐电梯来到六层,仔细对照着门牌号,根据窗口的朝向判断着她们此行的目标。楼道里的声控灯忽明忽暗,映照着两张年轻的脸。子晴有些紧张,轻轻扯着雪莹的衣服。雪莹回过头,向她安慰一笑。

"我们这样真的好吗?"子晴小声问。

"放心,有我在。"雪莹摸索到605的门口,指着上面的门牌,轻声说,"应该就是这家没错。"

子晴张了张口,刚要再说些什么,一阵脚步声从楼梯转角处传来。两人都是一怔,雪莹飞快地向子晴使了个眼色,两人很有默契地一闪身,隐没在灯光照不到的阴暗中,悄悄探出头来向外看着。

三个身影随之出现在楼道里,借着昏黄的灯光看去,雪莹和子晴惊讶地互望一眼,然后一起走出了藏身的角落。来人听到声音望了过来,也是吃了一惊。

"你们怎么会在这里?"麦嘉玮眼睛瞪得不能再大,看着凭空出现的两个少女,就差伸手揉揉眼睛再看了。

"好巧。"雪莹满面笑容地向他一招手,然后又越过麦嘉玮和他身后的莫警官和罗逸凡打着招呼,"大家好。"

莫警官看看雪莹,又看看站在一旁低着头,好像做错了事被抓的犯人一般的子晴,显然也没想到会在这里遇到她们。而罗逸凡倒是一副并不惊讶的模样,唇边挂着一抹优雅而迷人的微笑。

[二]

几人来回看了看,都是带着几分疑惑,还是莫警官率先开口,低声道:"这里不是说话的地方,那边说。"说完他指了指一旁的楼梯处,几人推开楼梯的安全门,依次走了进去。

"莫叔,你们怎么会来这里?"雪莹问道。

莫警官沉吟了一下,"今天早上我们收到报案,住在这楼里十层的一家女主人失踪三天了,所以挨家调查一下。"

"你们又来这里干什么?"还没等雪莹开口,一旁的麦嘉玮等不及插话进来。

雪莹抬头不冷不热地看他一眼,漠然道:"你是在审问犯人?我应该可以不回答吧?"

"我——"麦嘉玮一时语塞,不知为什么,一遇到雪莹,总噎得他大脑有些迟钝,只有干瞪眼的份。

"还是我来说吧。"雪莹身后的子晴站了出来,小声说,"其实是我拉雪莹一起来的,昨晚我看到了那个窗口,有个女人被掐死了。"即使现在说来,子晴仍感到心有余悸,脊背也升起阵阵寒意。

子晴的话一出口,莫警官他们都是一怔,如果只是子晴突然间说出来,他们可能还会怀疑,但偏又这么巧在同一栋楼有人失踪了,这两者之间,会不会有什么关联?

"你说昨晚看到的?大概什么时间?"莫警官表情有些凝重,凭借他多年办案的直觉,总嗅出这里面隐藏着什么。

"我记得那时候听到了钟敲夜里一点,然后正好开始打雷,看到命案发生不多会儿,就下起雨来了。"

"那应该是夜里一点到两点之间。"一旁的罗逸凡略想了一下,从口袋里拿出一张照片递到子晴眼前,"这就是失踪的夏薇,你看到过吗?"

子晴和雪莹一起凑过来,打量着照片上笑若春花的女人,算不上漂亮,但独有一番风韵。子晴摇摇头,"距离太远,而且时间又很短,那女人一直侧着头,看不清她的脸。"

罗逸凡重又收起照片,向莫警官道:"既然这样,我们就一起去看

看吧?"莫警官闻言,也点头赞同。

敲响605的门,开门的是一个高个男人。他头发微长,简单地扎在脑后,但却仍显得零乱不已。一张脸很清瘦,皮肤白得一看就不经常沐浴在阳光下,一双狭长的眼睛,看上去有些失神。看到莫警官拿出证件在他眼前晃过,这才眸光一闪,把几个人让进了屋里。

"警官有什么事吗?"

"你是这家的主人?能不能请教你怎么称呼?"

那男人点点头,"我叫齐方御。"

"齐先生,你认识十楼一个叫做夏薇的女人吗?"罗逸凡径直问道。看齐方御摇头,莫警官又拿出夏薇的照片,"这就是夏薇,她三天前失踪了,你看看见过她吗?"

齐方御仍是摇头,把照片拿起来仔细端详了下,又放了回去。"我不确定,就算是见过,也是在电梯里偶尔遇到过吧,没什么印象。"

"那么昨晚一点到两点之间,你在哪儿?做什么?"莫警官忽然从旁问道。

齐方御一愣,随即带了些不满,"难道你们怀疑我?我根本不认识她。再说不是都失踪三天了?怎么问起昨晚的事?"

"齐先生不用这么紧张,我们只是例行询问,昨晚门口的警卫看到可疑人物进出,我们才问问,而且今天一天警方都在这楼里做问讯,每家都是这么问的。"罗逸凡耐心地解释着。

齐方御的手看似无意识地轻轻敲打着桌面,那手却是修长又漂亮,连女人都自叹弗如。"我在家画画。"

"有谁能证明吗?"麦嘉玮问道。

"大半夜的,哪去找人证明?就我一个人在家。"齐方御似乎有些不耐烦。

莫警官扫了一眼齐方御仍在一下下敲打着桌子的手,继续开口问:"你一个人生活?"

"我妻子一星期前出差去了。"

莫警官又想了一下,"不知道她什么时候能出差回来?"

齐方御又摇摇头,"说不好,她都走了一星期,失踪的事和她没关系吧?"

"齐先生说得对,那今天我们就问到这里,这几天警方会密切关注这栋楼,如果你还想起什么,请及时和警方联系。"莫警官说着向门口走去,却忽然停下来环视四周,发现不见了雪莹了子晴两个女孩的身影。这时从里面一间屋子里传出几声狗叫,几个人愣了下,循声走过去,看到雪莹正席地坐在里屋的地上,怀中抱着一只周身白色的大狗,轻轻抚摸着,子晴则略有些惧怕地站在稍远的地方。

"你在干什么?"齐方御喝问。那狗看到自己的主人,乖巧地走到他身边。

雪莹站起身,不紧不慢地拍拍衣服,微笑道:"这狗是齐先生的?真可爱,我看到就忍不住就进来逗弄了两下,齐先生不会在意吧?"

齐方御皱了皱眉,"算了,你赶紧出去就好。"

"我就要走了。"雪莹向外走去,走到一半又回过头,"顺便说一句,这水泥地板可真是太凉了,坐着不舒服,您没考虑过铺个地毯什么的?"

齐方御显得有些心不在焉,"没有,养了狗不方便。"

"也是。"雪莹说着已经走回到客厅,但她却不着急走向大门,而是在客厅踱起步来,"齐先生是个画家?"她四处打量着屋内散落的画具和一些尚未完成的画作,最后在一幅挂在墙壁上,足有一人高的人物像前停了下来,那画中布局很简单,一片蔚蓝的海前面,一个红衣女子的背影迎风而立。"这画好漂亮,画的是齐先生的妻子?"

"不一定只画自己的爱人,对于一个画家来说,只要有灵感,任何人都能成为最好的模特。"听到雪莹夸奖自己的画,齐方御露出得意的神色。

雪莹定定地看着眼前的画出神,湛蓝的眼眸中不见任何波澜,似乎将一切思绪都隐匿起来,她倏然盈盈一笑,漂亮得光彩夺目。"我很喜欢齐先生的画,可是除了这幅,这里看到的都是些没画完的,不知道能不能让我再欣赏下别的作品?"

齐方御眼中微光一闪,沉吟道:"那些我都收起来了,不太好拿。"

"那有机会吧。"雪莹拍拍大狗的头,而那狗狗也亲昵地用头蹭蹭她,"我和这狗狗很投缘,能不能偶尔再来看看它?"

"这——"齐方御面露难色,犹豫了一下才回答,"我作画时不太喜欢被打扰,如果没画画的时候,次数不多还可以。"

"太好了。"

[三]

"那个齐方御有问题。"走出住宅楼的路上,罗逸凡目光敏锐地开口说道,"他整个问话过程中一直敲着桌子。"

"这说明他心里很紧张吧?如果像子晴说的,昨晚他杀了人,夜里下了那么大的雨,他应该不方便出门处理尸体,今天因为夏薇的失踪,警察又一直在楼里搜查,他可能还没机会出门。"雪莹偏头说出自己的想法。

"你是说,尸体还在他家里?"麦嘉玮问。

雪莹没有回答,只是摊开掌心,示意大家看。一根短小的红色绒毛静静躺在她白皙的手心,细得如果不仔细看几乎无法发现。对于众人疑惑的目光,她只是神秘地笑而不语。

莫警官小心地捏起来,仔细端详片刻。"这看上去好像是地毯的纤维?"

"没错。"雪莹点点头,"这是我在那狗狗的毛里发现的,你们还记不记得,刚才我问他有没有考虑铺地毯。在这件事上,齐方御没有说实话,如果我没猜错的话,那屋子里原本应该铺着红色的地毯才对,你们想想看,现在这地毯去了哪里?"

"他应该没有机会扔掉，难道和尸体有关？"罗逸凡会意地猜测道。

"很可能是用这地毯裹了尸体藏起来。"雪莹点头答道，"而且，我想也许是藏在他放画的地方，不然屋子里哪有这么大的空间？"

"可是屋子里没发现类似储藏室的东西。"麦嘉玮质疑道。

"这个，我有点想法，但还不确定，所以暂时保留。"

麦嘉玮撇撇嘴，"总是这么神神秘秘，不说就不说。"

"可惜我们现在还没有证据，不能到他家里去搜查，不过我也有这样的怀疑，所以走前说了最近警察都会关注这里，如果有尸体，相信齐方御暂时也不敢轻举妄动。"莫警官将红色纤维装到小袋子里，交到麦嘉玮手中，"这个拿回去化验下，另外，最近几天派几个人盯一下齐方御的行动。"

"就是说，齐方御杀了夏薇？"麦嘉玮追问。

"还不一定。"莫警官又转向一直站在一旁的子晴，"你昨晚看到的，是这个男人吗？"

子晴将短发捋向耳后，脸色因为害怕而有些苍白，要面对一个就这样在自己眼前杀了人的凶手，还要若无其事的作出镇定的样子，对一个还不到 20 岁的女孩子来说，太过困难。她摇摇头，"我不确定。"

"夏薇已经失踪三天了，如果子晴看到的女人是她，她这两天又去了哪儿？和齐方御什么关系？齐方御杀人的动机是什么？而且，齐方御的妻子也没在家不是吗？也不能排除还有别的女人去找过他。"雪莹沉思着，丢出一连串的问题。

麦嘉玮揉揉自己的乱发，看上去更加蓬乱。"就是说还没办法确定死者的身份？"

"我上次就说过，作为一个警察，你的探索精神太少了，不合格。"雪莹唇角勾勒起一个漂亮的弧度，俏皮地向他眨眨眼，"莫叔，看来你要对手下的新人再严格训练才好。"

"我真怀疑你是故意的。"好像已经习惯了一样,麦嘉玮对她这说法反应也不再激烈地抗议,只是颇为无奈地嘟囔着。

莫警官只是笑笑,"好了,嘉玮,我记得这楼大门口和电梯都有监控录像,你去调一下拿回警察局。"他又转向雪莹和子晴,"你们自己能回去吗?"

"莫警官,就让我送两位女士回去吧。"罗逸凡笑着开口,像是什么时候都从容而充满魅力。

"那也好。"莫警官答道,随即又转向雪莹,"自己多小心,雪莹,你要记得行动前一定先通知我。"莫警官看着雪莹的目光中带着父亲般的慈爱,"有什么发现我再告诉你。"

仍是那间距离学校不远处的蛋糕店,雪莹和子晴看似闲适地坐在里面,但子晴的脸上却难掩几分担忧,连平日最喜欢的蛋糕,也看上去毫无胃口。

"已经两天了,警方那边还没消息吗?"子晴环视四周,小声问。

"子晴你太紧张了。"雪莹笑看着她,用叉子戳了一块蛋糕放进嘴里,"警察鉴定调查也需要时间,不过相信齐方御那边也不敢有什么行动,再说,他等不及有动作不是更好?还省了我们调查的事。"

"这可是命案,我怎么也没办法像小莹你这么冷静。"

"放心,有消息莫叔就会通知我了。"才说到这里,仿佛约定好一样,雪莹的手机适时响了起来。雪莹拿出来,看着屏幕上显示的号码,向子晴眨眼笑道:"看吧,不禁念叨的人来了。"说完接通了电话。

"你人在哪里?莫警官要我来向你说明调查结果。"不等雪莹开口,麦嘉玮询问的声音就传来过来。

雪莹笑着揶揄道:"你不要每次都问同样的问题好不好?相同的答案还要我再重复一次?"

麦嘉玮闻言像是恍然大悟，随即朝蛋糕店的方向望了过来，嘟囔了一句："你们小女生，没事就爱往这里跑。"

"那你还要不要向小女生作汇报？"雪莹追问。

"等在那里，我这就过去。"被雪莹一抢白，麦嘉玮无言以对，只能无奈应了一句挂断电话，向蛋糕店快步走来。

[四]

"你的猜测没错，那红色纤维果然是地毯的复合材料。"麦嘉玮深吸了几口气，平复了下刚才跑动的急喘，"但很可惜，那院子里的监控录像质量并不好，白天的情景还能看清楚，晚上天一黑，就什么都确定不了，案发那天晚上的录像没有什么线索。"

"看来齐方御确实没说实话，有意思，有没有兴趣走一趟？"

"又去？莫警官不是说了让你不要单独行动吗？"麦嘉玮皱眉无奈地看着她。

"莫叔就说让我行动前先通知他，你记忆力又退化了。"雪莹斜看麦嘉玮一眼，"再说，我只是去串个门，也不是什么行动，没事的。"

"小莹，我看我还是不去了。"子晴小声说道。雪莹理解地拍拍她，知道她要面对齐方御需要多大的勇气，便也不勉强她，转头用询问的目光看着麦嘉玮，"你呢？当然你也可以选择不去。"

雪莹说这话的时候，眼底闪过一丝狭促，正落入麦嘉玮的眼中，他瞪着雪莹半晌，终于轻轻叹了口气，认命地站起身。"你要是出了什么事，莫警官那里我可不好交代，走吧。"

"齐方御好像出门了。"麦嘉玮手拿着电话走过来，"刚才留下监视他的警员正跟着他，但好像也只是去买点生活用品什么的，没发现可疑的地方。"

"难道你以为他会直接提着尸体出门四处转？"雪莹淡淡地看他一眼，语中带着几分嘲讽。

麦嘉玮无奈地望着天空,撇撇嘴抱怨道:"你什么时候能说话不带人身攻击?"

雪莹粲然一笑:"我喜欢陈述事实。"她拍拍麦嘉玮,"齐方御不在,我们也别在这里傻等着,能不能带我去夏薇家看看?"

夏薇的家在和齐方御同一栋的十楼,简单的一居室设计,屋子里很凌乱,夏薇的丈夫垂着头坐在沙发上,双眼带着熬夜的红,下巴上也生出一层胡楂,神色看上去极为焦急不安。麦嘉玮刚走进屋一站定,他立刻急切地问:"怎么样?是不是有我妻子的消息了?"

麦嘉玮摇摇头,"我们今天来是想再了解一点情况。"

听麦嘉玮这样说,他目光中瞬间黯然下去,露出掩不住的失望之情,声音也微微激动起来,"该说得我都说了,你们都查了这么久,居然还一点消息都没有,警察到底在干什么?"

"先别急。"雪莹的声音忽然柔和地插了进来,"其实我们已经调查到一些线索,今天只是再来做些询问,以便能调查得更加深入,相信您一定会配合我们的。"说着她走到麦嘉玮身边,不露痕迹地塞了一张小纸条到他的手里,用只有两个人能听到的声音低语道:"按照这上面的问题问。"

麦嘉玮虽然有些疑惑,但还是拿出自己随身的笔记本,将雪莹交给他的纸条悄然展开,暗放在打开的笔记本里,看上去就好像按照本上的问题在提问一样,然后在夏薇丈夫的对面坐了下来,开始了提问。雪莹却没有坐下,而是在屋里踱着步仔细打量起来,她走得很慢,每经过一处物品前都要停下来看上一会儿,偶尔还会伸手翻动一下。但夏薇丈夫的注意力都被麦嘉玮的提问引了过去,就没注意到雪莹的举动。

"你和妻子夏薇结婚多久了?"麦嘉玮注视着夏薇的丈夫问。

"快十年了,下个月就是十年的结婚纪念日。"夏薇的丈夫眼圈有点微红,他说的时候,目光望向一旁桌子上两人的合照,脸上洋溢着深情,"可没想到——希望在那之前能找到她。"

麦嘉玮轻轻一叹，还是继续问道："没有孩子吗？"

"孩子快五岁了，夏薇一星期前出门旅行，我一个人还要上班，没办法带孩子，就送到夏薇娘家去了，现在发生了这种事，暂时也没办法把孩子接回来，更何况，我也不敢把情况告诉他们。"

麦嘉玮点点头，"你妻子去旅行一星期了？那为什么报案的时候说失踪三天？她有没有可能还在旅行的路上，只是没回来？"

"不可能。"夏薇的丈夫将脸埋在手掌中，疲惫的声音从他的指缝间传出来，"她走之前说一星期就回来，前几天每天都会打电话回家，可从三天前忽然没了联系，我本来也以为她可能是旅行中不方便打电话，但是几次我打电话过去都是关机，一直没有接通，直到说好一星期的日子已经过了两天，她却没回来，我才报了警。"

"那她有没有说去哪儿旅游？"

"她只说想出去走走，没说具体地方。"

"她经常这样不说清楚就出门旅行吗？"雪莹的声音传了过来，循声望去，她正手扶着壁柜的门，神情显得若有所思。

"这是第一次，我妻子不工作，绝对是个全职顾家的贤妻良母，她把家里的一切都打理得井井有条，每天出门顶多也就是买个菜或者接送孩子，连院门都很少迈出。所以这次她突然说要自己去旅行，我也觉得有点奇怪，但我又觉得她该有自己生活的空间，这么多年都奉献给了家庭，出去走走也是好的，就二话不说答应了。"

雪莹走回到麦嘉玮身边，蓝眸中似乎隐隐凝聚着一丝光亮，"我再问最后一个问题，您妻子画画吗？是否认识六楼一个叫做齐方御的人？"

夏薇的丈夫疑惑地看了雪莹一眼，"她以前确实学过画，但那是结婚之前了，婚后没听她提起过，至于六楼的那个人，我也说了，我妻子不经常出门，没有什么认识的可能。"

"好，我明白了，谢谢你的配合。"雪莹说完向麦嘉玮使了个眼色，两人说了几句告别的话，走出了夏薇家。

"怎么？看你的样子是有了新发现？"一出门，麦嘉玮就迫不及待地发问。

雪莹挑眉，"不错嘛，至少察言观色的本事有进步了。"

听雪莹这样说，麦嘉玮有几分得意，"那是，不然你以为我真的笨？"

"既然你这么聪明，那自己去猜猜看吧，我保留意见。"雪莹说完嫣然一笑，带着几分作弄，然后快步向电梯走去。

[五]

"齐方御好像还没回来，我们去他家要干什么？"麦嘉玮跟在雪莹的身后来到605门口，疑惑地问。

"守株待兔啊，你懂不懂？"雪莹边说，边在齐家门上仔细端看着，门锁和周围都完好无损，也没有也没有重新换过的痕迹。如果说子晴看到的确实是齐家没错，那么不论凶手还是死者，必然都是能够自由出入的人，即使没有钥匙，也是主人熟识的人。齐方御，他还未出现过的妻子，夏薇，还有那个未知的女人，这其中有着什么联系？还有没有其他关键人的存在？死者又到底是谁？

"你们是谁？站在我家门口干什么？"一个女人的声音从身后传来。雪莹和麦嘉玮转头循声望去，身后站着个手拉行李箱的短发女人。她一身灰色西装，身形高挑而修长，没有任何化妆和修饰，精明干练中透出一种英气。

"你是这家的女主人？齐方御的妻子？"听到来人的话，雪莹飞快地反应过来。

女子疑惑地点点头，走到门边看着雪莹和麦嘉玮，"你们认识方御？是来找他的？"

"是这样，昨天他答应了让我参观他的画作，所以今天我和朋友特地来拜访，但他好像不在家。"雪莹看了看齐方御的妻子，蓝眸中灼灼闪动着恳切，"我们能进去等他一会儿吗？"

齐方御的妻子打量了一下两人，拿出钥匙打开门说道："进来吧。"

"谢谢。"雪莹粲然一笑，拉着麦嘉玮，跟在方妻的后面走进屋。

他们才走进屋，雪莹第一次看到的那只大狗就迎了上来，很亲昵地磨蹭着齐方御妻子的裤脚。她微微一笑，轻声低语了几句，便把狗牵到了里屋。

齐方御的妻子将雪莹他们领进屋之后，似乎对自己丈夫认识的人并不感兴趣，而是兀自打开行李箱，收拾着自己的东西。雪莹坐在一旁，看着她的一举一动，脑中却没停止思考。她的出现至少说明，死的人并不是齐方御的妻子，那么是夏薇的可能性就又大了几分。只是不知道，齐方御的妻子是否真如表面所见，是才回答家里，要真是这样，她应该对这一切毫不知情。

想到这里，雪莹试探着问道："是出差刚回来吗？请问该怎么称呼？"

齐妻手里的动作停顿了一下，但很快又继续整理着，头也不抬地回答："我叫林惠，今天刚下飞机，怎么？"

雪莹笑着摇头，"只是问问，昨天来的时候没看到林太太你。"

林惠闻言停下手中的动作站起身，微微皱起眉，"别叫我林太太，直接叫林惠就可以。"

雪莹蓝眸中闪过一抹深思，但却没有表现出更多的心绪。她的目光又落在墙上那幅巨大的红衣女子画像上，忽而一转念，继续引导着话题说下去，"我昨天来这里的时候就看到那幅画好漂亮，画得真好。"

林惠也随着看向墙上的那幅画，露出些许的意外，像是自言自语说道："怎么把这个搬到外面来了。"但她却也没再深究，而是看着那画中红衣的身影神色变了变，似乎叹道："确实很漂亮啊。"

雪莹凝视这林惠，却对她的神情有些不解。那表情既不像对丈夫另有思慕女人的嫉妒，也不像是单纯的欣赏眼前的画，和雪莹想象过

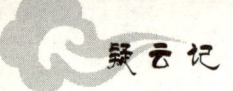

的任何一种反应都不尽相同。

"这几天可是要注意安全,据说前几天这栋楼有个叫做夏薇的女人失踪了。"雪莹看似不经心地说道,然后观察着林惠的神色,一丝惊讶从林惠脸上闪过,她微微抽了一口气,摇摇头,"没听过,我向来不关心其他人家的事情。"尽管林惠口气极力说的淡漠,雪莹还是看出了端倪,林惠认识夏薇。

这时候,传来钥匙的转动声,吸引了几个人的注意。循声望去,门被从外面打开,但出乎意料的,走进来的人却不是齐方御,而是一个卷发的女人。

"是她。"麦嘉玮低语一声,但却也不好当着林惠的面再解释。

那女人看到坐在客厅的雪莹和麦嘉玮微微一怔,像是没想到会有其他人在,随即露出些许警戒看向林惠询问:"惠,他们是谁?"

"小西,你来了。"林惠走到那女子面前,"没什么,他们是来找方御的。"

"哦。"小西应了一声,像是没兴趣听齐方御的事情,她拉着林惠柔声道,"怎么回来比预计的晚了?累了吧。"

林惠微微一笑,"多耽搁了一天,一完事就赶紧回来了。"

见两人旁若无人地聊起了天,雪莹和麦嘉玮站起身道:"我们今天还是先回去了,改天再来看画。"林惠点点头,两人告别走了出来。

"那女人,就是我在小区录像里看到经常出入齐家的人。"一走出门没多远,麦嘉玮就迫不及待地说道,"可是很奇怪的是,从没见她和齐方御一起出现过,每次都是和林惠一起进出。"

"我已经想到了。"雪莹凝神思索着,这个叫做小西的女人,看来是和林惠很熟悉的朋友,已经密切得能够把家里的钥匙都交给她。不过既然她也有钥匙,那是不是也同样多了几分嫌疑?

"看来需要回去调查一下这个小西。"麦嘉玮继续说道。

"这倒不着急。"雪莹说着拉住就要走出去的麦嘉玮,"我们现在还有别的事情要做。"

"什么？"麦嘉玮不解地问。

雪莹眨眨眼，"难道你忘了我们是为什么才来这里的？"

"你是说找齐方御？"

"没错。"雪莹点点头，"如果这几个人都有嫌疑，那我们就要好好利用现在他们还没遇到一起这一点，才能从中得到有用的信息。"

"你想从齐方御这里问出什么？"

雪莹含笑拍拍麦嘉玮，"谁知道呢，一会儿就有答案了。"

[六]

雪莹和麦嘉玮在楼下等了没多久，齐方御就回来了，手里还提着超市的购物袋，里面装了一些生活用品。看到两人，齐方御也没有太多的意外，只是直接问道："这次你们又想知道什么？"

"不如说说看，齐方御先生你到底都隐瞒了什么。"雪莹不急不缓地开口。

齐方御闻言愣了愣，皱眉看着雪莹，"这话什么意思？我知道的都告诉你们了。"

"是啊，但恐怕是有挑选说的吧。"

"你们凭什么说我有隐瞒？"齐方御有些不悦地反问。

"你妻子回来了。"雪莹不回答齐方御的问题，只是陈述道。

齐方御果然露出紧张的神色，忙问："她说了什么？"

"说了很多，比如你和夏薇，再比如说，你家丢了的地毯，还有那幅移了地方的画。"

齐方御闻言双肩立刻垮了下来，他沉默片刻，才缓缓开口道："原来你们都知道了，好吧，是我杀了夏薇。"

他突如其来的认罪让雪莹和麦嘉玮都是一愣，麦嘉玮看着齐方御，"那恐怕要请齐先生和我们到警局走一趟了。"

"我能先回家和小惠打个招呼吗？"齐方御询问。

雪莹看了看麦嘉玮,然后摇摇头,麦嘉玮答道:"稍后会有人通知你妻子的。"

齐方御也不再说话,雪莹皱起秀气的眉,端看着齐方御,凝神陷入了深思。

警局的审讯室里,因为人是雪莹和麦嘉玮一起带回来的,所以莫警官同意让他们两个一起审讯齐方御,莫警官自己则和罗逸凡留在审讯室隔壁,透过单向玻璃看着里面的一切。

"齐方御,你说是你杀了夏薇?"麦嘉玮手拿着记录,开口问道。

齐方御的脸色因为紧张而有些发白,本来就有些微长没梳理的头发,看起来更是颓废的凌乱。他深吸一口气,回答道:"没错。"

"理由呢?"麦嘉玮追问。

齐方御目光黯然下去,询问道:"能给我一支烟吗?"

麦嘉玮从桌子的抽屉里拿出一盒烟,推到齐方御的面前,齐方御从里面抽出一支,又拿起一旁的打火机,反复尝试了好几次,才颤抖着手点燃。雪莹只是静静地看着,并不急于开口。

齐方御吸了一口烟,好像终于让情绪平静了些,这才开口说道:"我和夏薇早就认识了,她结婚之前,就曾经跟着我学画,她结婚以后就停止了画画,也断了联系,没想到新搬进这里,就发现住在同一栋楼。我们当时都很惊讶,也感到高兴,就私下来往起来,没想到一段时间之后,顺水推舟的就发展成了情人关系。"

"我能插个话吗?"雪莹忽然开口,"据夏薇的丈夫说,他们已经结婚十年了,那也就是说,你和夏薇十年前就认识了,你和妻子结婚时间应该也不短了吧?"

"十三年。"

"那你妻子林惠应该也认识和你学画的夏薇?"

齐方御点点头,"认识,但她不知道我和夏薇之后的关系。"齐方御马上解释道。

"继续。"雪莹示意齐方御说下去,"你为什么会突然杀了夏薇?"

"她要挟我离婚。"齐方御回答,"林惠去出差以后,夏薇和家里说去旅行,其实一直和我在一起,那晚她忽然说要我离婚和她在一起,我不同意,我们在房里争吵起来,她一直纠缠不清,我就掐住她的脖子,等我发现的时候,她已经死了。"

"也就是说,你在房间里杀了夏薇?"雪莹偏头问道。

齐方御对雪莹话中的质疑毫无察觉,而是兀自点头继续说道:"然后我就用卧室的地毯把她的尸体裹起来,藏到了放画的柜橱里。"

"就是你挪出了那幅画挡住的地方吧。"雪莹问道。

"你怎么知道的?"

"你挂画的地方,没有一点痕迹,如果长期挂在那里,通常墙上会因此而留下印记,但那幅画周围却没有,可见那画是刚挂上去的。"雪莹解释。

"我本来想把尸体找时间丢到远一点的地方,但后来警察因为夏薇的失踪,一直在检查这栋楼。"

"所以说尸体还在原来的地方?"麦嘉玮问道。看到齐方御点头,麦嘉玮招呼人把齐方御带出去。

麦嘉玮和雪莹走出审讯室,莫警官迎了上来,"逸凡已经带人去找尸首了,其他还有什么发现吗?"

"齐方御的妻子林惠,对我们有隐瞒。"

"听你这么一说,我也想起来,林惠曾说不认识夏薇。"麦嘉玮接着雪莹的话说道。

"你们的意思是说,这案子还不能这样结束,齐方御的妻子也有嫌疑?"莫警官问道。

雪莹扬眉道:"恐怕还不止,如果我猜得没错,凶手根本不是齐方御。"

麦嘉玮疑惑地问:"你为什么这样肯定?"

"你刚才没听到齐方御是怎么说的吗?"雪莹看他一眼,眼角含着一丝笑意,"他说是在房间里杀了夏薇的,但在他家整个房间里,一扇窗子都没有。"

麦嘉玮露出恍然大悟的神情,"你的那个叫做子晴的朋友,是从他家窗口看到的杀人案,但齐方御并不知道,只以为我们在查夏薇,而真正的行凶现场,应该是有窗户的客厅才对。"

"反应还不算慢。"雪莹向他眨眨眼。

这时莫警官的电话响了起来,莫警官接听起来,应了几声,向雪莹和麦嘉玮说道:"逸凡打来的,果然在齐方御说的地方找到了尸体,是夏薇。"

"那也就是说,至少齐方御是知情的,或者也许就是他藏的尸体。"雪莹飞快地说道。

麦嘉玮皱眉猜测道:"齐方御有没有可能在袒护林惠?"

莫警官闻言略一思索,对着电话另一端交代:"逸凡,把林惠也带回来。"

[七]

和齐方御的慌张相比,林惠倒显得平静许多。她交叠修长的腿,靠着椅背自有种气定神闲的模样。警察从她家里找出了尸体,她自然知道被带来这里,不是为了喝茶聊天,但她却并不急着解释或者发问,而是耐力十足地等着对方开口。

"林惠,我们从你家找到的尸体,你认识吗?"这次莫警官也坐到了审讯室,开口询问。

"不认识。"

"那我提醒你一下,她叫做夏薇。"

林惠还是摇摇头,坚持道:"没听过。"

"可是齐方御却不是这么说的。"莫警官提高了声音,定定地看着林惠,声音中多了几分威慑,"他说以前夏薇在你家学画的时候,你们就已经认识了。"

林惠一直淡然的表情这才有了一丝震动,她睁大眼睛看着莫警官,"真的是方御杀了夏薇?"

"你觉得呢?"莫警官不答反问,"看来你也知道夏薇的存在了。"

雪莹坐在一旁看着林惠,总觉得她的神色有说不出的复杂,但又说不出个端倪。林惠看看麦嘉玮和雪莹,又想了想,才点头答道:"我一开始不知道你们是警察,以为你们就是随便问问夏薇失踪的事情,为了省掉不必要的麻烦,所以才说不知道。"

"可是你刚才也说不认识。"莫警官提醒她。

林惠捋了捋额前的短发,说道:"总不好这么快就推翻自己先前说的话是不是,而且现在又出了命案,就更是能避则避了。"

"可齐方御是你丈夫,你这样置身事外,怎么能帮警方查明真相?"麦嘉玮疑惑地质问。

"真相?"林惠一怔,"齐方御不是已经都承认他杀了夏薇吗?"

"在还没结案之前,一切都还不能下定论。"莫警官插话进来,"我们只是想知道,上周一的晚上你在哪里?"

"你们怀疑我?"林惠牵起一抹笑容,似乎倏然间又放松下来,重新向后靠去,"我有机票和住宿证明,你们可以随便去检查。"

"我们会的,不过还请你最近不要离开,待在家随时等候警方的传唤。"

雪莹手握话筒,坐在侦探社的桌前,倚靠着椅背尽可能轻松地安抚着另一端的子晴:"小晴,警方已经调查出了一些眉目,相信很快就能有结果了。"

"那——"电话中传来子晴略带迟疑的声音,"我看到的凶手真的是那个画家齐方御?"

"应该不是,小晴,关于那时候看到的,你还能回忆起什么吗?"

"我能想起来的那天都说了,时间太短了,所以就只看到那人掐

着一个女人的脖子,但是因为他基本是背对着我,在屋里还戴了帽子,所以不能确定是谁。"

"没关系。"知道再让她回忆,对子晴来说是种痛苦,雪莹刚想安慰几句,门外响起了敲门声。"小晴,明天去学校我再和你说,有人来了。"雪莹说完挂断了电话。

打开门,麦嘉玮手拿资料夹站在门外,面带笑容的和雪莹打着招呼。

对于他的到来,雪莹似乎并不意外,只是闪身让他走了进来。麦嘉玮对这里倒也已经熟悉,兀自走到沙发边坐了下来。雪莹微微一笑,却也没说什么,走过去在他的旁边,问道:"今天带来什么消息?"

"你说得对,齐方御确实不是凶手。"麦嘉玮说道,"昨天我们同事的另一组抓到了一群聚众吸毒的,大都是称得上艺术家的,你也知道,他们圈子当中有些人就好这个,然后你猜查到了什么?"

雪莹挑眉看着明显卖关子的麦嘉玮,"这个齐方御有关?"

"夏薇死的那晚,他们也曾在一起聚会吸毒,他们提供的名单其中就有齐方御。"

"也就是说,有很多人都可以证明那晚齐方御并不在家,子晴看到的凶手,肯定不可能是齐方御。"

麦嘉玮点点头,"还有关于林惠的那晚不在场证明,我们查了当天的出入记录,还有她航班的名单以及出差当地的住宿情况,都可以证明林惠没有说假话。"

雪莹闻言也微微皱起眉,这倒是她感到有些意外的,她不禁飞快思索起在调查过程中的每一个细节,看看还有没有什么被遗漏掉了,忽然一张面孔出现在她的眼前,"有没有查过上次出现在齐方御家的女人,我记得叫做小西吧?"

"前几天查过,那女人叫做叶小西,据说经常来找林惠,但调查了一圈,好像都很普通,没什么可疑之处。"

"这样么,看来还要走上一趟了。"雪莹说着已经站起身。

"你去哪儿?"麦嘉玮仰头看着雪莹。

"齐方御家。"

"我和你一起去。"

再次来到605的门口,雪莹和麦嘉玮显得谨慎了很多。毕竟林惠已经知道了他们两人的身份,自然就有了戒心,再调查起来恐怕不会像上次那样容易。让人意外的是,他们才刚走到门口,就听到里面隐约传来声音,仔细看去,大门虚掩着一道缝,并没有完全关好。

雪莹一笑,压低声音说道:"看来我们不用编理由进门了。"

"你要直接进去?"麦嘉玮显得还有些迟疑,但雪莹已经推开门气定神闲地走了进去。眼前的情形让麦嘉玮和雪莹都震惊地睁大眼睛,一时说不出话来。

客厅里,两道交缠的人影倚靠着沙发,正忘情地拥吻着,听到门口的脚步声才停下来转过头,竟然是林惠和叶小西。看到站在门口的雪莹和麦嘉玮,几个人都感到有些尴尬。良久的静默之后,还是林惠先开口说道:"你们来了,坐吧。"

雪莹走到沙发旁,注意到地上有一些物品散乱的碎片,看上去这里有场激烈的争吵才刚平息不久。里屋紧闭的门内传来狗的叫声,看来是吵架时把大狗关在了屋里。雪莹也并不急着发问,她知道这次有些事情,林惠不得不说清楚。

果然,林惠率先开口道:"既然你们都已经看到了,我和小西的关系,就也没必要隐瞒了。"

"你们从什么时候开始的?"

"有几年了,还是在齐方御出轨之前。"叶小西抢先解释道。

雪莹想了想又问道:"齐方御知道你们的事情吗?"

林惠点点头,"他知道,但是又不同意离婚,所以只好这样拖下去,住在一起各自生活。"

"也就是说,齐方御也知道你们的事情,而你也知道他和夏薇在一起?"

"嗯,只是小西常会来家里找我,但齐方御从来不会把夏薇带到家里来,一般都是在外面见面约会。"林惠说到这里,看了一旁的叶小西一眼。

雪莹的目光一紧,倏然间停留在叶小西的手背上:"小西你的手怎么受伤了?"

"是我弄的。"叶小西用另一手盖住受伤的右手还没回答,林惠已经替她回答道,"你们也看见了,说起来不好意思,我们因为一些事刚才吵了几句,这不战场都还没清理,小西的手是我不小心划破的。"

雪莹的蓝眸中闪过一抹沉思,但却没有开口。麦嘉玮见雪莹不再开口,插话说道:"其实今天我们来,是要告诉你,我们已经查清楚,你先生齐方御并不是杀害夏薇的凶手,过几天办好手续他就可以回家了。"

"什么?"林惠倒显得有些惊讶,"你们查清楚了?"

"凶手是谁我们还在查,但可以肯定齐方御那天有不在场证明。"麦嘉玮说到这里顿了顿,"当然,我们查过你也是没有嫌疑的。"

"你们会不会查错了?"林惠追问。

麦嘉玮露出些许诧异,"你是指齐方御这件事?你觉得他会是凶手?"

"哦,没有,我只是随口问问。"林惠垂下头不再开口。

"既然这样,我们也就不打扰了。"麦嘉玮说完看了看雪莹,雪莹向他点点头,两人告别林惠和叶小西走了出来。

"你怎么看?"麦嘉玮迫不及待地询问雪莹,"我觉得那个林惠的态度很奇怪。"

"没错,齐方御认罪,显然是以为林惠是凶手,他在袒护林惠,但林惠要袒护的人,却不是他。"

"你是说——"麦嘉玮不确定地看着雪莹。

"夏薇的验尸报告出来了没有?"雪莹忽然问道。

"今天应该就会送过来了。"

雪莹边走边牵起一抹笑容道:"不过在看验尸报告之前,还有一件事。"

"什么?"麦嘉玮疑惑地问。

"找齐方御谈谈。"

[八]

"齐方御,你上次和我们坦白的时候,是不是忘了说什么?"审讯室里,莫警官望着眼前低头沉默着的齐方御,沉声询问。

"我能说的上次都已经说了。"齐方御仍坚持道。

莫警官把几张照片和一份名单推到齐方御面前,"这上面的人你都认识吗?如果想不起来,我可以提醒你一下,夏薇死的那天晚上,你和他们在一起,至于在干什么,我就不用说明了吧。"

齐方御浑身一震,这才吃惊地抬起头,旋即目光又黯然下去,失神地说:"原来你们都知道了。"

"你这算是承认没说实话了?"

"有一部分是真的,在林惠出差之前,我和夏薇就约好在一起几天,所以夏薇就和家里说去旅行,拿了行李,但我们并没有去我家,而是找了个旅店住下来。"

雪莹点点头:"林惠确实说,你和夏薇都是在外面约会。"

"但是夏薇死的前一天,我接到那帮朋友的电话,所以去参加了聚会,一直到两天后才回到旅店,但却没看到夏薇,还以为她赌气回去了,可奇怪的是行李还在。"

"赌气?"莫警官问道,"因为你丢下她去聚会,还是别的原因?"

"有一部分原因是,但我们前一晚的确发生过争执。"这次齐方御没有隐瞒,如实说道。

"理由？"

"夏薇知道了林惠和小西的真实关系，劝我离婚，我不肯。"齐方御说到这里顿了顿，有些烦闷地抚了抚微长的发，神色中显露出几分苦恼，"其实我并不想和林惠离婚，当初我们也曾经很恩爱，现在变成这样，我总觉得还有转圜的余地。"

"也就是说，你还想和林惠恢复感情？"莫警官问道。

"嗯，这些年林惠和我的关系日益冷淡，一方面我想刺激林惠，让我们之间的感情有所改善，另一方面也是为了寻求安慰，我才会和夏薇在一起，但我知道和她的关系不会长久，也从没想过离婚。"

"说说之后你干了什么。"莫警官提醒他。

"我又在旅店睡了一觉，想着第二天回家再联系夏薇，可是打开门就看到夏薇的尸体躺在那里。"

"你就以为是林惠杀了夏薇，所以帮她隐瞒？"雪莹问道。

"难道不是林惠？"在得到肯定的回答后，齐方御像是这才松了口气，但随即又说道，"当时我很慌乱，不知道夏薇为什么会死在我家里，能想到的就只是林惠，我始终觉得林惠还是对我有感情的，猜测她是因为这样才杀了夏薇，所以就用屋里的地毯把夏薇的尸体裹起来放到壁橱里，又拿画挡上，想找时间再去处理掉。"

"好了，一会儿会有人带你去办理一些手续，登记好就可以离开了。"莫警官开口说道。

齐方御并没有起身，而是不确定地问道："你们能肯定，林惠不是凶手？"

"凶手是谁警方自然会查清楚。"莫警官定定回答。

齐方御又看了莫警官片刻，从莫警官满脸正色的神情中看不出任何端倪，只得放弃和警员走了出去。

"我想凶手已经清楚了。"雪莹缓缓说道。

"你是指你们所说的那个叶小西，林惠的情人？"莫警官问道。

"是不是她，我们只需要去问问法医就知道了。"雪莹话音刚落，罗逸凡就打开门走了进来。

"我是来给你们送验尸报告的,我在楼道里看见法医正要进来,想你们需要,就给拿进来了。"

"是不是在夏薇指甲中发现了皮屑?"雪莹问。

"你什么时候学会未卜先知了?这都能被你猜到,但据报告上写,DNA库里没有搜索到。"罗逸凡翻动着验尸报告解释。

"这不要紧,我想我们知道是谁的。"雪莹扬起一抹笑意。

"是叶小西?"麦嘉玮恍然大悟地解释着,"她的手——"

"可是如果是她,动机是什么?"莫警官问道。

"是不是她,动机是什么,把她带来就能一切水落石出了。"

在给叶小西提取DNA等待结果的时候,似乎是意识到什么,叶小西显得很安静。雪莹递给她一杯水,轻轻地看着她,"你知道吗,林惠如果袒护你,她也会获罪。"

叶小西抬头看了雪莹一眼,但又低下头,终是什么都没有说。

不一会儿,罗逸凡就走了进来,将报告放在桌子上,淡淡说了句:"是她。"随即转身走了出去。

"叶小西,你现在还要保持沉默吗?"莫警官开口问道,"你怎么解释死者夏薇的指甲里有你的皮屑,而你手上又刚好有伤?"

"你们早就怀疑我了是不是?"叶小西终于抬起头说道。

"说实话,一开始只是因为林惠的极力袒护,让我怀疑到你,但我是从注意到你手上的伤,才确定了凶手就是你。"雪莹开口。

叶小西握紧拳,微微叹了一口气,但开口却看上去很平静,"人是我杀的,和惠无关。"

"理由呢?"

"我知道那个叫做夏薇的女人早就和惠认识,甚至在我之前,因为她以前在惠家里学过画,她重新出现以后,我发现惠每次见到她态度都很不一样,我很害怕,我知道惠喜欢她。"叶小西顿了顿,继续

说道,"她知道了我和惠的关系,前几天找到惠,说要惠和齐方御离婚,惠早知道齐方御对夏薇不是认真的,所以她提出一个条件,要是夏薇答应和她一起,就和齐方御离婚,夏薇很害怕,逃跑了,那天我在门外都听到了,但惠还不知道。"

"可为什么要在齐方御家里杀了夏薇?"

"为了人以为凶手是齐方御。"叶小西答道,"那天惠出差去了,如果在那里发现尸体,第一个被怀疑的,肯定就是齐方御,所以我特意带上帽子,穿上男士外套,然后给夏薇打电话约到齐方御家,说惠有话要我传达,关于离婚的,她果然马上就赶来了。"

"然后你就杀了她?"

"我当时也不知道哪儿来的力气,掐住她不放手,等醒悟过来的时候,夏薇已经死了,我心里很害怕,脑子也很乱,把尸体丢在那里就离开了。过几天听惠说警察在她家发现了夏薇的尸体,我才知道齐方御把尸体藏了起来。"

"我们去的那天,你和林惠在吵些什么?"麦嘉玮问道。

"惠自从看到了尸体,就已经知道是我做的了,她了解我,自然也知道我是为了什么,她说我不该这么冲动,但我说我都是因为爱她,所以两个人吵了起来,但很快就和好了,别怪惠,她是为了袒护我。"

叶小西走出审讯室的时候,正好和林惠、齐方御打了个照面。林惠看到叶小西想要上前去,却被齐方御拉住,向她摇了摇头。林惠停住脚步,看着叶小西张了张嘴,但最终什么也没说出口。叶小西眼圈微红,不知道是为自己犯下的错误而悔恨,还是想到以后再也无法和林惠在一起而伤感。

目送齐方御和林惠离开,麦嘉玮轻叹一口气,"你说经过了这件事,齐方御和林惠会和好吗?"

"谁知道呢,也许会,也许不会。"

雪莹望着他们的背影答道。心底的距离其实往往才是最遥远的，很多事情如果一开始就能开诚布公地说清楚，也就不会有许多的误会，以及随着误会衍生出的罪恶。但当发现时，往往已经难以弥补。

"你知道齐方御那幅画里的红衣女人是谁吗？"麦嘉玮问道，"看上去似乎不是夏薇，但也不是林惠。"

"也许只是他心中的一个形象，并没有这么一个人，她永远活在美丽的幻象里。"

听了雪莹的话，麦嘉玮也没有再接口，只是和她一起看向齐方御他们离开的方向，沉默着不再言语。

结束了对叶小西的审问，案子看上去似乎已经结束，但还有个疑问仍存于雪莹心中。她坐在警局的休息室内，心不在焉地喝着手中的果汁，不自觉地问出了口，"你们说，夏薇是怎么知道叶小西和林惠的事情？"一旁的麦嘉玮和罗逸凡闻言，都是一愣。

"说不定她发现有什么不对，跟踪过她们。"麦嘉玮猜测道。

雪莹摇摇头，否定了他的猜测，"你忘了吗，我们在询问夏薇丈夫的时候，他说夏薇平时连出门都很少，又怎么会做出跟踪这样的事情而没被发现？"

"这倒让我想起来，有一样东西，是夏薇的丈夫不久前送来的，也许这能回答你的问题。"罗逸凡说着站起身，"你们在这里等一下。"之后快步走了出去。

不一会儿，罗逸凡手拿着一个大信封返了回来，放到雪莹面前的桌子上。见雪莹疑惑地看着他，罗逸凡开口说道："打开看看，据夏薇的丈夫说，这是在整理夏薇遗物的时候发现的。"

雪莹拿起沉甸甸的信封，把里面的东西倾倒出来，随即露出惊诧的神色。

"这，这不是叶小西和林惠吗？"雪莹还没开口，倒是麦嘉玮凑到近前，拿起其中的几张照片，语气中显露出些许的得意，"你看，这些

照片她们都没有看向镜头，很显然是偷拍的，我果然猜得没错，夏薇一直在跟踪她们。"

"这是什么时候送来的？"雪莹蓝眸中闪过一抹深色，虽然麦嘉玮这么说，但她总觉得其中透着些许的奇怪。

罗逸凡答道："就在审讯叶小西的时候。"

"不对。"雪莹忽然说道，她的目光胶着在错落叠放的照片上，从中飞快抽出一张，"你们看这张照片上面，那后面的人是谁？"

"是夏薇？"麦嘉玮更加震惊，"那这些照片就不是夏薇拍的。"

"难道会是有人刻意寄给夏薇？从而才引发了这次的案子。那这人的目的又是什么？"罗逸凡若有所思。

罗逸凡的话像是提醒了雪莹，她神色一凛，旋即在照片中翻找起来，但却一无所获。之后她又不放弃地翻转着装照片的信封，她相信如果是那人，就一定会留下痕迹，因为他的目的就是让警察围绕他制造的麻烦而忙碌，并且乐在其中。

果然，打开信封的封口处，一个M的印记呈现在眼前。雪莹用手轻抚着那个M，眼底染上几分暗沉。又是M，最近他的活动愈发频繁起来，他到底想干什么？接下来他究竟还会制造出什么样的麻烦？自己的父亲人又在哪里？这一切，都没有答案。

第四章
偷窥校园

[一]

医院的走廊里，充满消毒水的味道，医生护士都来来往往地忙碌着。一对年轻的男女坐在妇产科外面的长椅上，女孩看上去有些局促不安，不停地搓着手，男孩则轻声安抚着她。

"你真的已经和她分手了？"女孩偏过头质问着身边的男孩，眼中写满了咄咄逼人的气焰。

"你还不相信我吗？我向你保证过，当然一定做到。"

"可我听说前几天学校里有人还看到你们俩吵架来着。"女孩似乎还有些不确定，冷声道。

"你说那个啊，那是她知道了我们的事情，来和我闹，歇斯底里的。"男孩不以为意地一笑，"我正好顺势提出和她分手了。"

"她这么简单就答应了？"

男孩将女孩搂在怀中，轻吻了一下她的脸颊，"她不答应能有什么办法？我只爱你一个人，对她早就没有感情了，等暂时先把这个孩子拿掉，我们以后还有的是时间。"

女孩点了点头，一反刚才的态度，乖巧地依偎进男孩的怀中不再说话，但看着往来的人，还略带了些许的不安。楼梯的转角处，一双晶亮的眼眸闪动，静静凝视着手中的手机屏幕，屏幕上播放的，正是

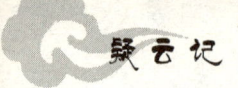

刚才男女的对话。屏幕忽明忽暗地闪动,良久,那眼眸的主人嘴角勾勒起一个漂亮的弧度,转身穿过人群,径直消失在走廊尽头。

"啊——"几声凄厉的尖叫划破了午后校园的寂静,只见路上的学生纷纷避让,脸上写满了掩不去的惊恐。

"嘻嘻,嘻嘻——"尖叫的源头传来一阵笑声,那声音时而尖厉,时而低缓,连绵不绝。有愉悦在其中,似乎又有掩不去的满足,汇在一起,交织成一种诡异且恐怖的氛围。

循声望去,一个身穿白色连衣裙的女孩踉跄地走在路上,长发早已散乱,丝丝遮盖在脸上,除了几缕黑发,几乎完全遮住她的面容,让人难以看清她的容貌。只有那一双目露疯狂的眼睛,射出危险的光芒,时不时从她口中溢出笑声。

比这更为让人毛骨悚然的是,她胸口那一大片殷红的血迹,衬着衣裙的雪白,鲜艳刺目,透出死亡的冰冷气息。她望着那些因惊恐过度无法逃跑,跪在路边的女孩,歪着头,唇边噙着一抹冷酷的笑,"你们谁都别想再和我抢,这次,他完全是我的了!"说完,又轻蔑地看看那些早已脸色发白的路人,发出刺耳的笑声。

仔细看去,在她的右手中,紧握着一把刀子,未干的鲜血顺着寒光闪动的刀子滑落,滴到地面上,在她的身后所经之处,留下一道触目惊心的血色痕迹。

警局的审讯室外,雪莹静静透过玻璃探看着里面的情形。她沉默地望向一旁的莫警官,似乎在无声地询问着他的意见,莫警官会意地点点头,雪莹这才转身走向审讯室里面。

"姓名?"

"刘芸。"

"性别?"

"女。"

警局的审讯室里，刘芸失神地坐着，木然地回答着警察的提问。她头发依旧散乱，脸色却是异常地酡红。雪莹打开门走进来，在刘芸的对面坐了下来。她将一杯热水递到刘芸面前，刘芸抬起头，看到熟悉的面孔，浑浊的眼中突然有了神采。

"刘芸，人真的是你杀的？"雪莹柔柔地开口问。

"是我。"刘芸点了点头，干净利索地答道。

"你杀他的时候，神志清醒吗？你自己有印象吗？"雪莹追问道。

刘芸嘴角勾起一抹笑，"我当然有印象，是他，都是他的不对！"刘芸说到这里，忽然激动起来，眼中也燃起了火焰，"我那么爱他，处处都对他那么好，前几天我却发现他背着我，有了别的女人，他信誓旦旦说只爱我一个人，除了我之外，绝对没有其他人，可是——"刘芸放开雪莹，兀自握紧了拳，脸上的表情因为愤怒而有些扭曲。

蓦地，刘芸死瞪着雪莹，似乎不认识她一般，她缓缓冷笑道："他瞒着我，带了别的女人去医院打胎，还说已经和我分手了。他明明说，用性命担保，没有别的女人，那好，我就让他以命作代价，这就是不守承诺的后果。所以我约他出来，带上提前准备好的刀子，趁他不注意，杀了他。"她的一抹冷笑慢慢转为了尖笑，她猛力一拍桌子站了起来，那声音越来越高，越来越歇斯底里，回荡在这不大的屋子里，让人听来毛骨悚然。

雪莹看着几乎疯狂的刘芸，也不并不开口，而是托腮思考着，也许习惯了凡事抱着些许质疑，她总觉得有什么地方不对劲，让她无法就这么笃定眼前看到的一切。刘芸似乎是笑累了，也可能是独角戏无人知应，一阵疯癫过后，渐渐平静下来。这时雪莹才开口问："你又是怎么知道他有了别的女人，还带着去了医院？"

"你想知道？"刘芸突然又有了精神，她缓缓弯下身体，凑近雪莹，食指搭在唇上，声音危险得平静低缓，还带着几分神秘，"告诉你也可以，不过，不要告诉别人哦。是天眼告诉我的，嘻嘻。"

雪莹闻言，湛蓝的眼中闪过一抹晶亮的光，她赶忙坐起身，定定

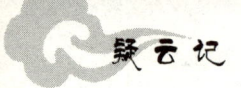

地望着刘芸,"天眼?什么天眼?"

"天眼?"刘芸歪了歪头,似乎对雪莹的问题很不耐烦,"天眼就是天眼咯。"

此后无论雪莹再怎么问,刘芸都是一言不发,但就在问话结束,麦嘉玮进来将她带走的时候,刘芸忽然抬起头,望着问询室的监视器方向,幽幽地开口,近乎一字一顿地说道:"无论你们做了什么,都瞒不过他,他会永远看着你们。永远,嘻嘻嘻嘻——"伴着一连串令人脊背生寒的笑声,刘芸被带了出去。

此后无论大家怎样翻看录像,刘芸那阴冷的声音都回荡在心底,仿佛有一双无形的眼睛,正窥视着每一个人一般。

雪莹知道,刘芸话里的他,指的就是"天眼",她轻轻一叹,好不容易发现的一点线索就这样断了。不过这一趟,也没有白来,刘芸的话让她发现了这案子中的疑点,事情远不止这么简单。"天眼"看来就是引发这起命案的关键所在,但隐藏在幕后的人是谁?他到底想干什么?为什么会发生在学校里?选择刘芸会只是巧合?还会不会有下一步的行动呢?一连串的问题萦绕在雪莹脑海中,看来,这件事有必要重新开始调查一下了。

而雪莹更关心的是,这"天眼",会不会又和 M 有关?或者根本他就是 M?操纵别人内心的仇恨,似乎是 M 惯用的伎俩,难道这又是他新一次的挑衅?

[二]

"你是说,刘芸是被人指使杀人的?"子晴惊讶地张大嘴巴看着雪莹。

"嘘——"雪莹将手指压在她的唇上,示意她小一点声,现在刘芸的名字,在学校里几乎是风暴的焦点,已经有不少人听到纷纷侧目,向她们好奇地望过来。雪莹朝他们平静地点头微笑,做出若无其事的样子,拉着子晴来到了校园里一处稍为偏僻的草坪坐下,这才开口,

"具体情况还不清楚,只知道她在杀人前曾和一个叫做'天眼'的人接触过。"

"天眼——"子晴重复着这个名字,不知为什么,心底竟没来由地升起一丝寒意。

"不过我总觉得这个'天眼'不会就此罢手的,他一定还会有所行动。"如果是M,他就更没有停手的理由,雪莹在心里默默补充。

"你要追查下去吗?"

雪莹牵起一个饶有兴味的笑,"我倒是有点想会会这个'天眼'。"忽然身后的矮树丛发出一阵轻微的声响,雪莹立刻机警地戒备起来,高声问道:"谁在那里?"

一个少女拨开草丛走了出来,那女孩看上去年纪很小,不过十六七的年纪,白瓷一般的脸庞,尖尖的下巴,小巧的鼻子,红润的樱唇,一头长发在脑后梳成个马尾,最引人注目的是她一双晶亮的大眼睛,闪着灵动的光芒。她鼻子上架着一副宽大的眼镜,手里还抱着一本厚厚的书。她看到雪莹和子晴,露出乖巧而甜美的笑容,"学姐好。"雪莹向她微微点头算作礼貌地招呼。

"我一直在这里看书,都没注意到两位学姐来了,我没打扰你们吧?"

雪莹和子晴互望了一眼,开口道:"没事,我们只不过在闲谈而已,也没什么重要的事。"

"哦,那就好。"女孩儿向她们礼貌地点点头,"那学姐继续聊,我也该回去了,就不打扰你们了。"说完和雪莹她们道别,向教学楼的方向走去。

"她是不是今年才入学的朱九儿?"子晴望着那离去的背影说道。

"就是她,和去年那个钢琴天才张妍妍入学的时候一样引起轰动的天才少女?"雪莹只淡淡地看了一眼,学校里的八卦,向来不是她关心的范围,但作为侦探,收集资料的敏锐嗅觉还在。

"没想到那个朱九儿年纪真的那么小,听说她只有 16 岁,连跳两

级呢。"子晴还在继续说着，"而且还很有礼貌。"这点雪莹点点头表示赞同。

一阵悠扬的钢琴声隐隐从教学楼传来，融在这午后的空气中，似乎带着芬芳，沁人心脾，仿佛一切的纷扰，都能在这美妙的乐曲声中消融，雪莹和子晴纷纷朝琴房的方向看去。

"弹得真好。"子晴由衷地赞叹道。

雪莹点点头，"可能是哪个音乐特长生在练习。"在这流畅的琴声中，雪莹却显得若有所思。尽管她并不精通音乐，也不难听出这琴弹得技巧很熟练，但却好像全无灵魂和感情，反而从那连绵不断跃动的音符中，透出一丝绝望、恐惧和不安。这弹琴的人，究竟是带着怎样一种心境在演奏呢？

午后的阳光照进静谧的练琴室，唯有动听的乐曲流淌。一个少女端坐在钢琴前，脊背挺直，微闭着双眼，似乎正深深陶醉在这自我的空间之中，即便是这样，她的双手仍能准确地游走于琴键之上。

殷红的鲜血顺着她的手腕留下来，染红了黑白交错的琴键，似一张带着死亡气息的无形的网，而她却好像浑然未觉一般继续弹奏着，但手却渐渐沉重起来。一阵阵撕裂般的疼痛传来，她吸了一口冷气，停下来手里的动作。她不想死，真的不想死，这种临死前的恐惧，潮水一般向她袭来，甚至盖过了手上伤口传来的疼痛。

可是不死，她还能怎么样？如果那件事被他传出去，自己就会失去现在的一切，受大家的冷落白眼，也许还会被学校开除。她恨自己当初的一时糊涂，鬼迷了心窍，但现在再说这些，都已经太晚了。

指尖按下的一个重音狠狠敲击着她的神经，她眼中忽然闪过一抹决绝的光芒。她掏出口袋里的 mp3，按下了录音键。就当作她最后留给大家的话吧，也许会有人发现，也许不会。但不管怎样，她想说出多年前的那件往事，虽然对她来说，像是洁白墙壁上难以抹去的污点，但在这临死之前，她忽然有了坦白一切的勇气。就让这段过往，随着她生命的终结而浮出水面吧。

完成录音以后,她最后环视了这总是陪伴自己的琴房,那熟悉的钢琴,目光中带着深深的眷恋与不舍。伴着一声沉重的音,她趴在钢琴上,感觉眼皮渐渐沉重起来,身体却越来越轻。终于可以摆脱这一切烦恼了吗?可以不再整天担惊受怕,这样的感觉真的很好。

雪莹和子晴人仍坐在草坪上闲聊着,但一颗心全都拴在那源源不断的钢琴声上,不知道为什么,她就是无法不去在意,隐隐有种不好的预感。那琴声一阵紊乱之后,忽然戛然而止,顿时四周显得安静起来。

雪莹皱起眉,一旁的子晴不解地问道:"怎么了?"

"不对劲。"雪莹的表情有些凝重。

子晴不解地连声追问道:"不对劲?什么意思?出了什么事?"

"你听到什么?"

子晴侧耳听去,仍是满脸疑惑,"我什么都没听到啊。"

"就是什么都没有才奇怪。"雪莹说着已经站起身,"子晴,练琴房是不是在综合楼的四层?"

"没错,怎么——"子晴的话还没说完,雪莹已经转身向综合楼跑去。

"喂,雪莹,你去哪儿?等等我!"子晴在她身后叫道,然后也慌忙站起身,在雪莹身后追了过去。

[三]

学校的琴房位于综合楼的四层,是一间间相互连接的小房间,每间琴房之间只有一墙之隔,但隔音效果却是非常的好。因为琴房在紧邻特长生教室的区域,所以平日除了音乐专业的特长生,其他学生根本不会涉及这附近。

雪莹飞快跑到琴房外,凭着她对刚才琴声的辨别,在一间琴房前

停了下来。她先是轻轻敲了门，不出所料，回答她的是一片沉寂。她的手搭在门把手上，没想到门却没有锁，微微一施力便打开了。

她小心地走进去，不大的琴房内，只有一架钢琴，轻柔的乐曲在室内流淌。少女坐在钢琴前，上半身趴在钢琴之上，侧着脸，像是沉沉睡着一般。只有那垂落在身侧的手，从手腕处涔涔流出的血，像一条溪水，顺着指尖滴落下来，染红了地板。

"这——"紧跟着跑来的子晴已经吓得脸色发白说不出话来。

雪莹走进去，轻轻探了探那少女的鼻息，继而皱起眉摇了摇头。她环视四周，和以前的任何一个现场相比，这里显得太过安静和整洁。钢琴上静静放着一个白色的mp3引起了雪莹的注意，她走过去拿在手中，翻看着mp3的目录。忽然她停下了手里的动作，紧盯着一条名为"未标题"的乐曲。其他的乐曲都以曲子名作为标题，只有这一条看上去很是奇怪，"未标题"看上去应该是系统默认的，而且所有乐曲中，这个时间最短。

雪莹沉思片刻，打开了mp3，一道女声从里面幽幽传来，"不知道这条留言会不会有人发现，但在我死前，想把自己隐瞒了一年的秘密说出来。"声音到这里略一停顿，似乎在思索该怎样开口，雪莹和子晴面面相觑，有些紧张地等候着下文，不久，那声音再度响了起来，"一年前，孙婷和我同时被选中作为预备生去参加比赛，但是最后学校只有一个名额，她爸爸来了一趟学校，第二天，学校就公布了她去参赛的消息，我恨她，她的水平根本不如我，只不过有个好的出身罢了，而且我每天苦练，到最后却什么都没有，我知道她每次来必然会开着窗户练习，所以我在练琴室的窗子上做了手脚，让她的手受了伤。"

那声音说到这里又停了下来，雪莹虽然已经无法看到她说这番话时的表情，但不难想象，说出这件事需要多大的勇气，不一会儿她的声音又传了出来，"我本来只是想小小给她个教训，让她暂时无法参加比赛，可谁知道她从此以后都没办法再弹琴了，而且还为此进了精神病院。我从没想过会闹成这样,所以吓得把这件事隐瞒了起来。我对不起孙婷,也对不起被我欺骗了的大家,所以,在我死前,要向所有人,还有'天眼'道歉。"

录音说到这里,那声音已经有些哽咽,而她的叙述也到此为止。雪莹按下了停止键,屋内重又陷入了沉默。再次听到"天眼",雪莹面露凝重,她拿出手机,拨通了麦嘉玮的电话。

"你在哪里?"麦嘉玮的电话另一端似乎也充斥着嘈杂,雪莹不禁问道。

"就在你们学校里,阅览室这边出了点事,有个男生持刀袭击一个女学生。"

"什么?"雪莹心中不由得一沉,"那伤到人没有?"

麦嘉玮似乎有些心有余悸,"还好我们赶到的及时,现在已经把他制服,正打算带回警局审问。"

"恐怕,你们暂时不能离开了。"雪莹又看了一眼俯趴在钢琴上的尸体,才继续幽幽开口,"因为我这里发生了新案子。"

莫警官带着阅览室行凶案子的犯人回了警局,留下麦嘉玮和罗逸凡。他们很快便按照雪莹的指引,带着几个警员赶到了出事的琴房。

"我在楼下听出琴声有些不对,但赶到的时候已经来不及了。"雪莹凝视着那女孩好像安静沉睡的脸,遗憾中带了些许的自责。毕竟如果自己能够早一点发现,或许还来得及救活一条生命。

罗逸凡体贴地上前轻轻拍了拍她的肩,安慰道:"这不是你的错。"

雪莹向他一笑,调整了下心情,向他们解释着:"张妍妍,她是作为音乐特长生招进学校来的,听说她出生在一个普通的家庭,却在中学的时候获得了国际少年音乐奖,从那以后大小的奖项也得了不少,入学时,曾被视为最有天赋和前途的学生之一。"

"等等，你说之一是什么意思？"麦嘉玮插口问道。

"因为和张妍妍同时进校的，还有个叫做孙婷的女生，她出生在音乐世家，虽然没有得过什么大奖，但因为良好的家世，也得到很多的机会，名气与张妍妍并驾齐驱，那会儿可是学校里有名的风云人物。"

"那你觉得，这个女生有没有杀害死者的嫌疑？"

雪莹要了摇头，沉沉地说："一年前，孙婷因为意外弄伤了手，再也无法弹琴了。她一度精神崩溃，休学回家休养，几个月后，因为自杀未遂而进入了精神病院，这点你们去查一下就知道了。"雪莹顿了顿，拿出 mp3 交给他们，"你们听听看这个就能明白一切。"

麦嘉玮和罗逸凡不解地接过 mp3 听起来，半晌，放下 mp3 的时候，脸色都有些凝重。

"这是张妍妍的声音？"罗逸凡问道。雪莹点点头，低头沉思不语。

"看来是自杀没错了。"麦嘉玮在一旁开口。

罗逸凡将 mp3 交给了旁边的警员，"拿回去做一下声音比对。"然后又转向雪莹，"孙婷处处显示着身世的优势，这对于出身平凡的张妍妍来说，是一种巨大的压力，她长期的心理不平衡导致了最终的爆发，也是说得通的。"

"你们有没有注意到她刚才提到了'天眼'？"雪莹忽然说。

"好像说了向'天眼'道歉什么的，'天眼'是什么？"

"又是'天眼'。"雪莹的蓝眸中，一丝异样的光芒闪过，心思流转间，她忽然仰头问道，"能不能和我说说阅览室的伤人案？"

[四]

警局的审讯室里，一个看上去垂头丧气的大男孩坐在桌前，他就是阅览室伤人案的犯人，邵宇文。莫警官坐在他的对面端看着他，邵宇文可能感受到了无形的压力，一直沉默不语。雪莹则得到莫警官的许可,依靠在审讯室的角落,一双蓝色的眼眸静静望着眼前的一切,似一个敏锐的旁观者。

"沉默不解决问题,说说你为什么这么做吧?"莫警官终于打破沉默问道。

提及这件事,似乎点燃了邵宇文心中愤怒的火焰,他双眼因为怒意而泛红,"我要杀了她,是她毁了我的生活!"

"她到底是谁?具体说说看。"

邵宇文咬起牙,怒道:"都是她,以前她曾经向我告白,但我根本不喜欢她,所以直接拒绝了。"邵宇文说到这里停下来,胸口几个剧烈的起伏,似乎在极力控制自己的情绪。"但很快学校里就谣言满天飞,说我有什么疾病,还有为了钱,在做不可告人的交易之类的,我今年就大四了,面临着毕业,因为这些传言,我失去了很多面试的机会,求职屡次被拒绝,就连我交往了五年的女朋友,也在前一阵子和我分手了。"

"那和你今天的行为,又有什么关联?"

邵宇文思索了下,继续说道:"我也是最近才知道,这些传言都是她传出来的,这一切,是她因为怀恨在心,对我进行的报复。"邵宇文说到这里,声音有些微微的颤抖,"所以我恨她,要给她一点教训尝尝。"

"我能不能问个问题?"雪莹忽然站起身,缓缓走了过来。莫警官点点头,雪莹才开口问道:"你听说过'天眼'吗?"

邵宇文一时间愣在那里,半晌才磕磕巴巴地问:"你,你怎么知道'天眼'的?"

雪莹微微一笑,邵宇文的反应,已经给了她最好的回答。"说说看,你和'天眼',是怎么联系的?"

"其实准确地说,也不能算联系。"邵宇文答道,"前几天,我收到一封邮件,里面清楚地说明了这一切。"

"邮件?"雪莹眼中闪过一抹精明的光,"什么邮件?那邮件是从

哪发来的?"

邵宇文摇摇头,"没有发件人的地址,也许是用什么方法隐匿掉了,只有个署名。"

邵宇文的回答可以说是在雪莹意料之中,她早有预感,这件事必定和"天眼"脱不了干系。雪莹的心倏然一沉,今天张妍妍的自杀案,邵宇文的报复伤人案,加上前些日子刘芸的杀人案,接连出现"天眼"的痕迹,这个"天眼"到底是什么人?难道就无迹可循了吗?如果是 M,那正是追查下去的好机会。

"那邮件现在什么地方?"

"我——"邵宇文咬咬牙,"我当时一怒之下给删掉了。"

雪莹轻轻一叹,好不容易发现的一点线索就这样断了。看来事情远不止这么简单,署名"天眼"的那些邮件,看来才是引发这一系列案子的关键所在,那匿藏在背后的眼睛,到底是谁?

雪莹想着,快步走出审讯室,在门口正巧遇到麦嘉玮和罗逸凡。"你们警局里有没有电脑高手?"

"雪莹,我才刚来不久——""有的,你想干什么?"两个人同时开口。

"带我去见他,我要破译刘芸和张妍妍的邮箱,查看里面的内容。"

"邮箱?"麦嘉玮似乎还有些不理解。

"没时间和你解释那么多了,我先去找同学问问她们的邮箱地址,然后我们在电脑室会合。"

"你是说,这几起案子涉及的人,刘芸、张妍妍、邵宇文,很可能都曾收到过署名叫做'天眼'的邮件?"此刻坐在警局里,莫警官摸着下巴看着雪莹,"而刘芸和张妍妍的行为,包括邵宇文的案子,都是这个'天眼'一手计划的?"

雪莹点点头,"但很可惜的是,几个人当时都删掉了'天眼'的邮件,刚才我找电脑高手破译了张妍妍和刘芸邮箱的密码,里面也没有发现类似的邮件。"

"这个'天眼'很聪明,他抓住的都是这些人见不得人的秘密,按照常理来看,如果收到这样的邮件,一般人的第一反应都是先删掉,以免被其他人发现。"罗逸凡说道。

"没错,所以我在听到邵宇文供词的时候就猜想,张妍妍和刘芸应该也是收到了类似的邮件,张妍妍的内容大概是揭露了她一年前对孙婷所做的事情,她当时很慌张,便删掉了邮件,但是她不知道该怎么办才好,也不知道'天眼'哪天就会把这件事公之于众,每天在这种惶恐中,终于受不了这种心理上的沉重压力而自杀了。"雪莹定定开口说,"而刘芸,肯定收到的邮件中有关她男朋友背叛的证据,她才会疯狂地杀了那个男人。"

"可这'天眼'到底是谁?"莫警官思索着。

"还不知道,但至少有一点是肯定的,他找的都是学校里的人,而且善于抓住别人的痛处,然后自己躲在暗处看戏,所以能做到这点的,多半是学校里的人。如果不是,那只有一个人——"

"你怀疑是他?"莫警官会意地问。

"我也不清楚,但现在要仔细调查下去,不能放过任何一条线索。"

"雪莹说得没错。"莫警官赞同地点头,"这件事我们仍然在表面上例行调查,但你在学校行动更方便些,暗中寻找下关于'天眼'的线索。"

"没问题,您不说我也正有这个打算。"雪莹早就决定,即使不是M,也要抓出这个"天眼",看看到底是什么样的人。

[五]

练琴室,阅览室,雪莹一路漫步在校园里,看似毫无目的,其实敏锐的目光没有放过任何一个角落。通过"天眼"的行动,不难看出他有几个鲜明的性格特征：第一，绝对是个极为聪明且心思缜密的人；第二，极为自信，甚至带着自负；第三，也是最重要的一点，他把这一切都当做游戏，将别人的生命都视为玩具，冷眼旁观。既然是这样，他就一定要有办法验收自己的成果，而监控这一切的方式，雪莹坚信，只要回到案发现场，就能寻找到答案。

张妍妍自杀的练琴室从发生案件以来，已经被封闭，雪莹顶着莫警官的名号，才得以顺利进去。这里在案发的时候，她是第一个赶到的人，当时对现场已经有了一遍观察，所以在这里找到线索的可能性并不大，但雪莹还是不愿意放过任何一个调查的机会。这不大的练琴室内摆设很简单，仅有一架钢琴，练琴用的凳子，其他都一目了然，雪莹又围着屋里走了一圈，几乎察看了每一个角落，果然如她所预料的，没发现什么痕迹。她缓缓走到窗前，这位于四层的高度，视野极其好。雪莹从窗子眺望出去，触目可及的就是学校的后院，那天她和子晴曾经坐过的草坪可以看得一清二楚。她的脑海中过电影一般，飞快回放着那天的情形，试图抓住丝毫的蛛丝马迹，但仍只有一些模糊的印象闪过，无法串联成清晰的思绪。她摇摇头，决定出发去下一个目标——阅览室。

因为发生了邵宇文的案子，阅览室虽然不像练琴房一样被封锁起来，却没有什么学生敢出现，此时的阅览室里清冷异常。但阅览室毕竟不比那小小的琴房，雪莹只能在这里尝试搜索着。雪莹望着眼前几乎空无一人的阅览室出神，眼前似乎浮现出这样的情形。邵宇文冲进阅览室，拿出刀，那女生看到惊叫着冲向门口，她一路跑得跌跌撞撞，几次撞到桌椅上，但都顾不得查看疼痛的地方，而是继续向门口跑去。图书馆内的人纷纷避让开来，少数几个想要上前帮忙的，一看到邵宇文手中那闪着寒光的刀子，和他那凶狠的目光，又都别开脸退了回去。忽然跑在前面的女生发出一声尖叫，就在她快要跑到门口的时候，脚下一个不稳摔倒在地上。转眼间邵宇文已经大步追到面前，他目光灼灼地看着倒在地上的女生，握着刀的手也因为激动而微微颤抖。他咬了咬牙，终于缓缓举起了手中的刀……这时，收到消息的警察冲进来，制服了邵宇文，阻止了惨剧的发生。

她凝神思考着，如果要不在现场，又可以监视这里的一切，能用什么办法呢？忽然，她的目光停留在正对着大门那扇窗户旁，她快步走过去，窗框旁有个细微的小孔，如果不仔细看，还真无法察觉。摄像机，她唇边缓缓露出一个笑容，这应该就是"天眼"的眼睛。雪莹缓缓拿起了电话，拨通警察局。但此刻她却几乎可以确定，这背后的"天眼"并不是 M，如果是他，绝不会采取这样直接的办法，将自己推向明处。

不一会儿，莫警官便带着几个警员赶了过来。莫警官立刻派麦嘉玮和罗逸凡各带上一组人，到校园各处搜索。果然，在校园的很多角落都发现了类似的摄像机。

"看来'天眼'就是通过这些，来观察收到他邮件那些人的反应。"

莫警官沉思道："可是张妍妍自杀的练琴室却没有发现。"

雪莹点点头，"琴房隶属于特长生的范围，一般学生如果走进来，一定会引起怀疑。"

"那'天眼'是怎么知道那里情形的呢？"

"如果'天眼'是这学校的学生，就不足为奇，他完全可以光明正大地去现场看。"罗逸凡说道。

"说得对。"雪莹一笑，"但'天眼'似乎太过自负，以至于给自己留下了证据。"

"证据？什么意思？"麦嘉玮不解地问。

"他似乎忘了，在综合楼的每层楼梯处，他都安上了摄像机，只要排查案发的时间段，经过五楼的人，就应该能够缩小范围，他在这点上的失算，为自己掘了坟墓。"

"但就算经过那里的人，应该也不在少数，这学校里几千人，那里又是综合楼，上课休息的正常走动也很正常。"麦嘉玮继续说道。

雪莹闻言蓝眸中闪动出自信的光芒，"所以，根据我对'天眼'性格的分析，我会写出一些符合的人名单，你对照这些名单去学校调出他们的资料，然后根据录像机里的内容对比下，就可以缩小范围了。"

"好。"麦嘉玮似乎也被雪莹的话点燃了斗志，"这件事就交给我了。"

自从学校连续发生事件之后，学校里渐渐变得不平静起来。一开始大家还只是出于好奇议论纷纷，但不知是谁先挑了头，学校里一时间各种传言接踵而来，有人说学校里受了诅咒，也有人说看到学校里闹鬼，练琴室会无端传出张妍妍死前弹奏的曲子，或者阅览室听到有人尖叫什么的，总之很快便人心惶惶，谁也不知道下一个是否会轮到自己。

"你说，真的是有人在操纵这一切吗？这'天眼'，到底是人是鬼？"学校的走廊里，子晴和雪莹并肩而行。一路走来，听着大家对最近以来学校发生的事情的议论，她偏头问着雪莹，似乎有些心事。

"这世界上哪来的鬼？"雪莹微微一笑，"能够这么准确控制人心的，只有人。"

"那会是个什么样的人呢？"

"是个聪明人。"

子晴想了想，"那他这么做，就为的是想展示自己的聪明？"

"恐怕不仅仅如此。"雪莹的嘴角牵起一个漂亮的笑容，"他乐于挖掘这些人心里黑暗的一面，看他们的各种反应，从中得到乐趣，并且借此挑衅。"

"挑衅？"子晴不解地追问，"向谁挑衅呢？"

"也许是那些藏着不可告人秘密的人，也许是警察，也许是其他想要知道真相的人，谁知道呢？现在也只能猜测，具体怎样，就要问他自己了。"虽然不是M，但这"天眼"却和M有着几分相像，这让雪莹更加坚定了找出他的决心。

"你是不是有了什么线索？"

"现在还没有。"雪莹顿了顿,"但这世界上,没有所谓的完美犯罪,只要是犯罪,就一定会留下痕迹,所以我一定会把他找出来的。"雪莹说到这里,眼中闪过一抹信心。

"可现在学校里的传言真是什么都有。"子晴咬咬唇。

"很正常,只要有人的地方,总是少不了的,而且,这就是'天眼'要的效果之一。"雪莹说到这里停下来,若有所思地看向前方。

[六]

午夜的警局里一片漆黑,大部分人早已经离开,只有监控室内一盏灯仍亮着。雪莹放轻脚步小心地推门走了进去,尽量不让自己手中的塑料袋发出声音。闪动的屏幕前,麦嘉玮正瞪大眼睛紧盯着录像画面,眼都不敢眨一下。

雪莹把手中的食物和水放在桌子上,发出的响动引起了麦嘉玮的注意,他转过头看到雪莹,似乎有些意外,诧异地问:"你怎么来了?"

"顺路经过,听说你还在查看录像,就上来慰问一下,毕竟这主意是我提出来的嘛。"雪莹从塑料袋中拿出一罐咖啡递给麦嘉玮,"辛苦了,休息一下吧。"

麦嘉玮按下播放的暂停,这才接过咖啡。他闭上眼,揉了揉疲惫的眼睛,才又睁开。"没事,反正我回去也没什么事做,不如加班看完,希望能帮上忙就好了。"

雪莹看着麦嘉玮,他说这话的时候,脸上的表情很诚挚,让她有一瞬间的失神。她微微一笑,看来自己不能总说他是菜鸟了,想必假以时日,他早晚会成长成为一个优秀的警察。

"干什么盯着我看?"麦嘉玮摸摸鼻子,似乎有点窘迫。

"你少在那里自作多情了。"雪莹白他一眼,不屑地说道。为了掩饰起自己的想法,她上前凑到屏幕前,不着痕迹地转换了话题,"调查的结果怎么样了?"

麦嘉玮刚要拿食物的动作一滞,连忙又坐回屏幕前,他拿出雪莹

交给他的一连串名单，上面早已经花花绿绿地作满了标记。不难看出，这是他熬夜到现在的成果。雪莹接过来仔细审视着，手指一一划过上面的人名，嘴角露出一丝笑意。

"看来你也有派得上用场的时候。"虽然从麦嘉玮的成果中，雪莹得到了自己想要的答案，但却仍不忘挖苦他一下。

麦嘉玮的表情有些抽搐，"不然你以为呢？"

"我——"雪莹猛地一转头，却发现麦嘉玮的脸近在咫尺。忽然间，以前在滨河小区调查时，发生过类似的情景同时浮现在他们眼前。雪莹一时定定地看着麦嘉玮，第一次注意到他竟然有一双如此深邃的黑眸，且正直没有任何杂质，像一泓清潭。

"那个——"麦嘉玮转开头，脸竟有些微微泛红，说话也语无伦次起来，"就是你看到的这样。"

雪莹也迅速站起身，"你还没吃晚饭吧，口袋里有吃的，你自己拿来吃，我先回去了。"

"这么晚了，我送你。"麦嘉玮也急急地站了起来，慌忙中撞到椅子发出"哐当"的声响。

"不用了，难道你忘了，我有足够的能力保护自己吗？"

"那也不行。"麦嘉玮今天似乎格外地坚定，"不管怎么说，你总是女孩子，现在已经半夜了，我不能让你一个人回去。"

雪莹望着麦嘉玮，他的脸上写满了不容动摇的决心，良久，她盈盈一笑，指着桌上的塑料袋，"好吧，今天就给你这个机会，不过还是先把东西吃了，我等着你。"雪莹说完又坐了下来，两道身影在柔和的灯光下，被无限地拉长。

"你说你收到了'天眼'的邮件？"道场里，雪莹和子晴坐在墙角休息，子晴瞪大眼睛，不可置信地看着雪莹。

"嘘——"雪莹将手按在她的唇上，示意她不要宣扬，然后又回头看看四周，好在四周的喧嚣遮盖住了子晴的声音，大家又都在专心练习，没有人注意到她们。她唇角扬起一丝莫测的笑,"这有什么好奇怪的?"

"可是,你不是说那个'天眼'擅长抓到别人的弱点吗?你有什么可以让她要挟的?"

"她要针对的人不是我。"接收到子晴疑惑的目光,她顿了顿,继续说道,"你知道我们班的何月吧?"

"是不是上次你帮她求情,通过了体育考试的那个女生?她不是从那以后就很感激你,一直在笼络你吗?她怎么了?"

"'天眼'在邮件里说,她在背后一直传我的坏话,说我高傲冷漠,自命清高之类的。"

"天哪,真是人心隔肚皮,看她平时表面上对你那么热情,竟然背地里会做出这种事来?"子晴露出惊讶的神情,感慨道。

"这也很正常,这世上最难测的就是人心。不过这是一个好机会,可以会会这个'天眼'。"

"可是,这消息可靠吗?会不会是'天眼'编造出来的?学校里的摄像机不是都已经拆掉了吗?他又是怎么知道的?"子晴仍然有些疑惑。

"不会,以'天眼'的行事作风来看,绝对不屑于捏造事实,我猜想也许是以前拍摄下来的。"

"可是——"子晴偏头看着雪莹,"那他为什么不发给何月,而直接发给了你呢?"

雪莹撇撇嘴,湛蓝的眼眸中闪过一抹饶有兴味的神色。"最近学校里不是很多学生都收了警方的提醒,不要打开类似的邮件嘛,我想他无处施展,应该快要沉不住气了,不管他找没找何月,我们都可以引导他这么做,这难道不是个好机会吗?"

"你打算怎么做?"

"我已经回了邮件给他。"雪莹淡淡地回答。

"什么?"子晴再次惊声叫出来。

"我想我已经知道匿藏在背后的这双眼睛是谁了,但要有了证据

才能确认,我会抓住'天眼'的,而且很快。"雪莹的手微微握拳,似乎充满了信心。网已经张开,就等着鱼儿自己游过来。她倒要看看,这"天眼"再聪明,是否能逃开这正在无形中渐渐收紧的网。

[七]

　　一台超薄而小巧的银色笔记本电脑平放在桌子上,闪动的电脑屏幕前,一个人影静静端坐。他点开一封邮件,上面只有寥寥几句话,却足让他来回翻看了几遍。他的右手紧紧扣着鼠标,眉间不禁皱起来。

　　他侧头略微思索了一下,眼中闪过一抹决心。只见他十指飞快地在键盘上飞舞,很快便打好了两封不同内容的信。他又仔细地审查了一遍,在收信人的地址处填好,手指轻轻一弹,屏幕上就显示出邮件发送成功的提示。

　　他久久凝视着屏幕上的画面,然后"啪"地合上电脑,抬头仰望屋内的一片黑暗,脸上露出高深莫测的神情。

　　"你说'天眼'会出现?什么意思?"麦嘉玮诧异地看着雪莹,雪莹却只是浅笑。

　　"在没确定之前,先不要告诉莫叔,请上次破译邮箱密码的那人再帮我找一下。"雪莹扬了扬手,她手中握着一张纸条,上面写着一串邮箱地址。看麦嘉玮还要继续发问,抢先说道,"先别问,一会儿你就知道了。"

　　"好吧,跟我来。"通过和雪莹的相处,麦嘉玮也知道雪莹不是无理取闹的人,她这样做一定有自己的理由,也就毫不迟疑地带着她向电脑室走去。

　　"这是谁的邮箱?"麦嘉玮凑到电脑前,疑惑地问。

　　"何月。"

"何月是什么人？"

"说了你也不认识。"雪莹仔细地翻看着被破解进入的邮箱，忽然间，定睛在其中的一封未读邮件上，嘴角勾勒起一丝淡淡的笑意，看来她猜测的没错。

"这邮件莫非是——"麦嘉玮也看着皱起眉，"她为什么会收到'天眼'的邮件？"

"能不能把这邮件的内容弄下来，又不让邮箱的主人发现？"雪莹转头询问着帮她破译了密码的警察。

"应该可以，需要一点时间。""那就麻烦了。"

雪莹这才转头面对满脸疑惑的麦嘉玮，又拿出一张打印纸，递到他的面前。麦嘉玮在眼前展开看了看，眉间似乎皱得更深，"这又是什么？"

"我收到的邮件，'天眼'发来的，和邵宇文的有些类似，大概是说何月背地里中伤我，散布一些关于我的谣言，我想，他是看到了邵宇文那案子的成功，想仿照邵宇文的案子，激起我的愤怒吧。"

麦嘉玮略带担忧道："你为什么不报警？又想单独行动了？"

"报警暂时没有用，只有顺着他的意，一步步引他出来，我们才能得到确凿的证据抓人。"

"那好。"没想到麦嘉玮不再坚持，干脆地答应下来，"我可以暂时不告诉莫警官，不过，我有一个条件，你必须让我参与你的计划，不能一个人擅自行动。"

雪莹迎上麦嘉玮灼灼的目光，他的眼中映出自己的身影，除此之外，还有显而易见的担心，她感到心中温暖起来，但还是淡然说道："没办法，既然你坚持，就算你一份好了，就当作给你个学习的机会。"

麦嘉玮张了张嘴，似乎想要反驳，但想了想又什么都没说出口，只是有些局促地抚了抚乱蓬蓬的头发，笑得一副憨厚的样子。

"是这样，你们在学校里发布了关于邮件的警告之后，我觉得'天眼'陷入了无计可施的境地，他发出去的邮件大部分都没得到回应，

所以我就赌上一把,给他回了信,说如果没有证据,我是不会相信的。我猜测,'天眼'是个自负的人,急于在这种警戒的状态下,再做成一桩来证明自己,所以我的邮件,不亚于给他带来成功的曙光,他必然会牢牢抓住这次机会,而他首先能做的,就是联系何月了。我今天观察了何月的反应,她看上去好像还没看到邮件,所以才来找人破译邮箱来看看确认一下。"

"成了。"一旁的警员说道。

"去看邮件。"雪莹向麦嘉玮示意,两人来到电脑前,四只眼睛紧盯着屏幕。半晌,麦嘉玮向那警员说了句"打印一份出来",然后又转向雪莹,询问道:"你打算怎么办?"

雪莹蓝眸微眯,浅笑着幽幽开口道:"当然是,守株待兔。"

校园的一角,麦嘉玮和雪莹在教学楼的转角处屏息而立,不停地察看着腕上的表,"已经过时间了,怎么连个人影都没有?"

雪莹也蹙起秀气的眉,凝神思索着。时间地点肯定都没有记错,但是"天眼"和何月却都没有按时出现。等等,她脑中忽然一道光芒闪过。或者应该说,因为何月没有出现,所以"天眼"才没有出现?何月很可能是因为最近警局留下的警告,而没有看到那封邮件,这点倒是自己没有想到的,但是"天眼"呢?他又是怎么知道何月是没有出现的呢?难道除了摄像机以外,他还有其他的"眼睛"?

"今天大概是不会有人出现的,不用再等下去了。"雪莹向身后的麦嘉玮说道。

"什么意思?那就这样算了?"麦嘉玮不确定问。

"我早晚会找出'天眼'的,只要他还继续做下去,不过今天继续等也没有什么意义,我要去找何月确认一点事,你先回去,等我电话。"

送走了麦嘉玮,雪莹边思考该怎么和何月说,一边低头向教学楼里走去,在楼门口和一个向外走的人撞了个满怀,雪莹稳了稳身形边站住了,但对方显然没有这么幸运,怀里的书本掉了下来,"噼噼啪啪"落了满地。

"对不起。"雪莹还没来得及看清对方,一道礼貌的道歉声已经传来,声音竟有些熟悉。雪莹赶忙蹲下身,帮那人捡起书本,间隙中抬头望去,一张过于年轻的脸出现在眼前。她脑海中立刻闪现出相应的名字,"朱九儿,是吧?"

朱九儿微微一怔,似乎是没有想到雪莹会叫出她的名字,她推了推架在鼻子上的眼镜,温和地问道:"学姐认识我?"

雪莹友善一笑,"上次学校后院的草坪,我们打过招呼。"

朱九儿偏头思索片刻,乖巧道:"我想起来了,学姐好,撞到你真不好意思。"

她一直道歉,反倒让雪莹有些不好意思起来,她捡起最后一本书交给朱九儿,"就别这么客气了,我也有不好,只顾着想事情没看路,才会撞上你。"说完,伸出手把朱九儿也拉了起来,亲切地问:"有没有事?"

朱九儿摇摇头,"只是书掉了而已。我还要去图书馆,先走了。"朱九儿说完,在雪莹的目送下走了出去。

[八]

仍是那小巧的笔记本电脑,只是这次房间里愈发幽暗起来。厚重的窗帘拉得密不透风,使得即便在阳光明媚的白日,整个室内也是一片漆黑,只有电脑发出的光芒闪动,映照着坐在桌前人那微微愤怒的神情。

骗子,邮件里这两个字仿佛变成千万个针,刺痛着他的神经。明明他发出了邮件,是那人自己没来,可却要背负这样的名声。不行,他的手握成拳,眼中闪过一抹决绝。他不甘心,也无法接受这样的失败,即使明知道对方是在挑衅,也要放手一搏。

可最近学校里好像很多人被警告不要接收邮件,那人是不是也因为这个,才没看到的呢?他沉思片刻,缓缓拿起电话,听着电话那端的铃一声声响起。

"喂?你是哪位?"

"是何月吗？"

"我就是，你是谁？"

"为什么爽约？"他冷笑几声，"你没收到我发的邮件吗？"

"什么邮件？我不知道你在说什么，你到底是谁？不说的话我可要挂电话了！"电话另一端的声音显然有些愠怒。

"你可以现在马上挂掉，不过——"他语气一转，"如果你希望明天你中伤好朋友的事情会传遍天下的话，你就这样做。"

对方一怔，有片刻的停顿，但还是说道："你什么意思？少在那里自说自话了。"

"我说的是不是事实，你心里还不清楚吗？我可是有录像为证的哦——"

"你想怎么样？"对方的声音带着几分恐惧的颤抖。

"想怎么样？只是想你把以前说过的那些话再说一遍罢了，放心，我绝对不会伤害你的。"他幽幽笑了起来。

"怎么说？"

"明天下午4点，综合楼后面等，到时候自然会有人给你指示。"

"好，我接受。"

"你也别无选择。"说完这句话，他便直接挂断了电话。什么警察，侦探，他不屑地撇撇嘴角，他要证明，他们不过是一群笨蛋罢了。就这样还想抓住他吗？如果这次在警察的严防死守下能成功，那群人的脸，不知道会是什么样的表情？想到这里，他不禁露出一个愉悦的笑容。

"东西呢？"雪莹一双蓝眸冷冷地凝视着眼前的女孩。

"我——"何月怯懦开口说道，"我没录。"

雪莹神色一凛："没录？为什么？"

"我，我害怕。"何月几乎越说声音越小。

害怕？雪莹望着垂着头始终不敢抬起来的何月，是啊，何月必然会怕录音之后如果公布出来，对她自己不利。雪莹握紧了拳，以为一切都能水到渠成，却偏偏遗漏了这一环。她的思绪转回到几天前……

那天和麦嘉玮扑了个空之后，没花多少时间，雪莹便在教室里找到了何月，并把她叫到外面。何月尽管有些诧异，但还是露出热络的样子。雪莹站定，环胸看着何月那看上去诚挚无比的笑容，好像带了个虚伪的面具，在那背后隐匿着的一颗心，仿佛黑暗的对立面一般。

"怎么会突然找我出来？"何月笑问。

"只是想请你看样东西。"雪莹漠然说道，然后拿出几张折叠的纸，递到何月面前。

何月接过来，面露疑惑地看起来。但越往下看，她的脸色渐渐苍白起来，一直以来脸上维系的友善笑容，也逐渐隐没在唇边。她抬起头再看向雪莹的时候，只能勉强挤出一丝不自然的笑容，声音也不自觉地提高了几分，"这是乱说的，从来没有过这种事。"

雪莹并不急着开口，只是缓缓走到何月身边。一张俏丽的脸逼近何月，嘴角虽然挂着一丝笑容，那笑意却似乎冷到骨头里，一双蓝色的眼眸中也是寒气袭人。何月已经紧张不已，神色也慌乱起来。雪莹这才幽幽在她耳边开口，声音轻柔，"是真是假，你心里最有数，如果去查查，想必你的邮箱里也有类似的信件。"尽管雪莹吐气如兰，如柔风拂过，但还是让何月不禁打了个寒战。

"那，那你是特地来兴师问罪的？"何月磕磕巴巴问道。

雪莹退开一步，何月顿时感到刚才那股无形的压迫感淡去了几分，雪莹冷眼看着她，说道："我还没这么无聊。"

"那——"

"我只是想请你帮忙做点事，你应该不会拒绝吧？"

何月咬住唇，雪莹的表情告诉她，她没有拒绝的余地。"你想让我做什么？"

雪莹微微一笑，从口袋里拿出一支小巧的录音笔，"如果这几天

有不认识的人联系你,就用这个录下来。"

何月看了看录音笔,又看看雪莹,即使仍是满脸疑惑,还是接过录音笔答应了下来。

"那个——今天的约定,我不用去吧?"何月的声音传来,拽回了雪莹的思绪。她无奈地望了惶恐不已的何月一眼,眸光流转间,定定答道:"你可以回去了,约定的事,就当作没发生过。"

"那,那这些事,你不会说出去吧?"何月并没有急着走,反倒是不安地盯着雪莹看。

"你可以放心,我没有在背后道人长短的习惯。"

闻言何月露出如释重负的表情,这才逃命般快步离去。雪莹在原地停留了片刻,现在要怎么办?就这样也罢,即便是没有证据,她也总要会会这个"天眼"。想到这里,她一个转身,向综合楼后的方向走去,发尾随着她的动作,在风中划出一道优美的弧度。

[九]

综合楼的阴影处,一个人影静静站立,他沉静的目光,却在不断抬手看表的动作中透露出几分焦躁。第一次的爽约他还能保持一贯的冷静,但这次他明明已经打过电话提醒,人为什么还没出现?难道是不敢来?他摇了摇头否定掉,他都已经清楚地说明,如果不来,就会把那人的丑事公布于众,比起这样的结果,那人应该不会因为害怕而不出现。那么是记错了时间地点?他把手探进口袋里,按上自己的手机,神色中仍有些犹豫。要不要再打电话提醒?这样做会不会太冒险?"骗子"两个字忽然闪现在他的眼前,像一把火灼着他的心。他不由得握紧了手机,一咬牙拿了出来,找到里面的电话号码,刚要按下,一道清亮的声音从他身后传来。

"要打电话给谁?如果是何月的话就不必了,她不会来了。"雪莹不知何时,已经含笑站在后面,"天眼?或者应该叫你,朱九儿?你自己更喜欢哪一个称呼?"

朱九儿转过头，一张俏脸有一瞬间的怔忡，但很快便礼貌地微笑起来，"又见面了，学姐，可是我怎么不明白你在说什么？"

雪莹也没有动，站在原地好整以暇地看着朱九儿，不紧不慢说道："不明白没关系，只是不知道小学妹你为什么会在这里？这里好像不是通往图书室或者教室的路。还是，你更喜欢没事在学校里逛逛？如果我没记错的话，我们已经碰巧在学校里见到过好几次了。"雪莹说这话的时候，特意加强了"碰巧"两个字的语气。

朱九儿闻言轻轻一笑，仍是一派乖巧的模样。"这学校说小不小，但同样是这里的学生，会偶尔碰面也不是什么奇怪的事情吧？"

"偶尔见面确实不奇怪。"雪莹顿了顿，一双蓝眸紧紧凝视着朱九儿，缓缓说道，"不过，要是你每次的出现都不是碰巧，就值得玩味了。"

"如果学姐特地来找我猜谜，很抱歉我没有那么多时间，我还要去图书馆，就不奉陪了。"朱九儿说着，准备绕过雪莹离开。雪莹身形微微一动，眨眼间便挡在了她的身前，"猜谜你没有兴趣，那么来说说，最近学校里一系列传得沸沸扬扬的新闻，我有些想法，也许你会有兴趣。"

朱九儿停住脚步，挑眉看着雪莹，平静地开口道："不妨说来听听。"

"那我们从哪儿说起好呢？"雪莹侧目看着朱九儿，从她冷静的脸上看不出任何端倪，让雪莹不禁为她能如此镇定心生感慨。聪明、冷静、自信，只可惜用错了地方。"不如就从我们的几次相遇开始说吧。"

朱九儿手一摊，"随便。"

"上次在综合楼门口我撞到你的时候，你说忘了曾见过我，我猜想，你根本没忘。那天我和子晴坐在草坪上谈起'天眼'的事情，而你出现在那里，其实这并非像你当时说的在看书，而是在等着验收自己的成果。不久，就发生了张妍妍自杀的事情。"

朱九儿嘴边仍挂着一成不变的微笑，不置可否地说道："继续。"

"而你之所以第二次说不记得我,我想有两点原因,第一,你听到过我和子晴议论'天眼',知道我在追查此事,为了省去不必要的麻烦,所以干脆装作不认识,因为你本身就是'天眼'。而这第二点——"雪莹说到这里顿了顿,又看了朱九儿一眼,才继续说下去,"你那天约了何月,但她没来,你为了掩饰自己的行为,一心只想匆匆离开,不愿意和我多说,所以就当作初次见面打了个招呼,就走开了。"

"哦?就算我当时出现在那里,听到了学姐们的话,那又怎么样?就能证明我就是你们口中的'天眼'吗?按照你们那天所说,学校最近出事的人,曾经和这个'天眼'接触过,关于这方面的传闻,最近学校里也都在传,我多少也听说了一点,说是发生的这一系列事情,都是有人在背后操纵的,但和我有什么关系?学姐你为什么认定那个人是我呢?"

"因为你太自负了,虽然在很多事情上都想得很周到,却忽略了一些细枝末节的地方。"

"虽然我不是那个'天眼',但还是有兴趣听听学姐你都发现了什么?"朱九儿推推鼻子上的眼镜,饶有兴味地问。

对她的话,雪莹也不以为意,而是微笑着兀自说了下去,"让我们从头回忆下学校的这几起案子吧,首先是刘芸,我第一次听到'天眼',就是从她那里,刘芸这件事上你很聪明,可以说没留下任何痕迹。我只能靠猜想,你应该是发给了她两封邮件,第一封邮件里,你揭露了刘芸的男朋友在外面还有别的女人,刘芸平时就是个有些任性,做事冲动的人,她收到邮件,自然立刻找那个男人理论,将矛盾直接搬上了台面。你应该是从遍布在校园里的摄像机看到了他们的争吵,很满意自己的成果,并且进一步激起了你进行下一步的兴趣,你应该是有意跟踪了刘芸的男朋友,拍摄了他带着另一个女生去医院打胎的证据,然后通过第二封邮件发给了刘芸,等待着她的反应,而本来已经得到了男朋友保证的刘芸,得知他背叛了自己的信任,当时就失去了理智,冲动下杀了那个男人。"

"很精彩的故事。"朱九儿偏头看着雪莹,镜片后的黑眸晶亮,"我发现学姐很有讲故事的天赋,我很期待后面的故事能更精彩呢!"

雪莹回望着她,在朱九儿那无邪的面具下,似乎有一抹挑衅一闪即逝。

[十]

"如果你只是做这一次就此收手,也许的确神不知鬼不觉,但你似乎玩得正上瘾,必然会意犹未尽,所以你又着手策划了邵宇文和张妍妍的案子。邵宇文其实并不是冲动的人,但你知道他最近事事不顺,可以说几乎已经陷入了困境,而这一切,都是因为那些并不属实的谣言,你用邮件激起了他的这层愤恨,将一切矛头指向了有关他的这些留言的制造者,导致了他的报复行为。"

"可笑,他要怎么做是他自己的事,被学姐你这么一说,我都觉得自己好像真的有这么厉害,能够随意的控制人的行为。"朱九儿笑道。

雪莹湛蓝的眼眸中闪过一道微光,"你控制的不是人的行为,而是人心。不得不说,你真的很厉害,懂得如何最巧妙的抓住每个人心里的黑洞,然后隐匿在幕后看戏。张妍妍更不用说,她作为学校里的风云人物,心里却掩藏着一个永远不能说出口的秘密,就好像是她辉煌中一抹难以抹杀的瑕疵,已经压抑了一年,让她心里早就惶恐不安濒临极限,自然没办法接受自己当年的事情被揭发出来,导致她名誉扫地,被大家鄙视。所以在接到你的邮件之后,她选择以自杀的方式结束这一切,寻求了一种解脱。"

"从始至终,你好像都一口咬定是我发的邮件,原因呢?"

"你的失误之处,就是你太过自负,毫不屑于掩饰自己。这几起案子,都发生在学校中,我想那幕后的人,必定在学校里。当然,这世上并不存在什么所谓的'天眼',那隐匿于背后的眼睛,一定是通过什么方法在看着这一切,所以我和警察搜索了整个学校,找到了你安装的那些摄像机,这想必你也清楚。起初我只是猜测,如果'天

眼'的目标是在学校里，那普通人绝对没有挑战力，瞄准的首先应该是张妍妍那种，学校里的风云人物，所以我们连夜察看了摄像机里的所有录像，最为学校里名人的你，却几乎从没有出现在录像里，即使有，也仅是匆匆一闪。"

雪莹停了下来，观察着朱九儿的反应，但朱九儿仍然只是淡定的笑，那隐藏在镜片之后的灵动眼眸，平静得看不出任何波动。朱九儿反问道："那又能说明什么？"

"摄像机分布广泛，如果是正常走动，不可能完全不经过，除非——"

"你是想说，除非知道那些摄像机的所在，特地避开吧。"朱九儿替她接下去说着，"就凭这个怀疑我？未免说不过去。"

雪莹微微一笑，"你很聪明，不过这只是初衷，让我怀疑你的，并不仅仅如此。在发生案子的几个地方，有一处没发现摄像机，那就是张妍妍自杀的练琴房，理由很简单，练琴房在专业区那边，如果普通学生进去，自然会很引人注目，所以你不能去装摄像机。也就是说，那里没有你的那双眼睛。我第一次遇上你的那天，就是在后院的草坪，从那里可以看到张妍妍自杀现场的那间琴房窗户，就连里面的琴声都能听到，你因为无法通过摄像机察看，所以才亲自跑去探查结果的。"

"学校里是公共的地方，难道不能自由走动？"朱九儿摇摇头，用手掩住嘴打了个哈欠，一脸的满不在乎。

"可是你错就错在玩心太重了，在警察的层层调查之下还不愿意收手，还要反其道而行，再做成一桩给警察看，而且，偏偏找上了我，我想，应该是和那天你听到了我说想要会会'天眼'有关吧。"雪莹看着朱九儿，唇角勾勒起一丝弧度，"依我看，这是你选的最不恰当的一桩，首先，你就不应该挑上我，其次，还遇上了何月那种不配合的人。"

朱九儿眨眨眼，"何月是谁？我好像不认识。"

雪莹伸出食指在她眼前摇了摇，"你不承认没关系。你一共给我发过两次邮件，和发给前几次案子的人一样，没有发件地址，只署名了'天眼'。从何月的反应来判断,一开始,你应该只是发了邮件给我,说何月在背后如何中伤我,想要激起我的愤怒。我想,你最近发的邮件应该不止给我这一封,但因为警察的警告和阻挠,大部分的邮件石沉大海了,你没想到在这个时候我却给你回了信,说如果不是亲眼看见,我是不会相信的。我的回信让你似乎又看到了一线成功的曙光,于是你给何月发了一封邮件,胁迫她出来和你见面,我估计你的本意是引导她承认说过我的坏话,然后录下来发给我,却没想到那天何月并没有来。"

"这些都是何月说的?"朱九儿反问。

"我想你也应该猜到,何月因为警察的警告,最近都没有去看邮箱,自然也就没看到你发给她的邮件,但是我却看到了,所以那天才等在你,然后在综合楼门口撞到了你,其实,你也是特意等在那里的。不过你很聪明,即使何月当天出现了,你也可以随便找个理由,比如说是谁联系你来找她之类,甚至可以跟何月说,自己也是被胁迫去让何月做事的。何月没出现,你更可以装作自己只是路过。但你遇上的却是我,正是这第二次的见面,让我把所有事情联系在了一起。"

雪莹看向朱九儿的目光里,闪动着灼灼的光芒,更像是带着一种笃定。朱九儿仍然无畏地回视着她,只是脸上的笑意,看上去淡了很多。

[十一]

"的确,和同龄人相比,你太聪明、太沉稳了,所以我为了逼你出来,才故意又回了一封邮件,说你是骗子,没有证据也敢到处乱说。"雪莹顿了顿,她看看摘下了眼镜,拿在手中把玩着的朱九儿,朱九儿沉默中那平静的面具似乎微微裂开了一道不易察觉的痕,雪莹轻轻一笑,继续说道,"正因为聪明,导致了你的自负,已经走到这个地步,你不甘心就这样罢手,所以你孤注一掷,打了电话给何月,要挟她说自己手里有她背后传人是非的录像,让她今天来这里和你见面。"

朱九儿听到这里,手中的动作停了下来,她偏头看向雪莹,轻轻问:"按照学姐你这么说,我应该拿着所谓的录像了?"

雪莹摇摇头,"根本没有什么录像,那只是你用来吓唬何月的筹码,否则你也用不着费这么大的力气,冒着风险,三番两次约她出来,早就直接发给我,用来挑起事端了。"

"故事可是说完了?"朱九儿凝视着雪莹,"那现在容我也来猜测下,学姐你既然然定我是'天眼'必然也作了万全的准备吧,可能在来之前见过了你口中的那个叫做何月的人,从她那里听来了这些事,所以你就代替她来了这里。可学姐你说了这么多,我能不能问一句,办案是要讲求证据的,你又用什么来说明,你刚才那长篇大论的猜测是正确的呢?"

听到她这样问,雪莹心中不免有些不甘,但她没有证据却是事实。她仍然微笑道:"都说了,只是猜测而已,至于是真是假,你自己心里有数。"

朱九儿忽然牵动嘴角,轻笑出声,从雪莹的话中,她似乎是听到了让自己满意的答案。她重新将眼镜戴了回去,隔着镜片打量着雪莹,"那么恐怕就只能算是个精彩的故事了。"

"我只想问一句,你为什么要这么做呢?"

"这世上本来就没什么可以信任的人,什么警察,不过是一群笨蛋罢了,耍耍他们,给他们找点事做也没什么大惊小怪的,你比那些警察还是聪明多了。"

"你这算是认罪吗?"

"我根本没犯罪,有什么可认的?"朱九儿反问道,"想套我的话录了去做证据?恐怕这条路行不通,从头到尾,一直都是学姐你在说,我可什么都没有承认过。"

雪莹微微一叹,悄悄把口袋里的录音笔按下了停止键。眼前这女孩的确是太过聪明,虽然自己本来也没抱太大希望,但被朱九儿看穿,却是在她意料之外的。

"还是那句话,如果学姐没什么别的事,我很忙,先走了,不过我会记住雪莹学姐你的,你是个聪明人,希望以后我们还能有打交道的机会,我很期待。"朱九儿说完,迈开步子向教学楼走去。

"等等,我再问最后一个问题。"雪莹叫住她。朱九儿停下了脚步,转头望着雪莹,粲然一笑道:"说说看?"

"也许在你眼中,大部分人都是愚钝无知的,但你为什么偏偏选中了戏弄警察?"

朱九儿撇撇嘴,笑着答道:"不过是个游戏罢了,我前一阵子收到一封邮件,说要和我打个赌,陪那些警察玩一玩,我觉得很有意思,就接受了。"

雪莹皱起眉,心中有种预感,让她的心渐渐沉了下去。"什么样的邮件?"

"没有地址,我查了 IP,但也只知道是从美国发来的,署名是——"

"M。"雪莹替她说了下去。

朱九儿脸上闪过一丝惊讶,"学姐你真是能掐会算啊,连这都能猜到。"她耸耸肩,"不过这都无所谓了,我也玩得很高兴就是了,你放心,这件事我已经没兴趣了,以后都不会再做了。"说完,继续转身离开了。

又是 M,雪莹握紧拳,他还要制造多少事情出来?早晚有一天,自己会亲手把 M 给抓出来的!

"也就是说,这件案子只能就这样结束了?"此刻,莫警官和雪莹对坐在侦探社那些破旧的沙发上,麦嘉玮和罗逸凡则坐在两侧。

雪莹点点头,"恐怕是这样。"

莫警官一声叹息,"毕竟没有确凿的证据,能查到这种地步已经不错了。"

"我们就不能继续追查下去吗?"麦嘉玮皱着眉,脸上带着些许的不甘心。他的这种心情雪莹也可以理解,"天眼"虽然没有杀人,却间接地

夺去了两条生命，不能亲手抓住罪犯，总是让人心里留了几分遗憾。

"她已经说了以后不会再做，我们失了先机，没有机会了。"罗逸凡沉沉说道。

"雪莹。"莫警官有些迟疑地开口，他看向雪莹，"这次，有他的消息吗？"看雪莹点点头，莫警官若有所思道："果然又是他。"

"你们在说谁？"麦嘉玮和罗逸凡都是一脸疑惑。

"M。"雪莹蓝眸中闪过一丝怒意。罗逸凡仍是不解地看着雪莹，麦嘉玮虽然曾经听过这个名字，但也是只知其一不知其二，一头雾水。

"他是什么人？"罗逸凡追问道。

莫警官没有回答，只是询问地望向雪莹。雪莹微微一笑，将脸颊边一缕黑发别到耳后，才开口道："直接导致我父亲失踪的人。"她说得轻描淡写，但却让麦嘉玮和罗逸凡都是一惊，怎么也没想到，看上去总是如此活泼的雪莹，却也隐藏着不为人知的心事。

"至于事情的原委——"雪莹轻轻一顿，笑道，"这可是个很长的故事，改天有机会再讲给你们听。"

"也好，不管怎么说，这次能查清楚全靠了雪莹，这样吧，不知道我今晚能不能有这个荣幸请你吃顿饭？"罗逸凡上前走到雪莹身边，勾起一个诱人的笑容。他的举动完全出乎意料，雪莹微微一怔，一时看着他不知道该要怎么反应。见她有些犹豫，罗逸凡继续说道："就当作是给我个学习交流的机会吧，怎么样？我很欣赏你的思维缜密，也愿意和你分享我在美国的时候，遇到的一些奇特的案子。"

雪莹被他说得有些动摇，也想去听听看更多的案子，来开阔自己的眼界。她不由得望向麦嘉玮，却见麦嘉玮瞪她一眼，然后便有些愤愤地别过头去，闪开了她的目光。

雪莹嘴角勾起一个别有深意的笑，然后缓缓说道："好啊，我很荣幸。"

莫警官不说话，只是在一旁含笑看着眼前的一切，他看向窗外，夜幕已微微低垂，在室内洒落的，似乎又是一种别样的心事。

第五章

眼之祭礼

[一]

一辆长途汽车缓缓驶进站内，车门打开，上面的乘客纷纷走了下来。最后出现在车门口的，是一个身穿牛仔外套的少女。那外衣她穿起来有些太过宽大，在身上斜斜地挂着。蓝色的牛仔布上面，隐约可见一些黑色的污迹，衬得少女的脸更加稚气，也不过不到二十岁的年纪。她走到最后一层台阶，干脆双脚离地，轻轻跳了下来，随着她的动作，及肩的黑发也划出一个跃动的弧线。她似乎很满意这样的举动，偏着头微微一笑，然后随着人群向出站口走去。在一群提着大包小包行李的人中，空着双手的少女显得格外另类。

少女站在长途车站的大门口左顾右盼，眼中带着几分迷茫和陌生，她仔细分辨着大家行走的方向，却转身逆着人群，向车站后人烟稀少的小巷走去。不知走了多久，穿过一条又一条巷子，似乎越走越暗，也终于四周不见了任何人影，只有少女一人的脚步声敲打在有些湿滑的路面上。两旁房子的墙壁黑沉沉地压下来，幽暗且夹带着一股森冷的气息。但她却似乎越走越兴奋，嘴角微微上扬，勾勒起一丝微笑。

忽然，巷子旁发出一道"叮咚"的响声，铁皮相碰的声音回荡在空旷的小巷里，很是沉闷，却突兀得让人心惊。少女没有任何反应，只是斜眼淡淡地扫了一下声音的来源,一只毛色已经脏得发灰的流浪猫,缓缓从一旁的垃圾桶后走了出来。那只猫横穿过巷子,在经过少女面前时,慵懒地抬眼看了她一眼。少女眼中光芒一闪,向那只猫迈进了一步,唇边的笑意更深了,却在此情此景之下,丝丝透出诡异与阴冷来。也许是天生的敏锐感受到了危险的气息,那只猫"喵呜"一声惊叫,一下子蹿得不见了踪影。

少女伸出去的手抓了个空,也并不以为意,她环视了一下四周,来到垃圾桶前停住脚步。她凝望了一会儿微微散发着异味的垃圾桶,露出愉悦的笑容,这才解开身上的牛仔外套脱下来放在一边。借着隐约的微光,可以看到她身上穿着一件很普通的薄毛衣,但仔细看去,那白毛衣上殷红的血迹触目惊心,染红了胸前的一大片。少女脱下毛衣,只着里面的衬衫,然后又捡起地上的外套穿好。

她看了看手中的毛衣,漫不经心地一松手,毛衣就落进了垃圾桶里。她又摸了摸外套的口袋,掏出一个打火机和几团纸,点燃,扔进垃圾桶,一气呵成。劣质的纤维使得毛衣很快就燃烧起来,发出刺鼻而难闻的味道。少女看着眼前泛着火光的垃圾桶,好像异常兴奋,竟"呵呵"地笑出声来。

又看了一会儿,她才慢慢转过身,向有光亮的小巷口走去。

一个月后。

夜晚的俱乐部里,灯光闪动,音乐震天,席卷着夜晚的狂热。随处可见随着音乐的节奏,扭动身体的人们。雪莹秀气的眉微微拧着,略带不满地看着身边的人。

"雪莹,这里可是太吵了。"子晴努力地穿过人群挤了过来,放下捂住耳朵的手,提高声音嚷道。

雪莹忍不住又白了身边的男人一眼,"我说'大师兄',你说好玩的地方就是这里?"

"是啊,这家俱乐部不错,我很喜欢。""大师兄"随着快节奏的狂热音乐，开始不住地点着头，渐渐连腰也开始摆起来，一副蠢蠢欲动的样子，但碍于两个小师妹在旁边，他又不能完全投入到舞池里去，这让他不禁有些后悔今天答应带她们来。"师妹你们不喜欢？是你们自己要跟来的好不好？""大师兄"说得有些无辜。

"是你说有个很有意思的地方，自己经常去玩，我们才想要跟来看看的。"子晴辩驳道。今天在道场，练习间隙休息的时候，"大师兄"兴致盎然地说自己发现一间很好的店，最近经常去玩，她出于好奇，想要跟来看看，才拉上雪莹练习完，软硬兼施的从道场和大师兄直接来到这里。

"别急，现在还只是自由活动时间，最近这里新添了表演的项目，所以吸引了很多客人。""大师兄"提起来，就好像语带期待。

雪莹丢给他一个无聊的眼神，"我要先回去了。"说完，已经向门口走去。

"喂，雪莹，等等我，我也一起走。"子晴见状连忙追了上去。

还没走到门口，雪莹的手机就响了起来。她拿出手机接起来，"喂"了几声之后终于放弃，快步推开门走了出去，耳边立刻清静下来，她这才重新又把手机贴回耳朵上，"喂？哪位？"

"你在哪儿？怎么这么吵？"电话另一端传出麦嘉玮的声音。

雪莹回头又看了眼刚才走出来的俱乐部，对里面的噪音还有些心有余悸。她刻意淡然回答道："和朋友在外面。"顿了顿，才又问道，"你不会这么无聊，特地打电话来临检的吧？再说，你好像也无权过问我的行踪。"

"我——"麦嘉玮一急，干脆直接说道，"是莫警官让我打电话给你的，这里发生了命案，他觉得有必要让你来看看现场。"

"好，说地点。"

麦嘉玮简单介绍清楚案发地点，继续问："你大概要多长时间到？需要我开车去接你吗？"

雪莹手拿着电话，仔细又看看俱乐部的门牌，语带笑意回答："我

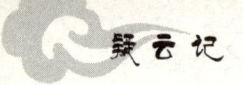

想不用了,我大概十分钟之内就能走到你说的地方。"雪莹又抬手看看表,晚上九点整,"和莫叔说一下,我马上就到。"

[二]

当雪莹告别了子晴,赶到现场的时候,警员们正忙做一团,麦嘉玮第一个看到雪莹,快步迎了上来,"你飞过来的?这么快就到了。"

"接到电话的时候,我就在后面那条街上。"雪莹指指身后,然后走上前,"什么情况?"

麦嘉玮摇摇头,"凶杀案,凶手手段残忍,和上次沈海心的案子有一拼。"

雪莹走到正在查看现场的莫警官身边,终于知道了麦嘉玮这句话中的意思。幽黄的路灯下,一个女孩倚靠着墙壁半坐着,穿着整齐,连头发都算不上凌乱,可以看出死之前并没有太过激烈的搏斗。一把刀深深没入她的胸前,血淋淋流出,染红了胸前的衣服。但引人侧目的并不是这些,路灯昏黄的光线投射在那女孩原本应该是秀气的脸上,整张脸竟然痛苦地扭曲着,有对死亡的恐惧,更有着一丝莫名的绝望。而这一切的来源,就在本来应该是眼睛位置的两个血洞,鲜血几乎流了满脸,像一张染了血的面具。

"凶手挖掉了死者的眼睛。"雪莹缓缓说道。

"没错,而且我们怀疑凶手做这件事情,还是在死者仍有意识的时候。"莫警官指着死者的伤口处,"你看,这样的伤口,并不足以一刀致命。"

雪莹赞同地点点头:"也就是说,凶手是先刺伤了被害者,然后在她濒临死亡,但一息尚存的时候,挖下她的眼睛带走。可是,凶手为什么要这样做呢?"

"我听说过,电视里不是有那样的么,说是死者的眼中会投射下最后看到的影像,会不会是凶手怕自己的样子留在凶手眼睛里,所以才这么做?"麦嘉玮用笔敲着手中的笔记本,经过了上次沈海心的案子,再看到这样血腥的现场,他似乎也适应了很多。

"在没有详细调查之前,很多事都无法定论,我们只能猜测而已。"莫警官说道,并且转向一旁的警员,"今天逸凡去办别的案子没来,多拍一点现场的照片回去给他看看。"

"那好,我立刻去想办法确认死者的身份。"麦嘉玮点头说道。

他刚移动脚步,只听见"咚"的一声,大家循声看去,被他踢倒的垃圾箱躺在他的脚旁,里面的垃圾散落了一地,而麦嘉玮则站在原地笑得有些尴尬。雪莹的目光无奈地扫过地上的垃圾,"你小心一点好不好?吓人啊。"

麦嘉玮不好意思地摸摸自己的乱发,喃喃说道:"没办法,路灯太暗了。"

"算了,你还是先去调查比较重要,这里让其他人收拾一下就好。"莫警官开口道,他又看了看腕上的表,转向雪莹,"时间太晚了,让嘉玮顺便送你回去。"

知道莫警官是担心自己,雪莹也没有再推托。"好,有什么发现保持联系。"

第二天还没到傍晚,麦嘉玮就风尘仆仆地敲开了侦探社的门。他的眼角带着几分疲惫,可以看出昨晚发生了案子以后,都没有好好休息过。雪莹闪身让他走进来,递给坐在沙发上的他一瓶水,自己也坐了下来。

"有消息?"

"算是有。"麦嘉玮拿档案袋里的资料,解释着,"死者的身份已经确认了,陈芊芊,20岁,单亲家庭,父母离异之后爸爸出了国,妈妈一个人带着她,但对她平时的生活关注得很少。陈芊芊没有工作,经常晚上外出玩,母亲也不知道她经常去哪儿。"说着,麦嘉玮指着最上面一张纸,"这就是从她家里拿来的,陈芊芊的照片。"

雪莹拿起来,仔细端详着上面巧笑嫣然、和自己年纪差不多的少

女，心情不免复杂起来，她略带感慨道："很漂亮的一双眼睛。"

"是啊，只可惜——"麦嘉玮也是轻轻一叹，但随即目光中又闪动出光芒来，"但也不能说完全没有线索。"

雪莹蓝眸中也燃起了兴趣，微微探身向前，"怎么说？"

麦嘉玮在一堆资料里翻找着，抽出其中一张纸来："昨天回去尸检的时候，验尸官在尸体手背的位置发现了一个图案，现在还不明白是什么意思。"雪莹定睛望去，白纸上画着一个黑色喷墨的图案，外面一个周正的圆，圆圈里面依次套着两个大小不同的三角形。雪莹微微皱起眉，似乎陷入了思考。

"这图案是用荧光粉弄上去的，所以昨天在现场没发现，验尸的时候用紫外线才看到，不知道是不是什么标志，或者有更深的含义？"麦嘉玮若有所思道。

"我想——"雪莹缓缓开口，"我见过这个标志。"

"什么？"麦嘉玮吃惊地看着雪莹，好像还在消化着突如其来的进展。

雪莹顿了顿，看向自己的手背，"昨晚去了一间俱乐部，就在命案现场后面的一条街，这个图案，就是那间俱乐部付了钱进门的标志，可惜我昨天洗掉了，不然就能比较一下。"

"俱乐部？"麦嘉玮扫了雪莹一眼，神情有些复杂，"怪不得昨晚你会在那个时间出现在附近。"

"嗯，被朋友拉去的。"雪莹说得轻描淡写，但却在不知不觉间解释着，"别管这个了，我看那俱乐部开门的时间应该也差不多了，要不要去确认看看？"

"也好，我们先去探一下路，确定了再通知莫警官。"

雪莹站起身，向麦嘉玮露出一抹盈盈的笑意，"变聪明了嘛，小麦同志。"

"那还等什么，快走吧。"麦嘉玮也站起身，"你来带路。"寻找线索心切的他，似乎丝毫没有发现，雪莹对他称呼的改变。

第五章 眼之祭礼

[三]

"虹"俱乐部的门口,完全不同于仅有一街之隔的案发现场那种幽暗,才过八点,已经灯光闪烁,招牌的霓虹灯发出的七彩光芒,照亮了整个街道,映衬得恍如白昼一般。麦嘉玮站在俱乐部门口,看着从四面八方越来越多涌来的人,不禁有些惊讶地张大嘴。

"现在晚上有时间在外面游荡的人这么多吗?怪不得治安越来越差。"

"这很正常好不好?你晚上从来不出来玩?"雪莹看了他一眼,虽然相比这样的喧闹,自己也宁愿待在家里看书。

麦嘉玮双手一摊,一副很无辜的样子,"拜托,每天在警局四处奔波查案都累得要死要活的,回家就巴不得睡死在床上,哪还有精神到处闲晃?"

两个人说着,已经走到俱乐部门口。看门的人面无表情地收下麦嘉玮递上来的入场费,拿起荧光的印章,在麦嘉玮和雪莹的手背上各盖上一个标记,便挥手示意他们赶紧进去。

一走进俱乐部,麦嘉玮立刻抬起手,仔细看着,但不论他怎么努力,也只能隐隐看到盖过章的地方,银白色的光芒闪动,却无法清晰地看到上面的图案。雪莹看着他的举动,忍不住打趣道:"再看眼睛就要掉出来了。"

麦嘉玮不甘心地撇撇嘴,环视四周,叹道:"没想到这里生意这么好。"

雪莹点点头,"我昨天第一次来的时候也吓了一跳。"

"雪莹?"一道透过喧嚣的音乐声音从他们身后传来,两个人回过头,只见"大师兄"正努力穿过人群,走到他们面前。他来回看看麦嘉玮和雪莹,笑道,"约会?"

"呃——"麦嘉玮一时不知道该要怎么回答,虽然不是约会,但又不能直接说来查案。

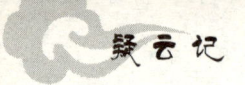

"是啊，来约会，不行吗？"在麦嘉玮还犹豫的时候，雪莹已经回答了下来，她反看向"大师兄"，"难道你孤家寡人嫉妒我们？"

"大师兄"摸摸鼻子，讪笑道："行了，就别取笑我了。昨晚你们没看到演出就走了，好可惜，这里的表演相当好哦，今天你们一定要看看。"他看看表，继续说道："演出9点开始，在这之前你们先好好玩一下，我就不在这里当电灯泡了。"

趁着表演还没开始，雪莹和麦嘉玮此处查看了一下，却也都没发现什么特别之处。

9点整的时候，俱乐部内的灯光忽然一暗，一束灯光投射在位于最前端的舞台上。屋内原本喧闹有力的音乐忽然停了下来，几秒之后，响起轻柔缓慢的乐曲，带着丝丝妖娆的暧昧，缠绕心头。大家都不由得停下动作，齐齐站定看着舞台，俱乐部内顿时安静下来。随着舞台上一阵烟雾升腾，几个窈窕的人影在其中若隐若现。

烟雾渐渐散去，几个身着黑色紧身皮衣的女子，每人倚靠着身前的钢管，身体柔软地扭动，摩挲着闪动着银光的钢管，脸上充满柔媚的挑逗。忽然间，音乐一转，有力的节奏响起，紧密的音乐每声似乎都敲打着人们的神经。灯光也随着闪烁起来，几个女郎口中溢出一声暧昧的呻吟，甩动长发一个转身，狂热地舞动起来。而这时俱乐部内的气氛也因为这热辣的舞蹈，升至极点。

"没想到是这样的表演。"角落里，雪莹一双蓝色的眼眸凝视着舞台，略带感慨说道。

"呃——这种表演现在很流行吗？"麦嘉玮望着舞台的目光似乎有些紧张，不知道是不是并不习惯看到这种场面的原因。

雪莹转头看了他一眼，唇畔扬起一抹饶有兴味的笑意，"你可别告诉我，你连钢管舞都不知道，听说也是这间俱乐部最近才添加的表演项目，不过是店里吸引客人的噱头罢了。"

"怪不得这间店这么多人。"麦嘉玮点点头。

"欣赏够了吗？"雪莹侧目又看了麦嘉玮一眼，笑着说道，"要是看够了,我们是不是该回去想办法确认下这个标志?"雪莹说完,扬了扬自己的手。

"去警局吧。"麦嘉玮说完,转头看了看场地中正兴致高昂的舞动的人墙,皱起眉略想了一下,一咬牙拉起雪莹的手,迈开大步向俱乐部门口走去。

雪莹有些意外的一愣,眼睛盯着被麦嘉玮拉住的手,任他拽着自己走向门外。温热的触感从他的大手传递过来,在雪莹的心底投下一丝涟漪,让她的心跳些许地紊乱起来。

"看来没错。"麦嘉玮举着手中的紫外线灯,这次手背上的标志在灯光的照射下,可以清晰地看到,"和陈芊芊手上看到的一样。"雪莹凝视着麦嘉玮的手,沉默不语。麦嘉玮有些疑惑,"怎么?有什么不对劲吗?还是你发现了新线索?"

"嗯?你刚才说什么?"雪莹这才回过神,转向麦嘉玮。

麦嘉玮奇怪地伸手在雪莹前额探了探,"你没事吧?中邪了?"

雪莹没好气地打掉他的手,也许他说得没错,自己真的是中邪了,才会让他那一牵手,心里竟有些紧张起来。她白了麦嘉玮一眼,"中邪了告诉你有用吗?你会收惊不成?"

"我——"

"行了,别说这些了,还是继续说案子。"雪莹飞快地把话题又引回了案情,"陈芊芊手上有这个标志,说明她当晚去过那间俱乐部,但根据死亡时间来看,她应该是在那晚的表演开始前就离开了。"

"这好像有点奇怪,现在很多人去那里,大都是为了看表演,没道理花了钱之后,没等到表演开始就离开了。"

"说得没错。"雪莹难得赞同麦嘉玮道,"而且调查报告上说,陈芊芊喜欢晚上在外面玩,那在9点以前就离开,是不是有些太早了?"

麦嘉玮点点头,沉思道:"也就是说,她是因为某种原因才离开俱

乐部的，那到底是什么呢？"

"目前还不好说，看来只能去那家俱乐部询问看看。"雪莹也陷入了思索。陈芊芊当晚到底遇到了谁？发生了什么事？在她的验尸报告上，没有发现别的伤痕，那也就是说，她的离开是自愿的，那原因是什么？

"好，那我先给莫警官打电话汇报一下。"

"OK，今天就先这样，帮我和莫叔说一下，哪天去俱乐部调查也叫上我。"

[四]

第二天傍晚，莫警官带着几个警员便来到了"虹"俱乐部调查，雪莹也跟随着一起。雪莹看看表，不到8点，俱乐部还没有开始营业，只有清洁工和几个服务生在做着营业前的准备工作。

"虹"俱乐部的负责人是个叫做郑奇的中年男人，脸上总挂着职业的笑容，但却让人感觉圆滑世故。雪莹不以为意地斜看他一眼，从这个男人身上，恐怕得不到什么有用的线索，通常这样的人，为了保全自己的利益，即便是知道什么，也不是三缄其口，就是敷衍过去。

莫警官拿出陈芊芊的照片，问道："你见过这个女人吗？"

郑奇的眼睛扫过照片，摇了摇头，"没印象。"

"那你又认不认识这个图案？"莫警官又拿出画着"虹"俱乐部进门印记的纸。

郑奇眼中终于闪过一道微光，笑道："这不是我们这里的进门图章吗？"

"这个女人前天晚上被人杀死在附近的巷子里。"莫警官径直说道，"并且手背上查出你们俱乐部进门的荧光图章。"

郑奇消瘦的脸上笑意更深了，"我说警官，我们这里是开放营业的公共场所，每天来往的客人那么多，尤其是最近生意一直都好得不得了，怎么可能记得每一个客人呢？我要是特意说对她一个人有印象，那才叫奇怪是不？"

莫警官冷漠地看了他一眼，换了个话题又问道："听说你们这里生意忽然变得很好，是因为增加了新的表演？"

"您放心，我们这里的表演绝对是健康正常的。"

继续问了郑奇几个问题后，莫警官见也问不出更多的有用事情，就又叫麦嘉玮找来了服务生和清洁员，挨个做了相关询问，但得到的回答也都是没见过陈芊芊。莫警官转向郑奇问道："这里就是你们俱乐部当晚的全部工作人员了吗？"

"是了，您也看到了，我这里店小，哪有那么多人？"郑奇仍是赔笑道。

"那前晚的客人名单有没有。"

郑奇搓了搓手，"我们这种经营的地方，客人交了钱就可以进，哪还会记录什么名单？"

莫警官盯着郑奇的脸良久，他想就是有名单，秉持着多一事不如少一事的原则，郑奇也不会拿给他们看，更何况他也相信，这种地方确实如郑奇本人所说，不会一一记录客人的名字，再说即使记录，来往的人也未必留下真名，想必也无法查询。

"郑老板你似乎还忘了人。"一直站在一旁听着的雪莹忽然开口。见几个人都望向她，她偏过头指指舞台，若有所指地说道："台上的那些人舞跳得真不错。"

她的话仿佛提醒了莫警官，他追问道："那些舞女，现在人在哪里？"

郑奇一直维持在脸上的笑有些尴尬，他诺诺道："警官，那些舞女都不是本地人，招来也就还不到一个月，这事情应该和她们没关系吧？再说，一会儿她们还要表演，现在接受问话——"

"你是不是要妨碍警方的调查工作？"莫警官打断郑奇的话，瞪了他一眼，想必后面的话，才是他真正的理由，"现在到底是抓凶手重要还是你的表演重要？难道一条人命还比不上你今晚的收入？"

"当然不是,当然不是。"郑奇立刻见风使舵地妥协了下来,引着莫警官他们向后面走去,"她们就在后台的休息室里。"

说是休息室,其实只是一间简陋的小屋,狭小的房间内,胡乱摆放着几个化妆台,上面散落着各种各样的劣质化妆品,旁边的衣架上,挂着花花绿绿不同颜色的,或艳丽、或性感的服装,看来是给表演的舞女上台前准备用的地方。

在屋子的正中,有一张圆形的桌子,五个身着大红色薄纱衣,脸上画着艳丽妆容的女人围桌而坐,看着莫警官等几个人。

"从左手开始,分别是柒柒、小小、玲玲、眉眉和凤儿。"郑奇介绍道。雪莹心底暗笑,这些名字,一听就都不是本名,为什么不干脆直接用代号还更省事些。

"把她们轮流带出去问话。"莫警官手一挥,麦嘉玮便上前,叫了凤儿先到外面去接受询问。

留在屋内的几个女孩面面相觑,面对莫警官和沉默着的雪莹,似乎几个人都有些紧张,还带着不知道到底发生了什么事的迷茫。雪莹仔细端详着她们,如果忽略掉那厚厚的妆容,都应该是长得很漂亮的吧?

"呃,警官,我能喝杯水吗?"小小忽然有些怯懦地小声问道。

"当然可以,你们不用这么紧张。"

小小如蒙特赦般拿了杯子站起身,走到饮水机旁刚要往里加水,却被柒柒猛地站起来制止,"你拿我的杯子干什么?"

小小看看自己手中的杯子,俱乐部里面的杯子都是统一的白色瓷杯,但大家根据自己的喜好,在杯子上绘上喜欢的图案,而她现在手里拿着的杯子,确实不是自己的。

"不就是一个杯子嘛,喝口水又有什么关系?"坐在一边的眉眉拿出镜子查看着自己脸上的妆,插话说道。

"我不喜欢别人用我的东西。"柒柒说着快步走到小小身边,飞快从她手里拿走了杯子。小小愣了一下,只得返回桌子旁取自己的水杯。

"切，怪人一个。"眉眉撇撇嘴，略有些不屑地说。

柒柒看了她一眼，忽然露出嘲讽的笑，"别照了，什么样的镜子也不会把你照得更漂亮些了。"

"你——"眉眉闻言立刻愤怒地丢下镜子，拍案而起，和柒柒互相瞪视着，"不过就是个乡下来的罢了，这里嚣张什么？也不看看这是哪儿！"

"好了，别吵了。"玲玲见势赶忙站起身劝架，小小也连忙走了回来。

正在这时，麦嘉玮带着凤儿走了进来，把柒柒叫了出去询问，这才平息了剑拔弩张的局面。没用多久，便完成了对几个女孩的询问。郑奇匆匆忙忙走进来，还紧张地不停看表，"我说警官，问话结束了吗？他们是不是可以上场了？观众们还等着呢。"

莫警官点点头，"今天就先到这里。"

郑奇这才长长地松了一口气，转向五个女孩催促道："还磨蹭什么，还不赶紧给我上场？"

几个人应了一声，鱼贯走出了休息室。

[五]

距离莫警官他们去"虹"俱乐部调查仅两天，案子还没有任何新进展的时候，很快又出现了第二、第三个被害者。凶手使用的手段和第一起案子如出一辙，都是袭击被害人，致使人重伤，在被害人濒临死亡前，挖下他们的眼睛带走。这凶手作案手段残忍，切割手法纯熟，作案时间间隔短，并且在警察的紧密调查下，还敢一再铤而走险，这让警方感到棘手不已。

但是到了第四起案子，似乎又略有了些不同。雪莹看着麦嘉玮早些时候送来的照片，照片里微笑的女孩依然很年轻，但她却有着一双琥珀色的眼睛，但只可惜，那双漂亮的眼睛此刻再也不会灵动地闪烁

了。一想到这里，雪莹不由得握紧了手中的照片。

她慢慢行走在几起案发的现场，现场距离不远，都是步行几分钟就可以到达。几个地点围绕着"虹"俱乐部，呈放射状向四面展开，这让调查的焦点聚在了"虹"的工作人员，但查了几次，都没有什么更多的进展。

雪莹仔细地蹲下身查看着第四起案子的现场，她凝神思索着，这几处现场自己都已经查看过，到底忽略了什么？忽然她皱起眉，侧耳听去，脸上的表情也变得警觉起来。一阵轻微的脚步声由远及近，在她身后站定。

"谁？"雪莹倏地站起身，戒备地对着来人，但在看到身后人的时候，继而笑起来，"你怎么来了？"

罗逸凡耸耸肩，露出迷人的笑容，"你都来查看现场，我为什么不能来？前几天一直在查别的案子，昨天才结束，这起案子昨天听莫警官他们详细说了一下，感觉很有挑战性，今天就申请了来看看现场。"

"那前几处现场已经去看过了？"

罗逸凡点点头，"你有什么看法？"

雪莹微微思索了一下，才开口说道："也许想法还不够成熟，只有简单的几点。首先凶手在这几起案子中，有一个共同的特点，就是挖掉了被害者的眼睛。一开始，也曾经假设过，是因为怕自己的影子被映在里面，才这样做，但看了这第四起案子，我并不这么想。"

"说说看。"

"四个被害人有一个共同特点，不知道你在看照片的时候发现了没有，她们的眼睛都很漂亮，所以我大胆猜想，其实凶手原本要的就不是杀人，而是她们的眼睛，而从第四起案子看来，凶手对眼睛的嗜好似乎已经越来越变态，不满足于同样的黑色眼睛，而开始寻觅不同的颜色，这是个危险的信号。"

罗逸凡点点头，仍是含笑看着雪莹，用眼神鼓励她继续说下去，

"那关于线索呢?"

雪莹拿出画有几处现场的地图,指着上面说道:"关于这一点,我和莫警官的看法一样,几个案发现场都距离这间叫做'虹'的俱乐部很近,不会只是个巧合,可能会和俱乐部里的人员有关,而根据四个被害者都是女性,还有使用刀子的力度分析,凶手很可能是个女人。"雪莹说到这里看向罗逸凡,"但以上也就只是我的猜测,还没有发现其他有利的证据,正好也能听听看你的想法。"

罗逸凡轻轻拍拍雪莹的肩,赞许道:"猜测有时也能发现很多线索。"说完,他在路边蹲了下来,捡起一块石子,仰头向雪莹示意。雪莹也在他身边蹲下,心里有些期待罗逸凡能说出什么自己所没注意到的线索来。

"我以前在美国的时候,完成了犯罪描绘员的课程,并且做过一段时间。"看雪莹面带惊讶地看着自己,罗逸凡不禁又露出微笑,"现在就让我们来整理下这几起案子。作为犯罪描绘员,最为首要的是一个详细的受害者研究,刚才你分析的时候,也注意到了这一点,你提到了受害者都是女性,有一双漂亮的眼睛。"罗逸凡说着,在地上用石子写下"女,眼睛"这两个词。然后继续说道:"我来做个补充,这几个被害者都很年轻,而且都到过'虹'俱乐部,也就是说,平时都是喜欢晚上出来玩的女孩子。"他说完,继续在地上又写下"年轻,爱玩,虹俱乐部","对于被害者的风险评估结果表示,这样的女孩,风险水平明显要比待在家里的女孩要高。"

"也就是说,被害的几率更大些。"雪莹点点头。

"那么你想想看,这样的女孩子,通常对什么感兴趣?"罗逸凡追问。

"玩。"

"那么'虹'这间俱乐部,又是什么吸引了她们?对于她们来说,也都不是住在这附近,为什么要特意跑到这里来?这间俱乐部到底有什么特别之处?"

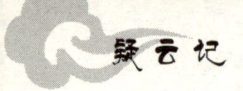

"跳舞。"雪莹蓝眸中闪过一丝欣喜的光芒,"'虹'最近新增加了钢管舞的表演,我听说最近有些时尚有爱玩的女孩子很流行学习钢管舞,她们有没有可能是为了这个去的?"

罗逸凡在地上又写下了"钢管舞"三个字。他顿了顿,继续说了下去,"当受害者的详细资料已经了解了,为了更好地对罪犯进行分类,要做的就是对罪犯进行评估。你和莫警官的怀疑是对的,凶手最可能的,就是'虹'的工作人员,那么,我们不妨根据每起案子的发生时间,用排除法来推断一下。"

"首先排除的应该是俱乐部里的服务生,几个被害者的遇害时间基本都是在 8 点到 8 点半之间,俱乐部 8 点开门,服务生就都已经开始忙碌,我们调查过,中间几个服务生都没有离开过。然后就是一个清洁工,她要在 8 点开门前就到来进行开业前的清扫,直等到凌晨营业结束。本来中间她完全有时间可以溜出去,杀了人再回来,但是第一起案子发生那天,正好有客人打翻了舞台旁的桌子,大家都看到她在清扫,那时候时间是 8:15,所以她有不在场证明。"

"那么俱乐部剩下的女人,还有谁?"罗逸凡问着。

雪莹思索片刻,缓缓答道:"那几个舞女。"罗逸凡点点头,在"钢管舞"后面,又写下"舞女"两个字。

[六]

"其实有些案子看上去很复杂又无头绪,但罪犯的想法也许很简单。"罗逸凡说着,在并排的"钢管舞"和"舞女"这两个词之间,画了个大大的等号。

"确实,如果想学习钢管舞,直接找舞女学习是个捷径,如果凶手以这个作为诱饵,抓住被害人想要学舞的心理,约她们来到'虹',再把她们叫出去在附近杀害,那么几个被害人明明进了俱乐部,却每个都在表演前就自己出来就说得通了。"

"Good。"罗逸凡微微一笑,"所以对于犯罪描绘员来说,要寻找的破案线索,不是找在哪儿弃尸,而应该找被害人和犯人是在什么地方搭上的。"

雪莹向罗逸凡粲然一笑,也不得不佩服他的分析办案能力,他的话就好像一缕阳光穿透阴云,让眼前的一切渐渐清晰了起来。她又拿出一张资料,说道:"那我们就先来分析一下舞女的不在场证明。'虹'一共有五个舞女,以第一起案子为例,案发时间在8点到8点半之间,而俱乐部虽然8点就开门,但开始表演的时间是9点,对舞女并没有具体时间的要求,只要她们8点半左右到店里,上台前准备好就可以,所以她们有足够的时间。"

罗逸凡接过她手里的资料纸看了一眼,接着雪莹的话往下说道:"根据那天的调查记录,小小和玲玲合租房子,所以案发时一起在上班的路上,互相可以证明,而眉眉则是提前来到俱乐部,8点开始就一直坐在吧台前喝酒。而凤儿、柒柒都没有具体的不在场证明。"罗逸凡边说,边在地上又写下这几个人的名字。

"严格来说,有确切不在场证明的就只有眉眉一个人,那天的服务生和很多客人都可以给她证明,小小和玲玲这种互相的证明算不上站得住脚的证据,另外两个人,也有嫌疑。"雪莹说着,也拿起旁边的一块石子,划掉了眉眉的名字,在剩下几个人名旁打了个问号。

"我果然没看错,你是个聪明的女孩子。"罗逸凡说着站起身,微笑着向雪莹伸出手。

雪莹没有一丝犹豫,便把手伸给了他,通过今天的分析,让她不由得对罗逸凡刮目相看,欣赏中还带了些许的佩服,雪莹向她俏皮地眨眨眼,"你也不错嘛,果然警界精英就是不一样。"

罗逸凡向她微眯起左眼,充满诱惑力一笑,同时不忘细心地用脚擦掉地上的图。"其实对于这种连环案来说,每个凶案就能带来一点线索,好像一个拼图,渐渐就能拼凑完整。"

雪莹赞同地点头,"肯定还有我们忽略的地方。"

"不过淑女可不该饿着肚子查案。"罗逸凡蓝色的眼睛中充满狭

促,他指指腕上的表,"不知道我有没有这个荣幸请你共进午餐呢?"

这次雪莹直接爽快地答应了下来,罗逸凡做了个邀请的手势,两人一起向巷子口走去。

小小、柒柒、玲玲、凤儿,雪莹飞快地在纸上写下这几个名字。老师还在前面讲得眉飞色舞,但她的思绪早已经随着案子飘离了。她单手支着头,一双蓝眸凝望向窗外,脑海中飞快地过滤着和这几个嫌疑人接触时的情景。这个案子不禁让她联想到沈海心的那起案子,虽说都是连续杀人,手段残忍,但沈海心有明确的动机,而且几个被害人之间总有个必然的联系。但这次却不是这样,这几个被害人之间,并没有任何联系,如果无法掌握凶手的作案规律,就没办法抓出凶手。

"在想什么?"雪莹的肩忽然被人一拍,她转过头,子晴不知道什么时候已经走了过来。

雪莹这才回过神,发现教室不知道什么时候已经空空荡荡了。"下课了?"

"早下了好不好,老师要听到你这样说要哭了。"子晴吐吐舌头,好奇地看着她桌子上的纸,"这是写的什么?"

"这次的案子。"

"这算是新的探案方法?"

雪莹轻轻一笑,"从罗逸凡那里学来的。"

子晴偏头思考了一下,"罗逸凡?就是你上次说过的美国来的那个?"

雪莹点点头,"他很厉害,如果不是他,这案子我还毫无头绪呢。"

"哦?很难得听你这样夸奖一个人。"子晴露出一抹意味深长的笑,用手肘顶顶雪莹,"怎么,对那个菜鸟没有兴趣了?"

雪莹敲她一记，有些哭笑不得，"胡说什么，我对罗逸凡只是欣赏而已，我欣赏一切有能力的人。"

子晴忽然敛去了笑容，正色望着雪莹，似乎有些欲言又止，她又想了想，才缓缓开口说道："小莹，如果那个罗逸凡真的像你说得那么厉害，你是不是可以请他帮忙？"

雪莹一怔，蓝眸中微光一闪而过，随即笑道："我找他帮什么忙？"

"别回避这个问题，小莹，你知道我在说什么，你这样一个人寻找你爸爸的线索，实在太辛苦了，我虽然很支持你，但却帮不上任何忙，有个厉害能干的帮手，对你来说也会容易很多。"

子晴说得很诚挚，让雪莹的心中微微起了一丝涟漪。父亲的事情只有莫叔、子晴知道，几年来，自己从来没有说给过别人听。她该说出来吗？会对寻找父亲有所帮助吗？

正在思索间，雪莹的手机忽然响了起来。莫警官的声音传了出来，"雪莹，'虹'俱乐部附近又发生了命案。"

雪莹闻言站起身，追问道："还是和前几次一样的吗？"

"从表面上看，只能说差不多。"莫警官顿了顿，又继续说道，"但有一点很明显的不一样，你来看看就知道了。"

"好，我马上就过去。"雪莹说着，向教室外面走去。

"又有案子了？"子晴追出来问。

雪莹点点头，把自己手中的书本交到子晴手上，"东西就拜托你先帮我拿回去了。"

"没问题，你快去吧。"

[七]

在看到尸体的时候，雪莹几乎立刻明白了莫警官所说的不一样，指的是什么。从前四起案子来分析，时间、地点、凶器，以及行凶的方法完全吻合，但唯一不同的是，倚坐在墙边的尸体，在那充满惊恐

的脸上，一双圆睁的眼睛看来竟是无比地引人注目。

"确定是同一个凶手吗？"雪莹查看着尸体问道。

"根据鉴定科的分析，确实是同一个凶手没错。"莫警官摸着下巴回答。

"那就很奇怪了。"麦嘉玮也走过来，"这次凶手为什么没有挖走死者的眼睛呢？"

雪莹凝视着尸体，虽然因为惊恐而有些扭曲，但仍是很漂亮的一双眼睛。如果是同一个凶手所为，这次为什么会留下了眼睛？难道她之前的推测是错的？凶手的目标不是为了美丽的眼睛？忽然，尸体旁一处闪亮的光吸引了她的注意，她缓缓走过去，蹲下身戴上白手套捡了起来。

"这是——"罗逸凡也在她身边蹲了下来，仔细查看着。

"难怪这次凶手没有取走死者的眼睛了。"

罗逸凡也点点头。

"你们在打什么哑谜？"麦嘉玮不解地问道。

"是这样的。"雪莹站起身，"昨天我和罗逸凡查看现场的时候做了分析，认为凶手杀人的目标，并不是为了取人性命，那只是他要达到目标的必然一道工序罢了。而从凶手每次都取走眼睛来看，他下手的都是一些眼睛长得很漂亮的女孩子，我想，他想要的，应该一开始就是美丽的眼睛才对。"

"如果是这样，那这次为什么他没有这么做？"莫警官问道。

"因为这个。"雪莹摊开手给他们看，在她掌中静静躺着一枚隐形眼镜，在阳光的映射下，闪动着一丝碧绿的光芒，"上一起案子的被害人，眼睛是琥珀色的对吧？"

"没错，说是有四分之一混血的原因。"

"所以我猜想，凶手很可能已经对千篇一律的黑色眼睛失去了兴趣，你们看，这是现在很流行的彩色隐形眼镜，这次的被害人戴了这个，所以扰乱了凶手的判断，让凶手误以为她的眼睛是绿色的，但在被害者倒地的时候，隐形眼镜掉了下来，凶手发现了这一点，所以放弃挖掉她的眼睛，就直接离开了。"

"所以这一点反而可以确定，小莹关于凶手作案动机的推论是正确的。"罗逸凡从旁补充道。对于他的称呼，雪莹微微一怔，但却也没有多说什么。倒是一旁的麦嘉玮，似乎一直若有所思，半晌才不确定地说道："如果这样说，倒是让我想起了一件事。"

几个人的目光同时落在他的身上，莫警官问："什么事？"

"前几天我去一队，在他们那里的公告墙上无意看到一张协查通告，好像是从底下的一个镇子传来的，说是在那里发生一起命案，尸体被挖掉了眼睛。我当时想，和这案子有些相似，但因为那个死者是个男人，而且又和这里距离这么远，才没有仔细问。如果按照你们所说，凶手是为了取走眼睛而杀人，那么和这里发生的事会不会有联系？"

"我这就打电话到一队去问问看。"莫警官说完便快步走开了。

雪莹的目光无意中扫过尸体右侧不远的垃圾桶，忽然她眼前闪过一道微光，她走过去，弯身在垃圾桶旁似乎又捡起了什么。她转向麦嘉玮，问道："你有没有带第一次现场的照片？"

"好像有，你要这个干什么？"麦嘉玮走回警车里取出资料袋，翻找起来。

"你还记不记得，你在那个时候不小心打翻了垃圾桶是吧？把那之后的现场照片给我看看。"

麦嘉玮不解地拿出几张照片，雪莹接过来，仔细比对着。罗逸凡和麦嘉玮都疑惑地看着她，但雪莹只是专注做自己的事情，并不解释。片刻之后，她才缓缓拿下照片，看着他们说道："我想，我发现新证据了。"她说着，举起手中的东西让他们看个仔细。

"这是？"

"是巧克力纸。"罗逸凡放在鼻子前闻了闻，上面还隐隐散发出一股淡淡的巧克力味道。

"可是这巧克力纸又能说明什么？"麦嘉玮追问道，他看着雪莹手

中被折成六角星形状的锡纸,"而且,为什么还要折成这种奇怪的形状?"

雪莹指着第一起案发现场的照片,示意他们看:"正因为折成这样的形状,才让我当时有了印象,普通的星星,都应该是五角的不是么?所以我忽然想起来,在陈芊芊被杀的现场,也有这样的一个六角星,在麦嘉玮碰倒垃圾桶的时候,无意中看到的,现在拿出来一比,果然是一样的。"

"那其他几个现场呢?"罗逸凡问道。

雪莹摇摇头,"可惜,当时没有把这个当作一个线索,也就没去特别注意过。"

罗逸凡又仔细看看雪莹手中的六角星形状的锡纸和照片,"从形状上看,确实是一样的,我们暂且可以假设成是凶手留下的,具体结果,等拿回去把照片放大,做一下比对就知道了。"

"希望能从这上面查出线索。"

正在谈话间,莫警官走了回来,他拍拍麦嘉玮,说道:"这次你小子机灵,我打电话到一队确认过了,确实有这么回事,而且根据他们描述的,和我们查的这几起案子有些类似。回去他们会把相关资料传给我,但据说因为案发的小镇比较落后,采证的手段也受了限制,证据并不多,我们先看看再说。"他说完又转向雪莹,"雪莹,你今天先回去,我们回警局再整理一下证据,有消息通知你。"

雪莹点点头,和他们道了别。

[八]

第二天一早,雪莹就接到莫警官的电话让她和他们汇合,要亲自去一趟案发的那个小镇。雪莹赶到约定地点,莫警官等几个人早已经等在那里。

"上次去调查沈海心的案子,好像也是这样。"雪莹坐到车里,笑着说道。

"那时候我才第一次见到你。"坐在她旁边的罗逸凡看着她,向她眨眨眼,"不过偶尔这样出来呼吸下新鲜空气也不错,是不是?"

"咳咳,容我提醒二位,你们可不是出来约会的。"坐在前排的麦嘉玮转过身,目光落在雪莹脸上,却好像隐隐透着不悦。

雪莹漫不经心地瞄了他一眼,"是呀,有谁出来约会,会带你这么大一个电灯泡的。"

"你——"

"呵呵,那我是不是也得算是个超级的电灯泡?"正在开车的莫警官也笑着插话进来,和这些自己看作孩子的年轻人在一起,心仿佛都变得年轻了许多。

"莫叔您怎么能算呢?"雪莹撇撇嘴。

"要是真能和小莹约会,我倒求之不得,带一两个电灯泡我不在意。"一旁的罗逸凡笑道,一双蓝眸看着雪莹,脸上表情似真亦假,难以分辨他的真意。

虽然案发现场离市区要将近五个小时的车程,但在大家说说笑笑的轻松气氛中,那小镇子也就近在眼前了。

"在到现场之前,我们先来把手头的资料整理下。"莫警官开口。

"是这样的。"麦嘉玮拿出自己随身的笔记本,打开看了看,"我们之所以会来这里,是因为这个地方有些偏僻,虽然案发现场发现了已经有几天了,但是这里并没有足够的采证手段,使得调查无法顺利进行,这里的警察才会暂时封锁了现场,给我们发了协查帮助的申请。死者李荣,55岁,据调查以前曾是市里大医院的眼科医生,但不知道为什么,12年前忽然辞职,在这里过着半隐居的生活,平时靠给镇子上的人看看病生活。"

"老年、隐居、环境闭塞。"雪莹归纳道。但是这样的一个人,又是怎么和大城市里的命案搭上关系的?

"不错嘛。"罗逸凡拍拍雪莹的手,眼中充满赞许,"这么快就学会使用关键词来推测了?我果然没看错你。不过,关于昨天你找到的

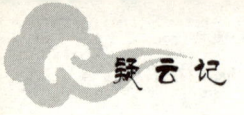

巧克力纸,我有消息要补充,可以说是好消息,但也可以说是坏消息。"罗逸凡顿了顿,继续说道:"好消息是,经过放大比对,你在昨天案发现场找到的巧克力纸,和第一起陈芊芊案子现场的,确实是同一种巧克力的包装。"

雪莹点点头,并不觉得意外,"也就是说,很可能是凶手在行凶之后,每次都会吃上一块巧克力,然后习惯性的把包装纸折成六角星的形状丢掉。"

"这凶手的做法未免太奇怪了吧。"麦嘉玮皱着眉说道。

"其实也不稀奇。"罗逸凡解释着,"人类的行为往往会被心理状态所控制,因此任何一桩案子,犯人都会无可避免地留下线索,所谓的查案,就是发现这些线索,并且根据这些推测出犯人的心理和行为,从这点上来说,我们还真要感谢这些犯人。"

"那你说的坏消息又是什么?"雪莹问道。

"我们核对了包装锡纸上的字样,只是最近刚上市的一种新的巧克力,市面上都可以买得到,没有什么特别之处。"

"嗯,这也是在意料之中的。但从这凶手的形式作风来看,心里一定存在某种阴影,导致他做出一系列常人不可理解的行为。"

"没错,我们要做的,就是找到这一点。"罗逸凡赞同道。

"希望我们这次能有收获。"

几人到达小镇的时候,已经是下午。早上他们离开市里的时候还是晴空万里,没想到五个小时的车程之后,这小镇上竟然阴云密布,不过两点多钟,正该是太阳高照的时候,此刻的天却黑得好像晚上八九点钟一样。

镇上的警察早已经等在门口,看到他们到来赶紧迎了上来。

"这屋子你们已经彻底查过了吗?"

那警察摇摇头,"尸体是在两个星期前被发现的,但发现的时候,差不多已经死了半个月了。"

第五章 眼之祭礼

"那就是一个月之前了?"

警察点点头,"这镇上只有我一个警察,也没有办这种案子的经验,因为时间太长,尸体已经有些腐烂,因此我就只能找人先把尸体运走,然后封锁了这里,不让任何人进来,给市里的警局发了报告。"

"好的,我们自己进去看看就可以。"莫警官说完,带着雪莹几个人走进了屋。一进门,一股还未散去的血腥味扑面而来,让几个人不由得皱了皱眉。外面天色阴暗,一走进这不大的屋子,更显得愈发黑暗起来。

"这里有灯。"麦嘉玮叫道。莫警官点点头,他才打开了灯,一道昏黄的光线照进屋子里。虽然并不明亮,但好歹大家能够借着这一点微光,将屋子里的情形看得清楚一些。屋子里空间不大,摆设也很简单,除了生活必需的桌椅和一些炊具之外,没有任何的东西。麦嘉玮和罗逸凡拿出携带的工具箱,在屋子里忙碌起来。

"有指纹。"麦嘉玮说道。

"我这里也有,而且还是凌乱不堪的,看来凶手当时的精神状况很不稳定。"罗逸凡接口道。

"一个月前。"雪莹凝神思索着,"那就是在那边一系列的案子发生之前,如果我没记错的话,'虹'俱乐部不正是这一个月才开始的表演吗?"

"也就是说,有可能凶手在这边杀了人,然后逃到城市里,在那边做了舞女?"

罗逸凡思索了一下,才沉沉开口道:"从时间看来,这屋子里应该是凶手做的第一起案子的现场,但从这现场看,在这案子里,凶手应该是属于冲动杀人,没有准备,没清理现场,但后面的几起,显然是蓄谋杀人。"

"你们有没有发现,这屋子里有什么奇怪的地方?"雪莹若有所思说道。见几个人都疑惑地看着她,她微微皱起眉,"我一进来就觉得奇怪,你们看这屋子里缺少了点儿什么?"

"床。"麦嘉玮忽然叫起来,露出恍然大悟的神情,"这里只有吃饭的桌椅,却没有睡觉的床。"

[九]

"那么房子的主人李荣,平日睡在哪里?这里好像没有别的房间。"麦嘉玮沉思着说。

"也不一定。"雪莹在屋子里慢慢踱着步,这房子很多地方都有一层尘土,东西的摆设也都杂乱无章,可以看出主人生活很邋遢,平时没有打扫的习惯。但唯有靠近左边里角的一块地板,似乎略有些不一样。

此时的天色更加暗了下来,偶尔能听到天边传来遥远的雷声,好像擂鼓一般由远及近,顷刻雨就落了下来。完全没有过渡,又大又疾的雨点就"噼噼啪啪"地打在玻璃窗上,老旧的玻璃窗像是无法承受这突如其来的冲击,发出"吱吱"的响声。

屋内那一盏幽暗的灯光,已经完全不足以照明。为了证实自己的猜测,雪莹特意拿出随身携带的手电照过去,她嘴角勾勒出一抹笑容,果然和她想得一样。雪莹缓缓地开口道:"我想,这里还有别的房间,只不过我们没发现罢了。"

几个人都向她的方向望来,雪莹用她手中的手电光束照向角落,那里铺着一块方正的毯子,麦嘉玮和罗逸凡走过去,把毯子挪开。

"这——"麦嘉玮有些怔住,在雪莹手电光线的照射下,一个方形的入口赫然出现在眼前。罗逸凡看向莫警官,莫警官点点头,罗逸凡也从口袋里翻找出手电,这才打开了入口的板子。

莫警官和雪莹也走了过来,围在入口处向下看去,下面一片漆黑,完全看不到里面的情形。麦嘉玮,罗逸凡和雪莹同时手持手电向下面照去,从狭窄的入口,只能看到一道不宽的楼梯,一直通到下面。

"下去看看。"莫警官摸着下巴说道。

雪莹刚要往下走,被麦嘉玮拦在跟前,"我先下去,你跟在后面。"

"那我垫后。"罗逸凡也说道。

就这样麦嘉玮在前,雪莹和莫警官走在中间,罗逸凡走在最后,几个人小心地用手电筒照着摸索下了楼梯,在下面站定,却都不由得被眼前的情形惊怔住。这个不足十平方米的地下室里,一股浓郁的霉腐味道袭来,让他们不由得皱起眉。雪莹一手拿着手电,另一手掩着鼻子,慢慢走了进去。

里面能称得上家具的,只有角落的一张双人床,放在地上的一台电视,几乎填满了整个地下室。剩下的触目可及,遍地都是垃圾,吃过的饭盒,空的饮料瓶,各种各样的杂物把这间不大的地下室,俨然堆成个小型的垃圾堆,散发出刺鼻的气味。

"这是——小心!"麦嘉玮忽然一个跨步上前,眼疾手快地扶住因为踩到空的饮料罐而微微摇晃的雪莹。

"谢谢。"雪莹难得没有再说什么,只是轻声道了声谢,又继续查看起来,但只有她自己知道,在麦嘉玮扶住她的那一瞬间,自己的心似乎还是漏跳了一拍。

"这里算是卧室?"麦嘉玮不确定地问道。

"恐怕不只是这样。"雪莹走到床前,从那脏得已经分辨不出颜色的床单上,用食指和拇指轻轻捏起一根黑色的长发,"这里肯定不止住过李荣一个人。"

莫警官点点头,"拿回去验一下DNA,和在外面发现的指纹比对一下。"

"看这个。"麦嘉玮从床另一边的缝隙里,拿出一根绳子,上面斑驳着星星点点的血迹,但从颜色上看,应该不是新血。

"而且这另一个人,很可能不是在自愿的情况下待在这里的,而是被囚禁起来。"雪莹的蓝眸凝望着麦嘉玮手中的绳子,幽幽地补充道。

"这上面可能会留有皮屑,我拿回去找鉴定科化验下。"麦嘉玮说着,将绳子也收了起来。

"李荣囚禁那人的目的也很清楚了。"罗伊凡举起手中装有几团手纸的塑料袋,"应该是性虐待。"

雪莹心里微微的一沉,假设这里还有个女孩在,长期的囚禁和虐待,导致了她心理发生了变化,也就不足为奇。可是,为什么总觉得还缺少了点什么呢?她的目光忽然停留在床脚下,正对着床的一面墙上,对了,就是它——眼睛。

"看这里。"雪莹用手电的光束指了过去,墙壁上挂着一张眼睛的分解图,上面画着一双眼睛,并详细标注着各部分的结构名称。李荣以前是个眼科医生,家里贴着眼睛的图并不奇怪,"我想,应该是被囚禁的女孩儿每次在被强暴的时候,都对着这张眼睛的图,让她在潜意识里对眼睛有种特殊的反射,看到眼睛漂亮的,就忍不住收集起来。"

麦嘉玮打开那老旧的电视,里面传来带着杂音的画面,他拨动着转换台的按钮,电视里台不多,只有四五个的样子。

"等等,停在这里。"雪莹忽然开口。电视里正播放着广告,大家的目光不约而同地停留在那巧克力的包装上,"就是它了。"

"这种巧克力是最近才上市的,所以广告出现的频率很高,那被囚禁的女孩应该是每天都在这里看着,电视是她跟外界的唯一联系,她想要却得不到,因此深深刻在了她的意识里,导致她出去以后,一直在吃这种巧克力,甚至在案发现场都在吃。"

"好,那么大部分谜团都解开了,但我还有一个问题,她究竟是怎么逃出这地下室,杀了李荣的呢?"雪莹思索着。

"这要去看看入口的板子,也许它能回答我们。"

莫警官也点点头,"把这里能当作证据的都带回去化验,我们先离开这里。"

几个人走回入口处，用手电照着查看入口处的木板。木板上左右各有两把铁锁，可能是李荣确信这地方不会被人发现，所以也并没有再加过多的措施。但那两把锁上，都有明显的被破坏的痕迹。被关在里面的人，是不可能破坏外面的锁的，李荣更不可能自己弄坏，那么这里还有过第三个人？

"小莹，看这里。"罗逸凡忽然沉声说道。

雪莹顺着他指的方向看过去，蓦然皱起眉心中一沉，在木板的边缘一个M的刻字清晰可见。M来过这里？他不是在美国吗？难道出现在了这里？抑或是，派了别人代替他来，放出了被囚禁的人？但他为什么要这么做？仅仅是为了制造更多的案子吗？

[十]

几个人走出李荣屋子的时候，不知什么时候外面的雨已经停了。一缕阳光穿透云层照了出来，让刚从黑暗中走出来的他们有些不适应的微微眯了眼。雨后清新的空气迎面扑来，不时传来几声虫鸣鸟叫，雪莹有种重获新生的感觉。不知道被囚禁的那人，逃出地下室的时候，第一眼看到的是怎样的一种景象呢？是不是也看到了这样美丽的风景？

几个孩子蹲在门口玩耍，在经过他们身边，向停车的地方走去的时候，雪莹忽然停住了脚步。

"怎么了？"麦嘉玮疑惑地问。

雪莹并不回答，只是蹲下身，亲切地笑着对正玩得起劲的孩子说道："你们在拍什么？能给姐姐看一下吗？"

孩子们看着这个不速之客，脸上有些戒备，雪莹见状从口袋里拿出几块糖，递到他们面前，"我用这个和你们换，好不好？"

几个孩子犹豫了一下，但还是没有禁住包装糖纸那花花绿绿的诱惑，快速地从雪莹手中拿走糖果，把手里的"玩具"交到了雪莹的手上。雪莹拿在手里仔细端详着折成六角星的纸，询问道："这折纸的

形状,是你们自己发明的吗?"

一个胖孩子飞快地把糖包开塞到嘴里,好像生怕被抢走一样,才回答道:"我们村子里很多地方都用这种折法,是从以前就传下来的,很多孩子都拿它当玩具。"

"那这个姐姐拿走了,谢谢你们。"雪莹说着摸摸那孩子的头,站起身,和一直在在一旁的莫警官他们会合。

"这不是我们在现场发现的巧克力纸的形状吗?"

"没错,这是村子里孩子们常见的玩具,我猜想,那个被囚禁的人应该年纪不大,至少被李荣带来的时候,还是个孩子,李荣可能拿这个当作玩具丢给过她,所以对于与世隔绝的她,成为记忆中的一部分。"

麦嘉玮接过雪莹手中的六角星,拿在手中翻来覆去地玩着,不禁在心里有点同情起这个凶手来,"是她成长过程中的种种,造成了心理的扭曲,才会有这样的行为吧。"

"但不管怎么说,犯罪就是犯罪,那些被她杀死的女孩儿是无辜的。"雪莹语中也不免带着微微的叹息,"不过我总觉得这形状有些眼熟,好像在哪儿看到过。"

听到她的话,其他几个人都露出惊讶,"难道是在凶手那里?"

雪莹皱起眉,片刻还是摇摇头,"忽然间想不起来。"

"没关系。"莫警官安慰地拍拍她,"慢慢来,回去如果想起来再打电话给我。"

"我们现在要做的,是把这些现场采集到的样本拿回去化验。"罗逸凡将装有证物的口袋小心地放到车上。

"好,我们这就出发回去,不然回到城里天就该黑了。"莫警官说着,示意几个人走上车,随即发动了车子,沿着道路渐行渐远,直到没入了天际的尽头。

从小镇子回来的第二天,雪莹正好没课,干脆跑到警局去参观调查过程。此刻他正和莫警官坐在办公室,等着去拿结果的麦嘉玮。雪莹端起面前的水喝了一口,一双蓝眸看着眼前的莫警官,似乎有些欲言又止。

"莫叔,我——"

"你这孩子,有什么就尽管说出来。"莫警官慈爱地看着雪莹。

雪莹略一犹豫,还是一口气说了出来,"如果抓到凶手,能让我问几句话吗?"

"是因为李荣家里发现的那个M印记吧?"对于雪莹的请求,莫警官也并不觉得意外,"这不是什么难事,只是希望这次能找到一点线索就好了。"

雪莹低下头沉默着,子晴前几天的话一直萦绕在她的心头,是要继续隐瞒下去自己努力寻找父亲的踪迹?还是应该说出来,信任更多的人,让他们来帮忙?她依旧拿不定主意。"莫叔,您觉得我应该把爸爸的事情说出来,让其他人帮忙吗?"

莫警官闻言一怔,继而欣慰地笑起来,"你终于想通了?愿意让其他人帮助你了?"

"可是这毕竟是我自己的家务事,麻烦太多的人,恐怕不太合适。"雪莹仍有些迟疑。

"你这样想,就会错过很多真正愿意帮助你的人。"

雪莹轻轻一叹,"让我再想想看。"

就在这时,麦嘉玮快步走了进来,神色带着几分焦急。莫警官和雪莹都站起身,"化验结果出来了吗?"

麦嘉玮点点头,"昨天从李荣屋子里带回来的东西,已经证实采集到的指纹,绳子上的皮屑,都属于同一个人,也就是说除了李荣本人之外,屋子里还有另一个人的存在。"

"在指纹库里查找过了吗?"莫警官问道。

麦嘉玮顿了顿,脸上露出一抹为难的神色。雪莹见状追问:"是不是指纹库里没有?"

"有是有，不过——"麦嘉玮说到这里，目光望向莫警官。

"还不赶紧说，吞吞吐吐的干什么？"莫警官催促道。

麦嘉玮深吸一口气，飞快开口回答："经过指纹库的对比，在失踪人口备案里查到了嫌疑人，与12年前警官夜楚失踪的女儿夜暮离完全一致。"

"什么？"莫警官像是受到了不小的震动，他上前一步走到麦嘉玮面前，紧张地追问，"你刚才说夜暮离？确定没有错？"

"大家就怕出错，所以反复核对了好几次。"

"没想到，竟然会这样。"莫警官喃喃念叨，他眼中带着几分深沉的悲哀，半晌才定定开口，"走，我们去化验室那边看看，嘉玮，去把罗逸凡也叫上。"说完，率先推开门，大步走了出去。雪莹和麦嘉玮对望一眼，也跟在莫警官身后走了出去。

[十一]

电脑的屏幕上，一个眼含清澈，看上去天真无邪的小女孩，正对着他们露出可爱的笑容。但此时看着这笑脸，几个人的心中也不免沉重起来。

"那么我现在就开始根据这张照片，模拟出12年后夜暮离的样子。"一旁的警员说道。莫警官点点头，神情愈发凝重起来。

"莫叔，12年前到底发生了什么事？"雪莹问出了几个人心中共同的疑惑。

"关于这件事，我想嘉玮可能也听说过一些。"莫警官说到这里，停下来看了麦嘉玮一眼。

"我只知道，这个夜楚，当年因为女儿被绑架，迟迟找不到，而辞职了。"

莫警官继续说了下去，"夜楚是个好警察，当年和我一起共事，但有一天他刚上小学的女儿，被妈妈带去超市忽然失踪了，一开始我们以为是被夜楚抓过的罪犯寻仇，但查来查去，怎么也没有突破，案子就这样放了下来。夜楚不甘心，干脆辞职到处去寻找女儿，这一晃就是12年。"

"12年。"雪莹重复着念叨。这种亲情难以割舍的寻找，她似乎能够感同身受，12年，真的会改变很多。她也终于知道，M为什么会选择夜暮离，这样的认识让她愠怒起来。不知道为什么，M向来憎恨警察，处处找警察的麻烦，可他这样利用血浓于水的父女亲情，让她无法原谅。

"好了。"随着画像一点点地改变，拼凑出来，一张完整的成人面容也出现在电脑屏幕上。

"果然是她。"雪莹闭了闭眼，微微叹息。

"你早就知道了？"麦嘉玮诧异地看向她。

雪莹摇摇头，"我也是才想起来一个关键的事情，所以知道的。"

"不管怎么样，还是先把人带来问问看吧。"莫警官转身命令道，他想了想，又说，"不过，我还得打个电话。"无须说明，雪莹他们在心里也明白，莫警官的这个电话要打给谁。

抓捕夜暮离的过程进行得很顺利，夜暮离几乎没有任何过激的反应，很平静地接受了这一切。在审讯室的外面，雪莹见到了夜楚，这个伟岸而又看上去温厚的男人，隔着玻璃窗静静凝视着里面垂头而坐的夜暮离，略见沧桑的脸上已不知该要用什么表情来面对。12年的苦心寻找，在此刻却是这样的相对，即便再坚毅的他，也不禁红了眼眶。

雪莹心中也好像掀起了阵阵涟漪，不由得想到了自己还音信皆无的父亲，一种无言的苦涩袭上心头。她默默从夜楚身边走过，向他礼貌地点点头，然后走进了审讯室。

"先喝杯水吧。"雪莹在夜暮离对面坐下来，并排推过两只纸杯，夜暮离抬头面无表情地看了雪莹一眼，雪莹向她微微一笑。夜暮离几乎没有迟疑的，拿起了左手边的杯子。"我果然没记错，柒柒。"雪莹

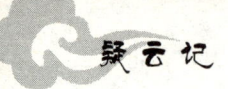

望着被柒柒拿在手中的杯子,上面用圆珠笔画上去的六角星的形状清晰可见。她拿出一个瓷杯,放在柒柒面前,"这是我们上次在俱乐部看到你用的杯子吧,你还因为小小拿了这个杯子而和眉眉差点吵起来,在看到巧克力纸形状的时候,我就觉得有些眼熟,后来才想到,这和你杯子上画的图案,形状一模一样,所以你就是夜暮离。"

听到夜暮离这个名字,柒柒并没有什么反应,她被李荣带走的时候才只有7岁,这个名字也随着幼年的记忆,而渐渐离她太过遥远了。她只是伸手横越过桌子,从雪莹手中夺过自己的杯子,仿佛护住重要的宝贝一般,把杯子抱在怀里,警觉地看着雪莹。

"你的眼睛真漂亮,好像湖水一样蓝。"柒柒凝视着雪莹,忽然幽幽地开口,唇边溢出一抹痴迷的笑容,"看上去会是很好的收藏品。"柒柒那有些涣散又带着疯狂的目光,让人脊背不由得升起寒意。

雪莹不由自主地摸了摸自己的蓝眸,又继续问下去,"你喜欢漂亮的眼睛吧?为什么?"

柒柒嘴角的笑容愈发清晰起来,好像一朵绽放的花朵,却妖娆得诡异。"那完整的毫无损伤的眼睛才有魅力,凝聚着贪婪、罪恶、猥琐,我把它们挖下来带走,才能永久地保留下来。"

"我想,你之所以这样说,是不是和李荣有关系?"雪莹小心地问出李荣的名字。

听到这里,一直有些疯狂的柒柒却好像忽然冷静了下来,她眼眸中沉淀出一种静默,轻轻抚摸着手中杯子的边缘,缓缓说道:"你说那个男人?他每次做那种事的时候,都要强迫我睁着眼看着他,说我的眼睛长得很漂亮。"柒柒说到这里,忽然神经质地笑起来,"偷偷告诉你一个秘密哦。其实我根本没在看着他,每次都是偷偷地越过他看着墙壁上那幅眼睛的图,比我的眼睛更美,是不是?"

"你恨她,所以逃出来第一件事,就是杀了他,对不对?"雪莹不禁想起在地下室里墙壁上贴着的那张眼睛的图示,难怪柒柒对眼睛有着非比寻常的狂热。

柒柒顿了顿，似乎是陷入某种回忆，她的眼睛凝视着手中的杯子，开口说："他把我带到那个小黑屋的时候，我才7岁吧，只记得他说会给我买很多巧克力吃。那时候我天天哭，但是却没有巧克力，他只是丢给我这成这种形状的东西，说是玩具，然后我再哭，他就用绳子把我绑在床上。这样的日子我也不知道过了多久，只知道有一天，上面的门忽然被打开了，我推开走出去，却没看见一个人，我想离开那里，但刚走到门口，那个男人就回来了，他要把我关回去，但我不愿意，我已经不再是7岁的小孩子了，我拿起一旁的刀捅向他，他虽然倒下，留了好多血，但他的那双眼睛一直瞪着我，就像以前很多次做那种事的时候一样，好可怕，所以我挖掉了他的眼睛，这样以后他就再也不会盯着我看了。"柒柒的神情中竟隐隐透出几分乖巧，好像一个孩子，在诉说着对她来说理所当然的事情一般。

[十二]

"然后你就离开了那里？"雪莹追问道。

柒柒想了想，又说道："我从椅子上拿了一件外套，然后出了门。不知道去哪儿，就跳上了一辆车，很幸运，外套的口袋里有买车票的钱。到了车站，我也不清楚是什么地方，好多人，我不知道要怎么办好，就往人少的地方走，走到一条很暗的巷子，烧掉了沾了血的毛衣。"

柒柒常年被囚禁在地下室，忽然间走入人群，不知道该如何自处也是正常。雪莹沉默地看着柒柒，又起身给她倒了一杯水，经过玻璃窗的时候，特意向外面看了一眼。虽然从里面无法看到隔壁的情形，但她知道夜楚一定就在另一端，凝望着自己的女儿，而柒柒却丝毫不知道。在这起案子里，雪莹丝毫感受不到挖掘出真相的愉悦，反而有种悲哀萦绕在心头。

她重新走回桌边坐下，将水递给柒柒，继续问道："你又是怎么去'虹'做的舞女？"

"我逃出来才发现自己什么都不会,不知道怎么才能赚钱生活,那家俱乐部正好在招舞女,我学习了一下,发现并不难,而且那种地方也不检查什么证件就可以录用,所以就在那里做下去了。"

"你利用那些女孩子想学习钢管舞的心理,把她们骗出去,然后袭击她们,取走她们的眼睛。"

"你不觉得,越漂亮的眼睛里,绽放出来的恐惧就越吸引人吗?"柒柒一双漂亮的眼睛紧盯着雪莹,"那种恐惧但却无助的滋味,我深深体会过,也想要她们来尝一尝。"

"但她们是无辜的,她们只是喜欢玩而已,不应该为了这件事而用性命偿还。"雪莹幽幽说道。

"那么我难道就不无辜吗?"柒柒偏着头问道,那神色中透露出一丝迷茫。

"也许以前,你确实是的。"雪莹顿了顿,"但现在,你的手上沾染了太多无辜的鲜血。"

柒柒仰起头,目光有些失神,但她的视线却准确地望向雪莹身后的玻璃。雪莹也不说话,只是静静凝视着她,而心中也为这少女而感到怜悯。审讯室的门忽然被打开,莫警官走了进来,他向雪莹点了一下头,对柒柒说了句"该走了"。

"等等,我再问一个问题。"雪莹连忙说道,"你认识M吗?"

"M?是谁?"柒柒反问道。

雪莹笑笑,"没什么,我们走吧。"其实在问出口前,她心中就已经有了答案,就像前几起案子一样,M不可能如此轻易就让人追查到他的行踪。

柒柒在莫警官的跟随下走出审讯室,门外站着夜楚,好像已经等候许久。在看到柒柒的那一刻,他的脸上呈现出一种温暖的慈爱,却又带着深沉的悲哀。他张了张嘴,似乎有话要说,但看着柒柒那陌生的目光,千言万语却又化作一声长叹。

"夜暮离,你认识他吗?"莫警官轻声问道。

柒柒凝神思索了片刻，眼中仿佛有微光一闪，随即又暗了下去，在那一瞬间，谁也无法分辨她到底是否认出了自己的父亲，她只是笑笑，"还是叫我柒柒好了，那个名字，早在12年前就已经消失了。"

夜楚闻言微微闭了闭眼，将右手一直紧握的东西交到柒柒手中，声音有些颤抖，"他们说你喜欢这个。"

柒柒打开掌心，一块巧克力静静躺在那里。柒柒的嘴唇翕动了一下，就在大家都以为她要和夜楚相认的时候，她却又转向莫警官，低声说："我们快走吧。"然后便垂下头不再说话。

莫警官示意一旁的警员把她带了出去，然后走到夜楚面前，拍拍他的肩，安慰道："办法还是有的，过几天，我们会给她做个精神鉴定，只要能证明她在作案的时候精神异于常人，在庭审的时候就能有所转机。"

夜楚点点头，说了句"麻烦了"，便转身走了出去。望着他仿佛忽然间愈发苍老的背影，雪莹在心中暗暗作了一个决定。

"还记得我们在地下室的木板上看到的标记吗？"送走了夜楚，雪莹和罗逸凡、麦嘉玮，一起坐在莫警官的办公室里。听到她这样说，莫警官先是有些惊讶，继而露出欣慰的笑容。

"你说那个M？"罗逸凡问道。

"这个M到底是什么东西？为什么最近的好几起案子都和他扯上关系？"麦嘉玮不解地开口。

雪莹笑笑说："M不是什么东西，而是一个人，只有找到他，才能找到我失踪了三年的父亲。"

听到雪莹的话，麦嘉玮和罗逸凡都显得有些震惊，这是第一次，他们听雪莹提到自己的家事，两个人不由得向前欠了欠身，打算仔细听下去。

"M是谁，到底长什么样子，我也都不清楚，只知道三年前，他曾制造了几起骇人听闻的连环惨案，当时我爸爸还在经营侦探社，我记

得他和我说,他和这个 M 是旧识,他一定要亲自出马去会一会 M,爸爸还说,M 因为一些原因憎恨警察,如果不抓住他,他就会永无止境的给警察找麻烦,还会殃及更多无辜的人。"雪莹顿了顿,提到自己的父亲,她美丽的脸上漾起一丝幸福,但也只是一闪即逝,"可爸爸这一去,就再也没有回来,M 也好像从此消失了一般,没再出现过。"

"所以你才一直边经营侦探社,一边帮着查案,为的就是寻找你父亲的下落?"麦嘉玮问。

雪莹点点头,"最近的案子里,M 又出现了,但和以前不同的是,他不再亲自出马,而是利用各种各样的人来找麻烦,可惜的是,这样完全无法追踪到他的行踪。"

"明白了。"罗逸凡温柔一笑,"以后的案子里,我们会帮助你多留意,也会注意查找你父亲的下落。"

"是啊,这种事你为什么不早说?我们一定会尽力帮忙的。"麦嘉玮也揉揉自己的乱发,坚决地说道。

雪莹略带感激地看着他们,"谢谢。"

"和我们还客气什么。"麦嘉玮很大方地说道,但随即又觉得这样说好像不太合适,不由得干笑几声。

"就是,你和他们还客气什么,他们正缺乏锻炼的机会。"莫警官也插话进来,"你要是实在觉得说不过去,就改天请他们吃顿饭好了。"

"哇。"麦嘉玮面露欣喜,他抚摸着自己的肚子,"干吗还改天啊,我今早忙到现在,还什么都没有吃,不如就现在好了,反正也结了案,就当作犒劳一下。"

雪莹看着他,忍不住笑出声来,她站起身,"好,我就大方一次,今晚我们去好好吃一顿。"天边一丝柔和的晚霞,映红了她的笑脸,一双比天空还要湛蓝的眼眸,此刻无比生动起来。

第六章 洋娃娃城堡的饕餮之宴

[一]

黑夜如幕缓缓落下，群山环绕的公路上，只有一辆车仍在前行，最后一道霞光映红了车上人的脸，让她一张生动的俏脸愈发楚楚动人起来，尤其是那双比天空还要澄静湛蓝的眼眸，此刻精明而犀利。

"你确定绕出这里就能回去了吗？"那蓝眸少女——雪莹，看着身旁的麦嘉玮问道。

麦嘉玮抚了抚被风吹乱的发，又握紧方向盘，"我觉得应该没错。"

雪莹丢给他一个白眼，"听起来就很没安全感，早知道就不和你出来了。"

"喂，大小姐，我可是一片好心。"

雪莹没有继续责怪麦嘉玮，因为她知道，麦嘉玮说的是事实。自从在桀桀的案子里，知道了自己父亲的事情，麦嘉玮和罗逸凡似乎对她又多了几分关照，有时还会借着出外勤捎上她走一走。虽然这几年，她已经习惯了父亲失踪和一次次的寻找，但他们的关心还是让雪莹心生感动。

"那现在要怎么办？"雪莹看看越发暗了下来的天色，"这段路我们也不熟悉，如果这样乱开，只会浪费时间和油，而且天又黑了，找

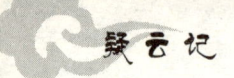

到回去的路恐怕更难。"

麦嘉玮索性把车在路边停了下来,答道:"再想想看别的办法。"

麦嘉玮的话音刚落,几道刺眼的灯光闪过,一辆车停在他们身旁,摇下车窗,探出几个面孔。"怎么?迷路了?"说话的是一个年轻的男人。

"呃,可能是刚才走错路了。"麦嘉玮答道。

"从这边下山路还挺长的呢,天都黑了,现在开车下山也不安全了哦。"后面车窗里另一个男人说道。

"要不让他们和我们一起吧?"男人身边的女孩子也开口说,她说着下了车,向雪莹和麦嘉玮走来。麦嘉玮和雪莹见状,出于礼貌也走下车。

"是这样,我们是读研究生的同学,班里有个同学楚林前不久才继承了一个远房亲戚的城堡,就在这山里,他邀请我们去那里住几天参观下,我们现在就是要去那里,你们要不要一起来?"刚才那女生走到麦嘉玮和雪莹面前解释着,看他们还有些不确定地看着自己,友善地笑道,"忘了介绍自己,我叫柳嘉。"

"可那是人家楚林的地方,我们这样算不算自作主张?"刚才坐在后面的男人也走了下来。

柳嘉撇撇嘴,"有什么关系,反正那里地方大,多两个人也没影响吧。"

"我也这么觉得。"开车的男人也赞同道。

"好,那就这么决定了。"柳嘉点点头,"帮你们介绍下,他是李想。"柳嘉指了指身旁站着的男人。

"我自己来,我叫陆伟。"开车男人向雪莹他们招招手,"我来带路。"

"还有几个人一会儿到。"柳嘉说着走回车里。

"一会儿?真不知道他们今天能不能到,要不是程妍迟到那么久,我们也不用等天黑才到这里了,结果她还是没来,还得马铭宇和萧韩等着她。"李想嘟囔道。

"你还在那里磨蹭什么？到底走还是不走？"柳嘉催促着。

"来了。"李想这才应了一声，打开车门上了车。

雪莹迟疑了一下，"我觉得还是先给莫叔他们打个电话说一声比较好。"她拿出手机，却发现手机没有信号，她看向麦嘉玮，麦嘉玮也拿出手机看了看，一样没有信号。

"没信号是吧？"柳嘉不以为意地笑笑，"这山里经常这样，一会儿到了城堡用那里的电话打吧。"

雪莹点点头，看来也只能这样了。陆伟重新启动了车子，麦嘉玮跟在他们后面，两辆车划破夜色，消失在道路的尽头。

又经过了大约半小时的车程，他们所说的城堡，便呈现在众人面前。

"就是这里了吧？"陆伟看着身边的柳嘉，柳嘉拿出地图看了看，"应该就是了，这楚林，画个图好像鬼画符一样，谁看得明白，不过这山方圆几百里，大概就这一栋建筑了。"

车从山路拐至弯弯曲曲的小路，些微的流水声传来，四周一片黑暗，只有城堡里的灯光仿佛在指引着方向。

几个人停好车，打开车门走下来，抬头仰望着眼前的城堡。说是城堡，但从外观来看，其实只是仿照城堡样式所建的一栋两层建筑，周身青灰色的墙壁，上面隐约可见青苔盘根错节。每一扇窗户，都透出灯光来。

"这不会是鬼屋吧？"后面的李想打趣道。

柳嘉瞪他一眼，"别废话，里面还亮着灯呢，估计楚林早就等急了。"

"楚林才不是等我们呢，他要等也是等程妍。"陆伟笑道，"可惜他等的人还没到。"

"赶紧进去吧。"柳嘉深吸一口气，不知道为什么，她总有种心里

发毛的感觉,都是李想在那里乱说的结果。

几个人手忙脚乱地拎下自己的东西,雪莹和麦嘉玮则跟在他们后面踏上了台阶。城堡的门并没关,轻轻一推,便在大家面前打开来,顿时一股食物的味道在空气里飘散开来。

"哇,楚林还真是服务周到,连吃的都准备好了。"陆伟迫不及待地循着食物的味道找到位于一层右侧的餐厅里,放下行李奔到餐桌前,坐下就要开始吃。

"你有点出息行不行?小妍他们都还没到呢。"柳嘉瞪了他一眼,然后环顾四周,奇怪地说道,"这个楚林,准备好吃的,自己上哪儿去了?"

"拜托,我都从午饭饿到现在了好不好?楚林好像出去了,你自己看。"陆伟说着从餐桌上拿起一张纸条,交给柳嘉。柳嘉接过来读着:"我出去买点东西,马上回来,你们来了先吃饭。楚林。"

"买东西,这时间?"雪莹看看窗外。

"确实是买东西去了吧,楚林的车也没在。"李想说着也坐了下来。

"我还是想先打个电话。"雪莹的目光扫过屋子里的每个角落,却都没发现电话,"电话在什么地方?"

柳嘉也看了看,"你们也先吃点东西吧,等楚林回来问问他,这屋子这么大,我们也不好随便乱走。"

雪莹只能也坐了下来,但却说不上为什么,她的心头总沉沉的,有种说不出的感觉。正在大家准备用餐的时候,门铃响了起来。

[二]

"是小妍他们来了吧?"柳嘉边说边走向门口。

"也没准是楚林回来了。"李想说着也站起身。

"楚林回来还用得着按门铃吗?"柳嘉反驳道,"自己开门不就得了?"

李想一撇嘴,"说不定楚林没带钥匙啊。"

两人说话间,已经走到门口打开了大门。门外的情形让两人都张大嘴,疑惑地愣在原地。见那两个人没有反应,雪莹他们也围了过来,门外空无一人,唯有似乎能吞噬人的黑暗,寒冷的晚风扑面而来,吹得人瑟瑟发抖,脊背生寒。

"哇——"一声大喝从旁边传了过来,一道黑影闪出来,在大家面前站稳。雪莹刚要出手,定睛看清眼前的人,又收住了动作。眼前的年轻人和柳嘉他们相仿的年纪,看似也和他们很是熟稔。随后一串银铃般的笑声传来,另一对男女也出现在视线之中。

"马铭宇,你想吓死人啊。"柳嘉白了刚才吓人的男人一眼,不满地抗议道。

"不是很有气氛吗?小妍出的主意,说吓吓你们,看来效果很好。"马铭宇得意地笑笑。

"程妍,你迟到这么久,就给我们这种惊喜啊。"李想嘟囔着,似乎对程妍的迟到还耿耿于怀。

"对不起,我真不是故意的。"

"好了,他们不是都来了吗?还计较这些干什么?"柳嘉说着拉过那女孩,笑着介绍道,"这两位是我们在路上碰到的,想说本来天也黑了,就让他们一起住一晚好了。这是我的朋友,程妍。"

"你们好,我叫程妍。"那女孩儿笑得有些不好意思,温和地说。

"小妍不太善于和陌生人打交道,熟悉一点就好了。"雪莹打量着眼前这两个女孩,柳嘉大方而开朗,程妍则显得有些害羞内向,但能看出两个人关系很好。

"我叫雪莹,他是麦嘉玮。"

柳嘉又指了指另两位介绍:"他们是马铭宇和萧韩。"

"我说你们还要在那里站多久?再不吃饭就要凉了。"一直坐在桌边的陆伟大声嚷嚷道。

"说起这个,我肚子也饿了,赶紧开饭吧,吃完饭我们四处参观

下。"马铭宇说着也走进屋,大家都关好门坐到桌前。

程妍环视四周,奇怪地问:"楚林呢?"

"出门买东西去了。"柳嘉把楚林留下的字条交给她看。

"我们不用等他回来吗?"

"我们边吃边等也是一样的。"陆伟已经开始向着面前的食物发起进攻,"反正他弄了这些就是给我们吃的。"

"是啊,先吃饭好了,估计楚林一会儿就回来了。"柳嘉也说道。

不知道是一群人太饿,所以吃饭太快,还是楚林去买东西动作太慢,晚餐结束后,楚林还是没有出现的迹象。

"楚林好慢啊。"马铭宇坐在椅子上,看上去很无聊的样子。

"可能是晚上山路车不好开吧。"程妍猜测着。

"不管了,我们先四处转转好了,反正只要大家一起,又不会走丢了。"柳嘉建议着,这个提议很快得到了大多数人的认可,大家决定四处走走参观一下。

"我们是不是应该把行李找地方放下?"程妍问道。

"对哦,刚才一直没看到房间在哪里,估计是在二层了,上去看看。"李想说着,已经拎起行李向通往二层的楼梯走去,其他人也跟在他的后面。

雪莹站在原地打量了片刻,通向二层的楼梯有两道,从他们站立的位置向左右分开,呈弧形,分别通往楼上的左右两边。而刚才他们吃饭的餐厅,则是位于右手边那楼梯的旁边。这偌大的房子,迟迟未出现的主人,雪莹总隐隐觉得有什么地方不对劲,可又说不上来。

"还在想什么?"麦嘉玮的声音传来,打断了雪莹的思路。

"没有。"雪莹摇摇头,也跟在大家身后,踏上右侧的楼梯走了上去。

一上楼梯,在刚才大家吃饭的右手位置,还有一间同样的餐厅,门是敞开的,从外面望过去就可以看到正对餐桌的位置有个内置的传送小电梯。

"哇,好先进,这个是直通向一楼我们刚才吃饭的地方的吧?"马铭宇啧啧有声道。

"为什么刚才我们吃饭的时候没有发现?"陆伟疑惑地说道。

李想看着他一笑,"你刚才就注意吃饭了吧?除了食物,你还注意到什么?"

"你看到了?"陆伟反问。

李想想了一下,摸摸鼻子答道:"没有。"

"不是我们没看到,是这两间屋子其实并不一样。"雪莹忽然开口说道,"他们只是位于同一个位置,摆设形状都差不多,就让人想当然的认为这两间餐厅是一样的,但其实大小并不同,刚才我们吃饭的那间,其实被分成了两部分,厨房被从餐厅里划分出去了,我们谁都没走进去,我想,这电梯应该是厨房里面配有的吧,好方便往楼上的这个餐厅运送食物。楼上的这个餐厅更大一些,一层的厨房和餐厅加在一起,应该是才和这间的面积一致。"

"雪莹你看得真仔细,你不说我都没注意到。"柳嘉笑着说道,"我们还是先各自找房间吧。"柳嘉说着指了指旁边,相对的两排房间整齐而立,仔细看看,每间的房门上都还贴着名字。

"没想到楚林想的还挺周到的。"一直没有开口的萧韩走过来,看上去他并不善于言谈,话很少。

"好了,那大家就按照各自的名字放东西吧,现在8点整,5分钟后还在这里集合,一起去参观一下。"

"你们先去吧,我肚子有点不舒服,就在房里休息了。"陆伟说道。

"我看你是刚才吃得太多撑坏了吧。"李想看着他。难得陆伟没有反驳,就打开门走进了房间。李想摸摸鼻子,讪讪地说道,"看来是身体不舒服,连话都不愿意说了。"

柳嘉看了看腕上的表,"我们大家还是抓紧时间。"柳嘉又转向雪

莹和麦嘉玮道:"你们俩随便找两间没写着名字的房间住吧。"几个人应着,都开门走入了写着自己名字的房间。

[三]

雪莹因为并没有在外露宿的计划,所以也没有什么可收拾的东西,本来她想直接休息,反正睡一觉明早就可以离开了,但是拗不过柳嘉的盛情,还是以找电话给她打为由,被拉去和他们一起在城堡里四处逛逛。见到雪莹答应,自然麦嘉玮就也一起作陪。

这城堡诚如大家一开始看到的那样,是一栋两层的建筑,但却又比想象中大上了许多,因为那些依序而立的门,如果不走进去,永远无法想象每个房间里面究竟有多大。二层便是以十间相邻的房间为主,房间隔着走廊两两相对,一边各五间,每间屋子里都是同样的大小和摆设。左右都有一道弧形的楼梯通往一楼,刚才雪莹他们沿着右侧的楼梯走上楼,这次便从另一侧走了下去。

到了一层他们才发现,位于左侧的楼梯旁也有一间屋子,与右侧楼梯旁的饭厅位于同一个位置,遥遥相对,但里面的空间却比他们吃饭的那间屋子更要大。几个人走进屋子,打开灯,不禁都有些瞠目,屋内装饰得比其他任何一间房都要精致,金色的壁纸,欧式古典的壁柜,紫红色羊毛地毯。

"这里好像才刚打扫过不久,真干净呢,一点尘土都没有。"李想走进屋,四下打量着,啧啧叹道。

"一定是楚林,他前几天还和我说,为了迎接我们到来,会提前几天过来把这里打扫一下。"程妍说道。

"真看不出楚林那家伙还有这么细心的时候。"马铭宇说完,又笑着看向刚才说话的程妍,话外有话地笑道,"恐怕楚林为的不是迎接我们这些闲杂人等吧,他巴不得我们这些电灯泡消失呢。"

程妍闻言微红了脸,窘迫地低下头不再说话,倒是一旁的柳嘉挥舞着拳头抱不平道:"你们别总是欺负小妍,不然饶不了你们!"

"是,是。"马铭宇应道。

"这么多柜子,这里应该是陈列室一类的屋子吧?"麦嘉玮站在原地说道。

雪莹并没有开口,从进入这间屋子,就一直有种说不上的凉意,从脊背径直蹿上来,直逼身体的每个角落。进入这座城堡,那种萦绕在心头的不安就挥之不去,现在愈发清晰起来。

忽然一阵凉风吹过,雪莹直打了个寒战,她向风吹来的方向望去,一扇窗半掩着,窗前的纱帘被风吹得翻飞。雪莹走过去,把窗户关好,有隐隐的流水声传入她耳际。她侧耳仔细听去,那水声断断续续听得并不真切,她又向窗外望去,外面漆黑一片看不到一丝光亮,就更不用提看到什么东西了,玻璃中反射的只有她自己的身影。

"哇,这里好多娃娃。"柳嘉的惊呼声传来,唤回了雪莹的注意。

几个人都围到了柳嘉所站的柜子旁,隔着柜子晶亮的玻璃,可以清晰地看到里面并排摆放着不同衣着,不同样貌,但高矮却相同的六个娃娃,上下层各三个。每个娃娃都是大约60公分的身高,除了发型和衣着,基本都是一样的脸。长长的睫毛,红润的脸,尖尖的下巴,尤为引人注目的是那大眼睛,几乎占去了整张脸的三分之一,乍一看甚是可爱。

"很漂亮呢。"柳嘉赞叹道。一旁的程妍也点头赞同着。

"切,你们女孩子就喜欢这些,我怎么没看出来哪里好看。"马铭宇不屑地撇撇嘴。

"那是你们不懂得欣赏好不好。"柳嘉不服地反驳。

"这么晚了,楚林怎么还没回来?"萧韩看了看腕上的表,微微皱起眉插话说道。

"真的,你不说都还没发现,都已经9点多了,是不是什么事耽搁了?"

"那也该打个电话说一下吧。"柳嘉说着拿出自己的手机,左右端详了片刻,才又望向众人,"我的手机竟然还没信号,你们呢?"

雪莹闻言飞快地拿出手机,仍然显示没有信号,从早些时候他和麦嘉玮在山路上遇到柳嘉他们的时候,就一直是这样了。她又看了看麦嘉玮,麦嘉玮也向她双手一摊,摇了摇头。

"确实没有。"萧韩也拿着手机说道。

"大家别担心,这在山里是常有的事,打个电话给楚林就是了。"李想笑着安抚大家。

"可是——"雪莹忧虑地看向众人,"我从进门起就一直在找电话,你们谁能告诉我,这屋子里的电话在什么地方?"

大家闻言面面相觑,是了,他们在这房子里已经上下都转了一圈,如果有电话,也应该早就看到了,除非是这里根本就没有座机,或者是大家集体看走眼,但后面一种几乎是不可能的。

"这——"程妍怯生生地开口,"楚林他,不会出了什么事情吧?"

"别瞎想,反正今晚我们是什么也做不了,不如先各自回去休息,明天一早我们开车去附近找找看。"和程妍相比,柳嘉还算得镇定。

"看来也只能这样了。"其他几个男生也赞同道。

"那我们还是先回房好了。"

"那个,嘉嘉。"程妍边走边拉住柳嘉,显得有些迟疑。

柳嘉偏头看向她,"怎么了?"

"不知道为什么,我有点害怕,今晚能不能和你一起睡?"程妍低声道。

"没问题。"柳嘉不假思索地爽快点头答应了下来,"你一会儿拿东西到我房间来好了。"

走在最后的雪莹关上了灯,在即将要走出这房间的时候,雪莹再次回头望了望,当她的视线扫过柜子里仍静立在原处的那几个娃娃,仿佛被禁锢住了。娃娃无神的目光在朦胧的月光笼罩下起了一丝青诡,竟看上去扭曲得恐怖,漆黑的玻璃眼珠了无任何生气,但几秒的凝视后,又觉得那眼珠好像能够转动一般,似乎要冲破眼眶的束缚,将人吸入到他的世界之中。雪莹不由得心中一凛,心头莫名地沉重起来。

[四]

一晚雪莹都没能睡得安稳,诸多的事情在她头脑中交织不去,形成不安的预感。她一早就起床敲开了麦嘉玮的房门,麦嘉玮还是一副睡眼惺忪的模样,开门看到是雪莹,这才像是如梦初醒,些微的振作起精神来。

"我们得离开这里。"雪莹径直开口说道。

"现在?"

雪莹点点头,"嗯,现在,越快越好。"

"你等我,我拿上东西就走。"麦嘉玮说着望了望其他的房间紧闭的门,"不用和他们打声招呼吗?"

雪莹迟疑了一下,向柳嘉的房门口走去,抬手轻敲了敲门。不一会儿,房门被从里面打开,走出来的人是程妍。看来昨晚程妍因为害怕,确实睡在了柳嘉这里。看到雪莹,程妍友善地一笑,"雪莹。"

"我来打个招呼,我们要走了。"

"这么早?"程妍看上去有些意外。

"是谁啊,一大早的。"柳嘉也从程妍身后走了出来,还不停地打着哈欠,"真是的,不知道为什么,到了这里倒睡得尤其香,到现在还都睁不开眼。"

"是雪莹他们要走了。"

"什么?"柳嘉这才走到门口,看到了雪莹,瞪大眼睛问,"这么快就走了?"

雪莹点点头,"本来我们也是因为天黑了借住一晚,现在天亮了,下山应该没问题。"

正在他们说话的时候,旁边几扇门也打开了,李想和萧韩也走了出来。柳嘉见状招呼众人道:"雪莹他们要走了,正好我们也顺便一

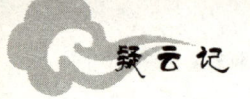

起出去，去附近找找楚林。"

她的话得到几个人的一致附议。

"我去把马铭宇叫起来。"萧韩立即说道。

"那我去叫陆伟，这家伙，从昨晚睡到现在，也该起来了。"李想嘟囔道。说完，萧韩和李想分别往两旁的房间走去。

"那雪莹你们索性等一下，大家一起出门。"柳嘉向雪莹说道。

"我回房去拿东西。"雪莹点点头，刚要转身，却听到李想的叫声蓦地响起，回荡在走廊中仿佛平地的一声雷。雪莹一惊，率先向声音的方向跑去，麦嘉玮、程妍和柳嘉，还有刚从马铭宇房间内走出来的马铭宇和萧韩，都快步赶了过去。

"叫什么叫，一大早就像杀猪似的——"柳嘉责怪的话说到一半，硬生生停了下来。

大家都静默地看着陆伟的房内，一瞬间空气仿佛凝滞了一般，只有血腥和狰狞的一幕映红了眼底。陆伟仰面横躺在床上，闭着眼，脸色已经灰白。他的胸前被打开了个血洞，看上去触目惊心。

"这，这——"第一个发现的李想已经惊得说不出完整的话，磕巴了半天，才断断续续说道，"我来的时候门没有锁，我打开门，看到的就是这样。"

"都站在这里别动。"麦嘉玮向其他人沉声道，同时从口袋中拿出警员证让在场的人都能看清楚。

"你们是警察？"柳嘉虽然也面色苍白，但还是问出了心中的疑问。

"我不是，只有他。"雪莹说完和麦嘉玮一起走进了房间内，站在床前仔细端详着。

"你估计死亡时间应该在几点？"麦嘉玮拿出随身的笔和本，已经作出准备记录的样子。

"从尸体僵化的程度和成片的尸斑来看，死了至少有十小时以上了。"雪莹看看表，"现在是七点，应该在昨晚八九点左右。"

"那不是昨晚陆伟他回房后不久就死了吗？"门口的马铭宇叫道，"可是昨晚那个时间我们都在一起，没有人能有时间杀了人，除非——"马铭宇顿了顿，"除非这城堡里还另有其人。"

"好可怕。"程妍已经吓得有些颤抖，直往柳嘉身边靠。

"马铭宇，你别吓唬人。"柳嘉极力露出镇定的样子斥责道。

"我只说死亡时间是那个时候，这是不需要凶手也能完成的，因为他是中毒死亡的。"雪莹指着陆伟的尸体解释道，"死者嘴唇青紫，指甲中也有变黑的症状，直接的死因是毒发而死，他伤口看上去很规则，割开的手法很熟练，但是伤口周围血很少，说明胸前是被后打开的，那时候人已经死了有些时候，血液已经不再流动了，应该是在夜里的时候。"

"可是他是在哪儿中的毒呢？"李想问道。

"晚饭。"萧韩忽然开口，"你们记不记得，昨天晚饭后，陆伟说肚子不舒服，就先回房间休息了？"

"这样说来，晚饭我们都吃了，为什么只有陆伟一个人死了？"柳嘉疑惑地问道。

"难道是无特定对象的杀人？"麦嘉玮停了笔，皱起眉开口。

"不对。"雪莹的头脑中飞快地回想着昨晚饭桌前的一幕幕，最终定格在陆伟进门时坐下的一个画面，"凶手的目标就是陆伟。"

"为什么？如果只有那一份饭有毒的话，我们谁都有可能吃到啊。"马铭宇不解地问。

"不，除了我和小麦，其他人的饭在我们来之前都已经摆放好了位置，表面上看，是谁都有可能中毒没错，但其实，坐在那个位置上的只可能是陆伟。"雪莹说着望着门口的几个人，"如果我没观察错，陆伟是左撇子对不对？"

"是的，虽然他现在也能够使用右手做很多事，但还是会习惯性地使用左手，说这样比较熟练。"

"原来如此。"麦嘉玮点点头，"所以陆伟一进门就先选了最左边

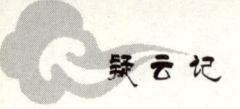

的一个位置,这一定是他的习惯,为的是吃饭的时候不和旁边的人碰到,凶手肯定是知道这一点,所以一开始打算杀的人就是陆伟。"

"这饭难道不是楚林准备的吗?而且知道陆伟习惯的人,也就是我们这几个同学吧,难道凶手是楚林?"

"但是楚林从昨晚开始就没出现过,而且他有什么理由要杀陆伟呢?"程妍说道。

"那么既然陆伟已经死了,凶手又打开他的胸膛干什么?"萧韩问。

"心脏。"雪莹幽幽的声音仿佛带着一丝寒意侵入到每个人的心中,"凶手取走了死者的心脏。"

"什,什么——"从未见过这种事的几个人都是瞠目结舌,吓得不知道要说什么好。还是麦嘉玮提醒了他们,"既然没有电话,我们还是先想办法离开这里报警吧。"

"说得对。"几个人里还算得冷静的萧韩最先反应过来,"总之先出去,顺便也可以去找找楚林。"

[五]

"这——"几个人此刻正瞠目结舌地站在城堡门前,望着眼前的一片汪洋,不知道该进还是该退。

"为什么会这样?我们明明昨天才从这里过来的啊。"柳嘉不敢置信地眨动着眼睛。虽然昨晚来的时候天已经很黑,难以看清周围的景况,但她至少能够确信,她们是沿着这个方向的路开车到达城堡的,可如今眼前的水几乎涨到了和城堡的石阶等高,那唯一的道路哪还能看到什么踪影?

"那,现在还要不要去开车?"马铭宇挠挠头问道。

"拜托你用用脑子吧。"李想看他一眼,"我们开的是车,又不是船。"

麦嘉玮皱眉看着眼前的水潭,"要不我游过去找人吧?"

"不行。"雪莹摇摇头,"看来这水并不是一天涨起来的,也许昨天就漫过了路面,只不过昨晚我们来的时候天黑,只听到水声,却没有注意到这一点,现在不知道这水到底有多深,不能让你冒这个险。"

"那我们现在怎么办?"萧韩问道。

"要不先回城堡再作打算?"程妍说道,语气中带着几分不确定,"我曾听楚林说过,这里的山下水流很急,经常会有涨水的时候,但每次都是过几天水就自己退下去了,我想,也许明天水就能退下去看到路了也说不定。"

"总之,我们总站在这里也不是个办法,不如听程妍的,回屋里去再做商讨。"雪莹也赞同道。

不一会儿,包括雪莹和麦嘉玮在内的七个人,已经围坐在第一天到这里的时候,曾吃饭的一层饭厅里。想到昨晚大家还齐聚在这里,有说有笑地吃着饭,现在却少了陆伟一个人,大家不禁都陷入了一片默然,气氛显得有些凝重。

"谁能告诉我,到底出了什么事?"李想坐在椅子上,看上去有些烦躁。

马铭宇用手敲打着桌面,似乎这样就能驱赶心中的不安情绪。"这楚林,请了我们来自己不出现,现在可好,陆伟死了,我们又被困在这里,楚林还不知道人在哪里呢!"

"别怪楚林,他肯定也是有什么事。"程妍替楚林开脱道。

"是呀,楚林自己不也为了迎接我们来,特地放假前几天就开始请假,来这里帮我们收拾打扫的吗?"柳嘉也帮着程妍。

"嘿,打扫?说来我们都已经快一个星期都没见到楚林这家伙了,谁知道请假是不是真的打扫。"李想笑道。

"等等。"雪莹忽然打断他们的对话,"你们说,你们这几天谁也没见到过那个拥有这个城堡的同学?"

几个人看着她点点头,柳嘉开口说道:"一周前楚林把邀请卡放

在我们几个人的桌子上,正好这几天他手里的研究也告一段落,就请了几天假,说要来城堡。"

"我一直觉得很奇怪,既然你们那个叫做楚林的同学来了这里,就应该知道已经开始涨水了,为什么不回去告诉你们,晚些日子再来?"雪莹疑惑道。

"有没有可能是有什么事耽搁了?"萧韩猜测道。

"还有另一种可能,就是他没办法通知你们。"

几个人听了雪莹的话都是脸色一变,程妍急问道:"你是说,楚林他也被杀了?"

"不好说。"雪莹望着其余的几个人,若有所思,"我总觉得这件事并不止这么简单,如果这里没办法进出,那么杀了陆伟的凶手一定就还在这个城堡里。"

雪莹的话一出口,其余人都露出些许惊怕的表情,李想忍不住追问:"那他还会不会继续出现?"

雪莹摇摇头,"那就要看凶手的目的是什么了。"

忽然一阵轻微抽气声传来,马铭宇慌张地开口说道:"说到目的,难道是会为了那个?"

"怎么可能?"除了程妍之外,其余几人也都露出恐惧之色,李想不假思索地辩驳道。

"你们是不是想起了什么?"麦嘉玮问。

"没什么。"还是较为沉着的萧韩开口回答道,"既然雪莹你刚才说凶手可能还在这里,那我们为了今晚的安全,不如去四处找找看。"

雪莹的目光在几个人脸上巡视,从表情来看,除了自己和麦嘉玮,唯一不知情的大概只有程妍,但其余几人却都闭口不谈,看上去似乎也问不出什么。雪莹并不急于继续追问,而是附和道:"也好,大家一起去吧,更安全些。"

除了放置陆伟尸体的房间之外,他们几个人逐一房间察看了一圈，最后来到一层左手的那个陈列室。不知为什么，这房间总让雪莹感觉有丝怪异。才走进屋，昨天那轻微的流水声仿佛又传进耳朵里，但声音很小，如果不仔细听不会发现。

才打开灯，柳嘉便抽了口气，紧走几步来到玻璃柜前，几乎整张脸都贴在柜子上，瞪大眼睛仔细看着："这里是不是少了东西啊？"

"少了一个娃娃，右上角的位置空了。"几个人都走了过来，程妍看了看回答道。果然昨天的六个娃娃，如今只剩下五个。

马铭宇惊声道："难道有人进来过？"

"看来是了。"

"可是我们都已经查过一遍，如果还有其他人，他还能躲在哪儿？"麦嘉玮疑惑道。

"只有两个可能，一是这城堡里还有我们所不知道的地方，毕竟这里这么大，如果有遗漏的也并不奇怪；二是——"雪莹说到这里顿了顿，目光在众人脸上巡视了一圈，才继续说道，"凶手根本就在我们当中。"

"什么？这不可能！"李想立即否定道。

"我只是陈述所有的可能。"雪莹解释，"我看这样，今天我们还是各自回房休息，明天一早说不定就能离开这里了，到时候再作打算。"

"现在看来也只能暂时这样。"麦嘉玮也附议。几个人道别之后，分别又回到了自己的房间，但是每个人的脸上似乎又多了几分凝重，那涌动其间的不安，无论怎样都无法掩饰。

[六]

朦胧的月色洒进苍白的房内，雪莹却没有任何睡意。她静静靠在半掩的房门旁，凝神注视着眼前，赫然是陆伟的尸体。她海洋般湛蓝的眼眸中灼灼在这黑夜里闪动着敏锐的光芒，沉静地思索着。

忽然门外的走廊里传来的轻微响动让雪莹不禁警觉地屏息凝神，

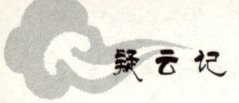

仔细分辨去，唇边却缓缓露出一抹轻笑。那人在房门前停下脚步略一犹豫，这才轻轻走了进来。雪莹并不急于开口，而是静静站在黑暗中，等着他发现自己。来人环视四周，像是在寻找什么，在依稀看到雪莹窈窕身影的一瞬间，显然被吓了一跳，但又似乎在他预料之中。

"你果然在这里。"

"我说小麦，我怎么不知道你还有梦游的毛病？"雪莹仍是双臂环胸，气定神闲地看着麦嘉玮。

麦嘉玮抚了抚略显蓬乱的头发，才无辜地说道："我刚才去你的房间，敲门却没人在，我就想你有可能在这里。"

"你怎么知道我不是睡死了？"雪莹挑眉看着他，"也可能就不想给你开门，毕竟这三更半夜的，你一个大男人，去女孩子的房间干什么？"

"我只是想听听你对这件事的看法，何况，你能和一般的女孩子相提并论吗？"麦嘉玮看着雪莹喃喃道，这让雪莹不禁想起麦嘉玮第一次去她练习的道场，曾被她摔出去的情景，嘴角的笑意不由得更加深了。

"小麦，你有什么想法？"

"这件事的疑点还很多。"麦嘉玮掏出自己随身的笔记本，却发现天色太黑无法看清楚，又重新收入怀中，自己叙述道，"首先能熟识陆伟习惯的人，一定是认识他的，其次他们几个人明显有事情隐瞒，还有那个消失的娃娃，又代表着什么？"

"所以刚才当着他们的面，我只说了凶手可能还在城堡里，但有一点我并没有肯定，那就是我认为，真正的凶手就在那几人当中，而那个娃娃，虽然不清楚理由，但显然是凶手拿走的。"

麦嘉玮看上去也并不惊讶，而是点头赞同道："我也想到了这个可能，但还是继续隐瞒他们的好，在我们没找出凶手之前，不能打草惊蛇。"

"没想到你也越来越开窍了。"雪莹笑笑，但眼中还有一丝抹不去的担忧,"我只担心,事情不会这么简单就结束。"

"你是说——"

"就像我早些时候说的,如果凶手不是那个叫做楚林的,想必他也是凶多吉少了,这样我们被困在这里绝不是偶然,而是凶手设计好的,要是这样,就还会再出现意外。"雪莹幽幽说道,轻柔的声音在这黑夜里听来令人心惊。

"你觉得还会有下一个被害者?"

"现在只能祈祷不是这样。"雪莹说完,看看窗外,又拍拍麦嘉玮的肩,"不早了,还是去睡吧,能不能离开这里,明天一早就清楚了。"

"你呢?不回去睡觉吗?"走出门,麦嘉玮看着要向另一方向走去的雪莹,疑惑地问。

雪莹微微一笑,"我去喝杯水就睡,我可没有熬夜的打算。"

因为二层虽然有餐厅,但显然很久没使用,没有任何陈设,雪莹只有到一楼的厨房里去给自己倒水。路过厨房旁的餐厅时,侧目看到一个身影静静坐在里面,月光洒在她柔和的面容上,是程妍。

雪莹想了想走进去,程妍听到脚步声抬起头,向雪莹友善一笑,雪莹点点头算作打招呼,走到她身旁也坐了下来。

"这么晚了,还没睡?"程妍轻声问道。

"你也没睡。"雪莹不答,而是陈述道。

程妍低下头,望着自己放在桌子上的手,秀丽的脸上笼着一层忧虑。"雪莹,你说楚林真的有可能已经被——"说到一半,她便因为这想法而说不下去了。

看着她楚楚可怜的样子,雪莹想到他们曾提起过程妍和楚林像是近乎于恋人的关系,现在楚林失踪,生死不明,程妍的担心自然也在情理之中。雪莹拍拍程妍的手,安慰道:"现在都还不能确定,别太担心了。"

程妍顿了顿,眼中仍盈满了忧心忡忡,"为什么会发生这种事呢?"

"对了,程妍,白天他们提到的那个杀人的目的,你有什么线索吗?"

程妍摇摇头:"他们几个人都是一开始就在一个组搞研究的,只有我是后从其他系转来的,我来了才一年,并没有觉得有什么事能成为杀人的理由。"

"那你知道,这城堡楚林曾经带谁来过吗?"如果不是楚林,能够做好食物下毒和安排好房间实施杀人目的的,凶手必然也到过这里。

"没听他说过,楚林才继承这里不久。"

雪莹凝神微微沉思,随即笑了起来,她站起身微笑地看着程妍,"不早了,去睡觉吧。"

"我也一起上去。"程妍也站起来,两人一起向二楼走去,互相道别之后,分别走进了各自的房间。

[七]

清晨总是让人忐忑,雪莹醒来第一件事就是跑到窗前拉开帘向外望去,果然如她所想的一般,水虽然看上去比昨天略微低了一点,但却仍没有离开的可能。

她洗漱之后便走出房间,在楼道里和麦嘉玮遇个正着。

"我正要去找你。"麦嘉玮招呼道,"水还没有退下去。"

雪莹点点头,"但是看样子,再有一两天就应该可以了。"但即使是这一两天,都让她有种不安的预感,是不是剩下的所有人都能在水退了之后,安全地离开呢?想到这里,雪莹不禁担忧地问:"没看到其他人?"

"刚才我听到隔壁有开门的声音,应该是有人下楼去了。"

"去看看。"雪莹说着,和麦嘉玮一起走下楼。他们才走下楼梯,就听到里面传来说话声,雪莹和麦嘉玮互望了一眼,不约而同地停下了脚步。

"怎么没看到小妍?"柳嘉的声音传来。

"大概还在睡觉吧。"说话的人是萧韩,"也没看到马铭宇。"

"别提那家伙了,昨天他差点就把那件事说出来。"李想讪讪地说道,语气中似乎有些不满。

"算了,他也不是故意的。"柳嘉劝道。

"没错,这件事情以后就不要再提了。"萧韩也开口说道。

"他们俩还真是慢,看样子今天还走不了,把他们叫下来商量下接下来该怎么做吧。"柳嘉说着,屋内传来椅子移动的声音,随后几个人的脚步声传来。

雪莹向麦嘉玮点点头,从门边走了出来,装作才刚走下楼的样子,大方地和几个人打着招呼。从里面走出来的三个人看到雪莹和麦嘉玮,神情倒是有些略显尴尬。

"雪莹,你们来了,什么时候下来的?"柳嘉笑问道。

"刚下来,还没来得及走进去,你们就出来了。"雪莹说出了让几个人安心的回答,并且装作不知情地反问道,"你们现在要去哪儿?"

"我们看今天还走不了,想去找马铭宇和程妍也下来,一起商量下今天要干什么。"李想回答道。

"那大家一起去好了。"

再次回到二层,马铭宇和程妍的房间都是房门紧闭。几个人先敲响了靠外侧马铭宇的房门,敲了几声,里面却没有回应。

"马铭宇这家伙,不会是睡死了吧。"李想说道。

"这时候,瞎说些什么。"柳嘉的斥责让大家不约而同想到另一间房里,还躺着陆伟的尸体,都有些寒意袭了上来。

"不会是出了什么事情吧?"

雪莹沉思不语,似乎也隐隐感受到一丝不祥,再敲了几下门之后,雪莹果断开口说道:"把门撞开。"

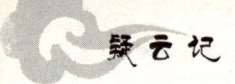

其他人虽然有些惊诧,但也没有太多的时间犹豫,麦嘉玮、李想和萧韩几个男人合力开始撞门,没几下,门便应声而开,屋子里的情形让几个人吓了一跳,所有的窗帘都紧闭着,挡住了外面的光亮,屋内几乎一片漆黑。依稀可见马铭宇仰面躺在床上,一动不动。

"你小子在里面啊,那为什么不回应我们?"李想说着走上前,却呆立在床边,惊恐地张大嘴再也说不出一句话。

雪莹心中一沉,快步走到床边,果然马铭宇睁着眼睛瞪着天花板,已经没有了呼吸。雪莹弯身检查了一下尸体,向几人说道:"身上没有别的伤,也没有中毒的迹象。"她顿了顿,望着鲜血染红的床单再度缓缓开口:"但是心脏也同样被取走了。"

"马,马铭宇,他也死了?"柳嘉磕磕巴巴道。

"到底是什么人,这么残忍。"

"雪莹,能判断他的致死原因吗?"麦嘉玮问道。

雪莹点点头,"看床单上血迹的位置,伤口应该在心脏处附近,但是因为心脏被整个取走了,所以掩盖掉了原本的伤口,而且从血的流量来看,这次凶手应该是杀了马铭宇之后马上就动手挖去了心脏,而且血液还没干透,时间应该不超过两个小时。"

"两个小时?"麦嘉玮看看表,"我在楼道里看到你的时候是在大约半小时前,7点左右。"他说完又转向一旁的柳嘉和李想、萧韩几个人:"你们大概什么时候到楼下的?"

"我起床的时候看过表,大约6点半,洗漱完到楼下的时候不超过6:45,之后不久李想和柳嘉也下来了。"萧韩解释着。

麦嘉玮在本子上做着记录,"如果从时间来看,也只能保证这一个小时不到的时间有不在场证明,前一个小时大家都在自己的房间睡觉,谁也不能免去嫌疑。"

"你怀疑是我们?"李想不满地问道,"我们刚才一起撞开门进来的,门是从里面反锁,这里有钥匙的楚林又不在,如果是我们,又是怎么出去的?我看一定是楚林这家伙搞的鬼!"

"不管是谁,这人一定是马铭宇熟悉的人。"雪莹在床前蹲下身,指着地板上的痕迹道,"你们看这里的血迹,马铭宇并不是在床上被杀的,而是凶手进来的时候他还活着,并且是马铭宇自己开门让凶手进来的,然后凶手趁他不备将他刺死,再拖到旁边的床上。"几个人都围到床边仔细端详着。雪莹继续说道:"而且从血迹喷溅在地上的形状看,是一刀致命,凶手解剖心脏的手法也非常熟稔,如果不是专业的人,应该无法完成。"

"这——"柳嘉神色露出一抹慌乱和复杂,"你说专业?如果是医学院的人,是不是能做到?"

"你是不是想到了什么?"

"大家怎么都在这里?"门口处忽然传来一道柔和的女声,大家转过头看,程妍的身影出现视线中。她看了看屋内的几个人,又看向雪莹一笑,"雪莹真有精神,我昨晚睡得太晚,总是觉得睡不醒。"

"你再不起,我们以为你也被杀了呢。"李想说道。刚才几个人说要去叫程妍,但发现马铭宇的尸体让所有人吓了一跳,忘了原本的打算,直到程妍出现,大家才想到这里还有个毫不知情的人。

"我也不是故意的——"程妍辩驳道,这次难得柳嘉没有替程妍抱不平,而是垂着眼睛,似乎沉浸在自己的思绪中。

"程妍,你昨晚有没有听到什么响动?"雪莹问道。

"我昨晚睡得很沉,什么也没听到,怎么了么?"程妍不明所以地摇摇头,等她走上前,才看到地上的血迹,目光顺着触目惊心的血看过去,当看到床上马铭宇尸体的时候,吓得脸色瞬间苍白起来,"马铭宇他,也死了?"

雪莹湛蓝的眼睛望着房门处,显得若有所思,如果凶手是同一个人的有意为之,那么应该——

片刻她像是猛地想到了什么,突然站起身向门外跑去。

"你去哪儿?"麦嘉玮的问话没有得到回应,几人互相看了一眼,都起身追了出去。

[八]

"果然——"站在陈列室的柜子旁,雪莹一双蓝眸凝神望着里面的四个娃娃,幽幽说道。

"又少了一个?"随后追来的麦嘉玮也皱起眉,神色凝重。

"天哪,好可怕,难道说每死一个人,就会少一个娃娃吗?我们这里正好六个人,那不是——"一向胆子很大的柳嘉忍不住也搓着手,惊恐地说道。

"那也就是说,我们几个都得死?"李想愤怒地说道,"我受不了了,这要到什么时候才是个头?我要游到对岸去,不想在这有杀人犯的地方待下去了!"

"别冲动,这凶手行事很有条理,想必已经对一切都计划周详,你这么做是没有用的,谁知道走出这里,还会有什么等着我们?"雪莹制止道。

"这凶手根本就是个神经病!"李想怒骂道,"取走人心脏的变态!"

"不,凶手不是盲目这样做的,关于他挖掉心脏这一点,我想一定还有什么我们所不知道的目的。"雪莹沉声说道。

"我觉得雪莹说得对。"程妍小声地说道,"我看不如这样,我到厨房先去做点吃的,吃过东西我们慢慢再来讨论。"接着她又转向柳嘉询问道:"嘉嘉,你能来帮我一下吗?"

柳嘉犹豫了一下,点头答道:"可以。"

几个人一起走出陈列室,柳嘉和程妍走入了厨房,而包括雪莹和麦嘉玮在内的其余四人则到厨房旁边的餐厅坐了下来。李想还维持着烦躁不安的情绪,不停地在屋子里走动着,似乎这样才能让他不马上冲动地夺门而出。萧韩看上去是这几个同学中最为沉着的一个,他坐在桌旁,皱着眉沉思着,从他用手指不断敲打桌面的动作来看,心里也很是烦乱,像是在思考着什么难以决定的事情。

第六章　洋娃娃城堡的饕餮之宴

厨房里隐约传来锅盆碰撞的声音，看来程妍和柳嘉正忙得热火朝天，但这餐厅里却是一片沉默。忽然间，萧韩停止了敲击桌面的动作，看着雪莹和麦嘉玮开口道："我觉得有一件事，该是说出来的时候了。"

李想蓦地停下脚步，瞪大眼看着萧韩，神色中说不上是恐惧还是忧虑。他顿了顿，然后终是什么也没说，继续在屋子踱着步。雪莹也并不感到意外，她和麦嘉玮早就知道这些人有事隐瞒着，如今同伴一个接一个地死去，她也料到他们会坚持不住，自己说出来。

"本来我们打算继续保守这个秘密不说，但现在看来，也许我们几个没有人能活着走出这里也说不定，所以我想了又想，还是决定告诉你们。"萧韩稍作停顿，"相信你们俩也知道，我们几个人是研究院的同学，隶属于医学院，研究的是细菌和病毒，以前我们小组里一共七个人，就是现在还在这里的我、李想、柳嘉，还有死去的马铭宇、陆伟，以及失踪的楚林，还有一个叫做莫凡的同学，在一年前的一次临床实习中，因为失误感染了病毒，最终没抢救过来而死了，那次我们几个都在场，而唯一不知情的，就只有半年前才转过来的程妍。"

雪莹闻言陷入思索，这两件事之间会有关系吗？如果有，又有着什么联系？虽然萧韩说得轻描淡写，但是凭直觉，雪莹觉得那个莫凡的死一定与其他的六个人有关系。也许，这六个人应该对莫凡的死负有某些责任。她想再开口询问，但却又像是无法准确捕捉到自己想要的信息。这时传来一阵脚步声，几个人转头向门口看去，只见柳嘉从门前快步走了过去，不仅把外套系个严严实实，连衣服后面的帽子都戴在了头上。

"柳嘉，你去哪儿？"李想问道，"这种时候还是别到处溜达的好。"

柳嘉没有回答，而是径直走向对面陈列室旁的楼梯，然后头也不回地上了二楼。李想也没再追问，而是自己走到桌旁坐了下来，厨房里隐隐传出微波炉转动的声音，掩盖了柳嘉远去的脚步声，只有雪莹

望着柳嘉的背影若有所思。

又过了一会儿,程妍手端着几盘食物走了进来:"先吃点东西吧。"

"柳嘉呢?"萧韩问道。

"嘉嘉刚才说她有点冷,估计是有点感冒了,我让她回房去先睡一会儿。"

"我说刚才怎么捂得那么严实呢,和她打招呼也不理。"李想嘟囔了一句。

"我们还是先吃点东西吧,还好冰箱里食物挺多的,就凑合做了一点。"程妍轻声说道。但是面对一桌子的食物,谁也没有太多的胃口,只有雪莹边吃边夸赞程妍的手艺好,并不时地询问着每道菜的做法。

午饭过后,大家为了安全,都聚坐在餐厅里没有离开,有一句没一句地聊着天。可是直到接近晚饭的时间,柳嘉都没有再出现,这让其他人心里都浮动起些许的不安。

"我还是去叫柳嘉下来吧。"程妍说着走上楼去。紧接着,一声惊叫从二楼传来。

"是程妍。"雪莹说着飞快地起身,其他人也都是脸色一变,飞快地向楼上跑去。

[九]

二楼柳嘉的房门敞开着,程妍的声音是从里面传出来的。几个人赶到门前向里面看去,程妍跌坐在柳嘉身旁,柳嘉倚着床坐在地上,身上虽然看不见任何伤痕,但是从她苍白的脸色和不再起伏的胸膛,大家已经猜到了几分。

雪莹走上前探了探柳嘉的气息,之后摇了摇头。她又走仔细端详着旁边整洁的床,伸手摸了摸床单的温度,才说道:"看来柳嘉并没有睡过这里,她应该是回房之后马上死了。"

"可是在她上楼后,我们就都聚集在一起吃饭,那之后也没有人离开过。"萧韩说道。

"我就说了,凶手不是我们当中的,这里面肯定还有别的人在!"李想愤愤地说道。

麦嘉玮也疑惑地问:"或者,也像陆伟一样是中毒死的?可是她都还没吃饭。"

"不。"雪莹摇了摇头,小心地拿起床上的枕头,"这个应该就是凶器,你看柳嘉的嘴边有少许的纤维,而仔细看枕头上好像有一点的潮湿将干未干,凶手肯定是捂住了柳嘉的口鼻,使她窒息而死。"

麦嘉玮也走过来仔细察看着,但却没有太接近柳嘉的尸体,怕破坏了现场的完好。"很奇怪,没有挣扎过的痕迹,通常窒息而死的人都会在最后拼命挣扎才对。"

"除非她在死之前就已经没有意识了,这样就能解释为什么没有反抗。"雪莹沉沉道。

"可是我们还是谁都没有时间来完成这件事啊。"

"而且很奇怪,柳嘉的尸体很完整,这次凶手为什么没取走心脏?"

雪莹并没有回答,而是再次仔细审视起柳嘉的尸体,从她微微敞开的外套,隐约露出的里面衬衣,到牛仔裤,鞋子,忽然她的目光停留在其中的一点上。原来是这样,雪莹沉思道,如果这样想的话,就可以解释凶手为什么没有像前两次一样挖走柳嘉的心脏,而且能做到这一点的,只有一个人。可是他为什么要这么做?现在最重要的是找出证据来。

傍晚时分,雪莹叫上了麦嘉玮,走出城堡的大门。麦嘉玮面带疑惑地跟在雪莹身后,但雪莹不开口,他也不知道从何问起。

"我想,我已经知道谁是凶手了。"

"什么?"麦嘉玮惊讶地看着雪莹,随即皱起眉,一副随时准备抓

人的样子,"是谁?"

"别急,咱们还需要寻找一些证据。"

"你要找什么?"

雪莹偏头思索了一下,"我们第一天来到这里的时候,我总是听到有流水声,但是后来就再也没听到过,这点让我很在意。"

"你觉得这和案子有关系?"

"不知道,那就要看我们能发现什么了。"雪莹和麦嘉玮小心地在城堡外,离河边有些距离的地方走着,这还是到了这里以来,他们第三次来到城堡的外围。第一天来的时候天太黑,第二天因为被困在这里大家都有些慌乱,再加上陆伟的死,立即就返了回去。现在仔细看去,城堡的四周环绕着一圈低矮却浓密的树丛,环境还很是美丽,但此刻却没有人有欣赏这风景的心思。雪莹径直走向陈列室窗子下的方向,"我听到的声音应该就在这附近。"她说着拨开了那里的树丛,随即睁大眼睛,和随后走过来的麦嘉玮面面相觑。

"这——"麦嘉玮惊讶地说道,"不是消防用的水管吗?"

"这一点我们倒是忽略了,这么大的城堡,不可能没有消防措施。"

"那是引的这水潭里的水?"麦嘉玮指着那湮没了路的水潭问道。

"应该不会,这里的水没办法永远维持这样多,看来是引的半山中的溪水。"雪莹蹲下身,伸手在粗壮的铁管子上探了探,"也许,这潭里的水还是从这里引的也说不定呢,你看,管子的出口上面没有半点铁锈,怎么看也不像是长时间没使用过的。"

"你是说,有人为了阻止大家离开,在之前往潭里放了水?可是,从这里的距离到潭边还有一段距离,这水管又无法移动,还要靠接上皮管子之类的才能完成吧?"

雪莹点点头,"你说得没错,凶器好隐藏,但这些管子却不是随便找地方就能藏起来的,这说明在这城堡里,肯定还有我们所不知道的地方存在。"

"那我们还等什么,现在就去找找看。"麦嘉玮迫不及待地说道。

"等等,还有一件事我需要确认一下,和我来。"

麦嘉玮跟着雪莹来到了二层空置的饭厅里,仔细检查着地面,麦嘉玮见状疑惑地问道:"你在找什么?我们应该从来没有进过这里。"

雪莹微微一笑,"我们没进来过,并不代表别人也没有,找到了。"说完她蹲下身,从地下捡起一个细小的东西来,如果不仔细看还真难以发现。"这就是证据,说明凶手只可能是那个人。"

麦嘉玮这次倒也没在刨根问底地追问凶手的名字,因为他知道时候到了雪莹自然会解释。"那现在我们要去做什么?"

"当然是找藏东西的地方,这么快就忘了?"雪莹脸上闪过一抹狭促的笑意,拍拍麦嘉玮的肩,摇头说道,"记性还是这么差。"

麦嘉玮早已习惯地没有反驳,只是摸摸鼻子认命地讪笑两声。

[十]

黑夜里静悄悄的,其他几个人好像都已经入睡。雪莹和麦嘉玮显得小心翼翼,在一切水落石出以前,不到迫不得已,他们并不想惊动那几个人。如银的月光从一层的窗子里洒进来,两人轻步走着,借助月光四处查看。

"小麦,看这里。"雪莹压低声音招呼着麦嘉玮。

麦嘉玮循声向雪莹站立的楼梯扶手边走去,那扶手的顶端看起来圆滑而发亮,反观另一端,却只是原木的颜色,但如果不仔细看,根本分辨不出区别。

"要试试看有什么机关吗?"麦嘉玮指了指扶手问道。

雪莹略一沉思,手握住扶手使劲一拧,从两道楼梯之间发出一阵轻微的响动,在两道弧形的楼梯后的,墙上的画忽然向上卷起,露出一道门来。麦嘉玮惊诧地瞪大眼睛,虽说本来寻找的就是隐藏的房间,但看到这暗室的门就这样毫无征兆地呈现在眼前,还是吓了一跳。

"我们进去吗？"

雪莹走上前，看了看漆黑一片的里面，隐约看见有一条蜿蜒的楼梯直通到下面，但是无法看到尽头。她摇摇头，"我们今天先回去，明早叫上其他人一起来，是该揭开真相的时候了。"说完，她又走回扶手前一扭，那画立即又恢复了原状。

"还要等明天？"麦嘉玮呻吟一声，抗议道，"不能现在就告诉我凶手到底是谁吗？"

雪莹只是微微一笑，并不回答，而是迈步向楼上走去。"喂，就告诉我吧，不然今晚上我肯定睡不着了——"麦嘉玮随后追了上去，声音渐渐隐没在拐角处。

第二天一早，程妍、李想、萧韩就被麦嘉玮叫到了楼梯旁，而雪莹早已经等在了那里。几个人看到雪莹的表情，都有些摸不到头脑，但却也知道把他们集中到这里，一定是有重要的事情。

"我今天找你们来，是打算带大家去参观一个地方。"

听到雪莹这样说，几个人都不明所以地看着她，雪莹神秘一笑，伸手拧动了扶手，地道的入口赫然出现在眼前。雪莹不动声色地打量着其他几个人的反应，他们都是一副惊怔的表情。雪莹只是笑笑，并不说话，率先拿好手电，走进了黑暗的走道中。

顺着石阶走下去，经过几个拐弯，出人意料地竟进入了宽敞的空间，但仍然感觉潮湿且黑暗，一股浓郁的霉腐气息扑面而来，隐约传出滴水的声音。空气中隐隐浮动着一股血腥的味道，即使有雪莹手中手电那束光线的照射，却还是有种脊背生凉的感觉抑制不住地翻涌上来。

"这鬼地方到底是哪里？"李想抚着鸡皮疙瘩直起的手臂说道。

麦嘉玮四下嗅着，"这么重的血腥味道是从哪儿传来的？"

"这边。"雪莹说完，快步向前方唯一的门走去，在门前端详着，"上面没有灰尘或者青苔，看来有人不久前才来过。"

麦嘉玮走上前推了推门，却被从里面反锁住。雪莹毫不在意地笑笑，将手中的手电筒交到麦嘉玮的手里，拍拍他的肩，示意他照向门的方向，自己则走到离门几步的位置，原地立定，跨步上前，转身抬腿一个回旋，一气呵成。只听"哐"的一声，门便应声而开。除了麦嘉玮之外，其他的几个人都瞪大眼睛，似乎是没有想到看上去这样纤弱窈窕的雪莹，会有这样的爆发力。

门刚一打开，血的味道愈发浓烈了起来。麦嘉玮举起手电筒向屋内照去，里面的情形让然心惊。这是一间不大的房间，除了手电的光线，里面不见一点亮，遍地都是星星点点的暗红色血迹。而最恐怖的是在正中央由血路围成一个圆圈的形状，边缘摆放着几个跪姿的娃娃，每个都面向着圈里面的什么东西。

再往前走，看得更加清楚，那圆圈中，端正地放着一个相框，里面能看到年轻的男人微笑的阳光面孔。

"这不是莫凡吗？"李想脸色霎时变得惨白，就连一向冷静的萧韩也露出惊恐的神色。

"这，这又是什么意思？"麦嘉玮指着一旁的娃娃，那些娃娃也都是满身的血迹，分辨不出面目，但让人触目惊心的是每个娃娃都并不完整，整个身体的正面都被剖开，里面盛着的，赫然是血迹已经干涸的心脏，狰狞且恐怖。

"看上去更像是一种仪式。"雪莹顿了顿，继续说道，"古埃及人在制作木乃伊的时候，据说会把心脏留在体内，好让他们获得永恒的生命。"

"可是虽然死了三个人，柳嘉的心脏病没有被挖走，为什么这里会有三颗心脏？"麦嘉玮追问道。

"那里，是不是有东西——"萧韩忽然开口说道。

麦嘉玮把手电向萧韩所指的角落照去，不知道是谁发出清晰的抽气声，墙角靠坐着一具尸体，毫无生气的好像即将报废的娃娃，而在他的胸口处，同样被开了个血洞，凝结着已经干涸的血迹，刺目的红。而这样的情形,似乎也回答了麦嘉玮刚才的问题。

"是楚林——"李想只吐出这两个字,就再也说不下去。

"和我预料的差不多,其实楚林在我们来之前就已经死了,这一切都是凶手早已经安排好的。"雪莹缓缓说道。

"凶手不是楚林,那到底是谁?"李想问道。

雪莹没有立即回答,她澄静湛蓝的眼眸依次扫过每一个人的脸。充满血腥的沉闷空间里,能听见急促的呼吸声,那是萧韩和李想紧张的喘息。

最后,雪莹犀利的目光停格在程妍那秀丽的脸上,她悠悠的长叹一声,轻柔地问:"程妍,你不打算解释一下吗?"

程妍仿佛受惊一般不由自主地后退了一步,声音颤抖地说:"你,你怀疑我?可我为什么要这样做?"

"那也正是我想知道的。"雪莹说,她转向大家,"你们想想看,那天刚到这里,因为错过了晚饭的时间,饥饿的陆伟才迫不及待地把东西吃下去,我们到这里没看清水位,是因为天黑,而这一切本来不应该发生的,是谁在这个时间,把大家引到了这里?如果没有刻意的拖延,你们天黑前就会到这里了,不是吗?"

听了雪莹的话,几人都将目光投向程妍,萧韩开口道:"这么说来,那天如果不是程妍迟到,我们就不会这么晚到达这里,而且,后来程妍还打来电话说她在这附近的亲戚家,让我们在几乎半山的位置接到的她,我还一直觉得奇怪。"

[十一]

"那是因为她要准备下了毒的饭菜,太早就会凉了。"

雪莹点点头,"我同意,虽然我也不知道你的动机,但我却有证据,先让我来猜猜看你是怎么做的吧。我想你借口要参观这里,提前让楚林带你来到这里,以你和楚林的关系,他不会怀疑。但你却在熟悉了城堡之后杀了楚林,开始布置这一切,我想那些娃娃也是你后拿来的吧。你用水管开始向水潭里放水,然后回到学校用楚林的名字发了邀请。来到这里之后,你几次用楚林可能有事来安抚大家,你是楚林的女朋友,自然成功打消了楚林的失踪给大家带来的不安。而且,涨水的时候,当时说山下水流急,建议我们返回城堡的人也是你,包括大家在怀疑楚林是凶手的时候,你处处维护楚林的态度,也是为了迷惑我们。"

"按照你的说法,我应该是在陆伟死的当晚挖去他的心脏,但那晚我和柳嘉睡在一起。"

雪莹笑笑,"这很简单,还记得第二天早上柳嘉说了什么吗?她说不知道为什么,自己总是睡不醒,我想你应该是给她下了安眠药一类的东西。"

"可是我记得马铭宇死的时候,我们不是撞开门的吗?门是从里面反锁的。"李想提出质疑。

"因为她做完一切之后并没有离开,我想她是躲在门后,我们打开门急着去查看马铭宇的尸体,而且当时屋里被拉上了窗帘,很昏暗,但是在听到柳嘉提到医学部的时候,她马上趁我们没注意走了出来,如果我没猜错,原因是她提到了能够暴露你的线索,所以你才急忙出现阻止并且迫不及待地杀了她。"

程妍并没有回答,而是反问道:"但是柳嘉死在房间的时候,我和你们在一起。"

"那是我们根据柳嘉上楼的时间来判断的,但是当时走上楼的那个人并不是柳嘉,而是你!其实你在厨房就已经把柳嘉弄昏迷,然后自己换上她的衣服,把她放在厨房的升降机里送到二层,然后扮成柳嘉当着我们的面走上楼,你之所以刻意选择距离远的楼梯,就是让我们能看清楚你,你上楼后,飞快地拖出柳嘉弄到房间,用枕头将她杀死,把衣服换回来,又从靠近餐厅的楼梯下了楼,因为这边的楼梯紧贴着我们坐的饭厅,所以只要你贴着墙走过去,合理利用视觉的死角,我们是没办法发现的。"

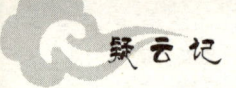

雪莹望着沉默的程妍,"这一点有两个证据,第一就是我们在察看柳嘉尸体的时候,我发现她的鞋带绑法是相反的,如果自己是不可能绑成那种样子,除非是有人给她系的,另一个就是,我在二层饭厅的地板上找到了这个——"雪莹说着拿出一枚闪亮的珠子,"这是柳嘉外套里面那件衣服的装饰,如果没脱下过外套,它又怎么会掉落在从没有人去过的那间屋子呢?"

程妍不再辩驳,她认命地叹口气,说:"没想到会遇见你们,你是什么时候开始怀疑我的?"

"其实,陆伟被害以后我就怀疑过你。"雪莹说,"还记得那天吗?马铭宇在慌张之中说'说到目的,难道是为了那个',当时在座的人都面露恐惧之色,只有你没有反应。我当时虽然不知道马铭宇所说的是什么事情,但是我断定他们几个人在那件事情中,一定有共同的利益,或者应该承担共同的责任。由于这个原因,如果凶手就在这些人中间,应该不会是他们。记得那天晚上我曾问过你,而你说你来了才不到一年,并没有觉得有什么事能成为杀人的理由。"雪莹低低叹息一声,接着说:"不能不承认,那天晚上,我被你忧郁的表情所迷惑,我实在不忍心把这么秀丽腼腆的你,和这样残忍血腥的凶杀案连在一起。"

程妍忽然笑了,那是雪莹所见过的,属于凶手最温柔的笑容。"连你也被迷惑了,看来我做得还算漂亮。"

"你错了。"雪莹摇摇头,"没有漂亮的犯罪,这世上一切的罪恶都是丑陋的!是你自己引导我找到了罪犯。"

"我?"程妍疑惑地望着雪莹。

雪莹点点头,"没错,还记得发现马铭宇尸体的时候,你说什么吗?"

"噢,我想起来了!"麦嘉玮突然恍然大悟地说道:"她一走进来就问,马铭宇也死了?"

"当时,你站在大家的后边,应该看不清尸体,你怎么知道马铭宇也死了?"

雪莹的声音很轻,但是程妍的脸色已经变了。

"本来,我是可以制止你再次犯罪的。"雪莹有些自责地说:"但是,我当时没有证据。昨天,当你把食物摆上餐桌的时候,我就隐隐觉得自己又晚了一步,因为在你做饭的时候,我听见微波炉一直在响,但是那些食物里没有一样用到微波炉。"

"所以你才会在吃饭的时候一直询问她每道菜的做法?"

雪莹点点头,"但是那时候,我还不清楚她这样做的用意,直到发现了柳嘉的尸体,我才明白她用那声音迷惑我们,其实那时候她根本不在厨房!"

雪莹望着程妍,湛蓝的眼睛中没有侦破凶案之后的愉悦,却盛满了忧郁和愤怒,她稍微提高了声音,说:"那个时候,你正在杀害你最好的朋友,因为柳嘉已经怀疑到你,所以你迫不及待地杀了她!"

"她该死!"程妍突然失控地大喊:"他们都该死!他们才是凶手,他们杀了莫凡!"

"你是为了莫凡?"萧韩惊诧地问。

"我和莫凡从上大学就开始交往,已经五年了,我考上医学部的研究生,而他选择了去研究细菌和病毒,但是却在一年前的实习中忽然死了,那个时候我正在做交换学生,没在国内,所以什么都不知道。"程妍说着,垂下长长的眼睫,情绪中透露出一丝忧伤,"后来为了不忘记莫凡,我转到了这个专业,但是只有关系比较好的柳嘉知道。可是没想到,我却在不经意间,知道了那次事故的内幕。那次的试验,本来应该是由楚林来操作,但是他知道危险,临时退缩,才会让毫无准备的莫凡代替他,在出事之后,他们个个都怕承担责任,所以没有及时救治,莫凡才会死!更可恨的是,他们竟然没有丝毫的愧疚之心,反而经常庆幸死的不是自己。所以从那时候起,我就决定了,一定要找机会给莫凡报仇!天赐良机,楚林邀请我到这里来,只是我没想到,雪莹你们会出现,否则,我的计划一定会成功!"

"你说不经意间知道了内幕?"雪莹敏锐地抓住程研话中的疑点反问。

"是一个好心人,在不久前通过网络聊天时,告诉了我事情的真相,不然恐怕我现在还被蒙在鼓里。"程妍愤恨地答道。

雪莹脑中微光一闪,能操控这一切,并且乐在其中的那个人,很可能——想到这里,雪莹立即追问道:"那人叫什么?"

"不知道。"程妍摇摇头,"他的网名叫 M,而且我最后一次和他在网上聊天,提到楚林追求我的事情,他还给了我复仇计划的建议,这套杀人方法就是他教给我的,从那之后,我们就没有再联系过。"

"程妍,M 并不是什么好心人,你被他利用了!"雪莹正色沉声说道。世上本就没有那么多巧合,果然 M 再次利用程妍的仇恨,制造了这次的悲剧。

程妍摇摇头,"不,我心甘情愿,只要能给莫凡报仇,什么我都愿意去做。"

"程妍,这件事确实我们有错,等离开这里,随便你怎样惩罚。"萧韩开口说道,"其实,我们并不像你想的那样,没有愧疚。"

程妍摇摇头,唇边露出一抹凄楚的笑,"你认为,我会相信你的花言巧语吗?我要让你们都留在这里。"她说着缓缓向后退去。

"不对。"雪莹皱起眉,从麦嘉玮手中夺过手电,照向程妍站立的身后,他们昨晚要找的,连接消火栓的管子就静静躺在地上,而在程妍的身后的墙壁上,是一个正方形的盖子,那滴水声就是从这里传来的。程妍毫不迟疑地伸手拨开上面的几道锁,飞快把盖子打开,一股强大的水流瞬间冲进屋内,向着众人袭来。

"这是连着屋外水潭的,外面的水会灌进来整个淹没这里!"雪莹大声说道,此时水已经打湿了他们的衣服,几个人被强大的水流冲得也都站立不稳。

"现在我们怎么办?"李想费力压过水声,挣扎着叫道。

"快从门口出去。"雪莹坚定道。

雪莹说着，已经带领几个人向门外努力游过去，却发现门怎么也打不开了，原来程妍在进门的时候，趁大家不注意将门锁死了。

"顺着水从这洞口游出去！"这时水已经到了腰际，"水潭的水下降之后，通向外面路就会露出来，出去后向着路的方向游！"

强大的水流冲得人睁不开眼，只能依稀摸索着那个方形的出口，用手紧紧把住才能不被冲回来，但要出去还得靠背后推一把。麦嘉玮留下将几个人推出去，雪莹在外面屏住呼吸，又把麦嘉玮拉了出来。两人一起浮出水面，深吸一口气，有种重见天日的感觉。随即见到李想和萧韩也冒了出来。

"程妍呢？"雪莹问。

"刚才太乱，没注意到，难道是还在里面？"

"我回去。"麦嘉玮说道。

"现在回去谁都没办法再出来了。"雪莹拉住他。

几个人都不再开口说话，向着唯一的道路游去——

踏上了那条来时的路，几个人很快就取出了车，开离城堡不远再回头望去，那里依然平静，完全看不出下面的水卷浪涌。每个人的心中都带着几分沉重，程妍用三条生命和自己，来祭奠了那逝去的爱人，而这结果，却是最让人欷歔。

"果然这次的事情还是与 M 有关。"麦嘉玮神情凝重说道。

雪莹面露微愠，"M 总是在人毫不知情的情况下，利用人心中的仇恨来制造悲剧。"

"但 M 为什么会知道我们出现在这里？我们在山里迷路也只是巧合啊。"麦嘉玮疑惑说道。

"M 在意的不是旁观者是谁，他享受的是自己操控人心的仇恨，和制造各种麻烦给警方。"雪莹语中带着几分轻嘲。

"程妍不是提到和 M 在网络上有联系吗？如果我们顺着这条线索查下去，会不会找出 M 的踪迹？"

雪莹轻叹一口气,淡然说道:"恐怕不会这么简单,M不会做毫无退路的事情,就算追查,也不会有什么结果,就好像朱九儿制造的'天眼'案子一样。"

"那我们还是下山,赶紧想办法报警。"麦嘉玮说道。

几人点点头,才刚准备发动车子,不远处传来汽车喇叭的声响。循声望去,一辆银色的车划破正午的阳光而来,停在几人面前。满面担忧的罗逸凡打开车门,走了下来,在看到浑身湿淋淋的几个人之后,忙走到雪莹面前关切地问道:"你们没事吧?"

雪莹摇摇头,"逸凡你怎么来了?"

"你们几天都没回来,莫警官很担心,但他要留在警局处理事情,所以我代替他,到你们行程必经之处沿途寻找过来,直到在这里听到了很大的水声,觉得很奇怪,赶紧过来看看。"罗逸凡说着,脱下自己的外套,体贴地披在雪莹的身上,又转头看向那正被水淹没的城堡,"到底发生了什么事?"

"这说起来就话长了,我看还是边走边说,先离开这里。"一旁的麦嘉玮打断他们两人,似乎是刻意提醒着。

雪莹也点头,随着汽车的再次发动,那流水声伴着城堡,永远定格在了人们的记忆之中。

第七章

夜总会连环杀人案

[一]

此刻的审讯室内,灯光有些昏暗,莫警官沉默地翻看着眼前的调查报告,并不时抬头看看对面的男人。那男人看上去很紧张,黝黑的脸上写着不安与局促,而莫警官的这种沉默,似乎更在他的心头笼罩上沉甸甸的压力,让他坐立不安。

"姓名?"莫警官终于打破沉默,缓缓开口问道,那声音更像是无形的鼓槌,敲打在对面男人的心上。他轻轻瑟缩了一下,才回答道:"赵新。"

"昨天晚上11点左右,你在哪里?"

"我——"赵新眼睛一转,"我在上夜班。"

莫警官又看了他一眼,声音转为严厉,"胡说,我们已经查过了,昨晚你轮休,全厂只有你一个人不在!"

赵新一惊,显然是没想到警察已经查过他,他很快露出一丝不自然的笑意,讪讪道:"我记错了,我昨晚是在家,在家里睡觉。"

"请你想清楚再回答,我们现在怀疑你和一起强奸杀人案有关。"

"杀,杀人?"赵新磕磕巴巴重复道,"我还以为你们抓我来是为了——"说到这里,他好像意识到自己说漏了嘴,赶紧闭上嘴不再开口。

莫警官看了看赵新，也不再追问，只是拿出一张照片放到他的眼前，"你认识照片上这个女人吗？"赵新凑上前去看看，脸上有些迟疑，他忘了莫警官一眼，像是有所顾忌地缄默着。莫警官见他不说话，继续补充道："她昨晚被杀死在C区的巷子里。"

赵新双眼蓦地瞪大，似乎有些难以置信，继而才反应过来，飞快地摇摇头，"我没杀人，我昨天走的时候她还好好的。"

"也就是说，你认识她。"莫警官用手指敲打着桌面，赵新无力地点点头。

"我只知道她叫小蚕，是一间夜总会的小姐，我和她在一起过几次。"

"昨晚也在一起吗？"

赵新先是点点头，随后又把头摇得像拨浪鼓，慌乱地说："我昨晚是去找过她，可很快就走了。"

"你去找她的时候是几点？"

"记不清了，我想大概是9点左右吧。"

"你最好说实话。"莫警官盯着赵新，幽幽地说。

"我说的是实话啊！我本来是要找她去快活一下，可还没来得及办事，就因为有事而先走了，我走的时候肯定还不到10点。"

"你为什么这么肯定？"

"我——"赵新停顿了一下，并没有马上回答，而是略想了片刻，才回答，"我手机有通话记录，上面有朋友给我打电话的时间。"

"你接到电话就马上离开了？"

"没错。"

莫警官没有说话，又把调查报告拿在手里慢慢翻着，纸张传来的声音清晰地回荡在安静的审讯室里。刚才那种紧张的心情又浮现在赵新的心头，他吞咽了下吐沫，用余光瞄着莫警官。莫警官翻了一阵，才又抬起头。"那你能不能解释下，为什么在死者体内发现的精液DNA，和从你身上提取的DNA样本是一致的？"

"这不可能,我昨晚确实没碰过她。"赵新闻言激动地红了眼,声音也焦急起来。

莫警官对于赵新的反应好似视若无睹,仍是镇定地坐在原地,淡淡地看着赵新。"除非你能说出昨晚你去了哪里。"

"我——"赵新的气焰立刻灭了下去,他犹豫着,好像在做激烈的思想斗争,权衡轻重之后才咬了咬牙,定定地说,"我和一帮朋友在一起赌钱。"

这是罗逸凡第一次来到侦探社,雪莹看到他也有些意外。她笑笑,打开门让罗逸凡走进来,问道:"这次怎么把你派来了?"

"嘉玮去调查还没回来,我就主动和莫警官申请过来找你了。"罗逸凡露出迷人的笑容,环视着侦探社,"这就是你爸爸留下的侦探社?"话说出口,似乎感觉并不合适,又向雪莹道了一声"sorry"。

雪莹不在意地一笑,"没关系,我还没那么脆弱,我一定会找到爸爸的。"

"真想看看,是什么样的父亲才能培养出你这样坚强的女孩子。"罗逸凡说着又向雪莹眨眨眼,"而且,还是个这样的美女。"

雪莹被他的表情逗得笑意更甚,气氛顿时轻松融洽起来。"我爸爸可是这世上独一无二的好男人哦。"

罗逸凡挑挑眉,"看来,我要超越他还需多努力。"

雪莹望向他深海一般的眼眸,这话说得很突然,让雪莹一愣,从罗逸凡那似真似假的惯有笑容中,无从分辨他话中的含义。雪莹转而故作轻笑道:"还是赶紧说说你来这里是干什么的吧,你会这个时间出现在这里,肯定是莫叔叫你来找我的,这次是什么案子?"

"我最喜欢和聪明人说话。"罗逸凡拿出装有资料的文件夹,潇洒地摊开在桌子上,"前天晚上发现一个女人被杀,身体里发现了男人的精液。我们在死者身上发现了化工厂的粉尘,我们去了那附近的化工厂,当晚休假的只有一个叫做赵新的人。"

"找到那人没有？"

罗逸凡点点头，"昨天就抓到了，从他身上提取了 DNA，经过鉴定和现场发现的一致。"

"那还有什么问题？"雪莹问道。

"他只交待当晚见过死者，但不承认和死者发生过关系并且杀了人。而且最关键的一点，他有不在场证明。"

雪莹微微倾身向前，湛蓝的眼中微光闪过，"确定？"

"一开始他拒不说出自己当晚的去向，只说接了朋友的电话就离开了，但后来禁不住莫警官的审问，说和一群人在赌博。"

雪莹点点头，"赌博毕竟也是犯法的，所以他面对警察，才不敢说出来吧。"

"莫警官带着嘉玮他们还在按照赵新提供的名单调查。"罗逸凡刚说到这里，手机响了起来，他接起来应了几句，便匆匆挂断了。

"又发生了一起类似的案子。"

"什么？那也就是说——"

罗逸凡心领神会地点头，"赵新还在被关押着，凶手不可能是他。"

[二]

发现尸体的地方，在一条不常用的地下过街隧道。墙上斑驳的尘土显示着这里平日的人迹罕至，里面的灯几乎坏了一半，使得即便外面阳光明媚，这地下过街通道里仍然是半漆黑，依稀看到查案警员的人影晃动，脚步声在空旷中回荡。

现场位于整个地下过街通道的中间位置，也是最为幽暗的地方。雪莹看了看四周，光线昏暗，是杀人弃尸的好地方。半裸的女尸呈一种怪异的姿势倒在地上，白皙的脖子上还缠绕着一截麻绳。雪莹蹲下身，绳子在死者脑后交缠，她用带着白手套的手拿开麻绳，尸体皮肤上的淤痕清晰可见。

"看上去是被勒死后,又被侵犯,然后被丢弃在这里。"

莫警官摸着下巴,"现场看是这样,但结论还要等详细的尸检报告出来。"

"和逸凡说给我的案子是同一凶手所为吗?"雪莹看着莫警官问。

"初步看是这样没错。"

"上次案子的嫌疑犯赵新现在怎么样了?"

"还关在警局。"莫警官答道,"所以他犯案的可能性几乎为零。"

"上次的案子还有什么疑点吗?"雪莹又问。

莫警官摇摇头,"上次提取的 DNA 确实是赵新的没错,除了他拿出的不在场证明还需要进一步证实。"

雪莹沉思着,如果赵新还在关押中,应该不可能逃出来作案,难道说这起案子和上次的并没有关联?可要是这样,为什么作案方法会如此相似?会是有人刻意模仿?

这时候一个警员快步走过来,"莫警官,在通道外面的垃圾桶里发现了这个。"他说着,把一个有些脏的女士手提包交到莫警官的手上。莫警官和雪莹对看了一眼,打开了手提包,里面是一些简单的化妆品和纸巾,莫警官翻了翻,忽然从里面拿出一个金属的小盒子。

"是名片盒。"莫警官打开,里面的名片各式各样,仔细看去,名片盒的内侧隐约写着几个小字: 浪花夜总会,小雨。

"这个夜总会——"一旁的罗逸凡似乎想到了什么,"我记得上次那个案子的被害人小蚕,也是在这间夜总会做事。"

"这恐怕不只是巧合,看来这两起案子真的有关联。"雪莹若有所思地说道,但那联系到底是什么?

"总之,我们还是先回去等化验的结果,看看能不能有什么新发现。"莫警官开口说道。

第二天接到电话的雪莹,很快就来到警局,刚入冬的天气已见寒冷,一路骑车赶来,冷风吹入外套里,让人瑟瑟发抖。雪莹走入警局的大门，一阵温暖的气息袭来，不由得全身舒畅起来。她摘下头上的毛线帽，解下脖子上的长围巾，一不小心，拿在手里的手套掉在了地上。

雪莹刚要捡起来，却有人抢先一步蹲下身帮她捡了起来。"谢谢。"雪莹抬起头，对上的是一张略施着薄妆，精明干练的面容。她衣服外穿着一件白袍，长发一丝不乱地挽在脑后，正对着雪莹友善地笑，"你的东西太多了，我这里正好有个口袋，给你把东西装起来，别再掉了。"说完，她从白袍的衣袋里拿出个塑料袋交给雪莹。

雪莹粲然一笑，向她道了声谢，没想到警局里竟然还有这样亲切的美女，自己来了这几次从没见过，看她的装扮，应该是鉴证科的吧。

"我还有事，先走了。"那女人看着雪莹把手套、帽子、围巾，这些随身的东西都装进塑料袋里，才微笑着和她道别。雪莹又道了一声谢，目送她窈窕的身影离开，自己也转身走向莫警官的办公室。莫警官打内线电话，把麦嘉玮和罗逸凡也叫了来，随时准备一起分析案情。

几个人刚坐下，办公室的门就被推开了，雪莹一看走进来的人，不禁一愣，"是你？"

"你们见过？"莫警官笑着介绍道，"这可是我们技术鉴定科的精英，沈鸢儿，她前一阵子一直都在休长假，你们都还没见过吧？"

"莫警官您过奖了。"沈鸢儿微微一笑，向其他几个人点头打招呼，"和这个女孩儿刚才在楼下见过面，没想到是莫警官您的客人。"

"我来介绍一下，她是雪莹，一个老朋友的孩子，帮忙解决了很多案子，这两位是最近新来的，麦嘉玮、罗逸凡。"

"看来我不在的时候发生了不少事。"沈鸢儿笑道，"我现在要去验尸，先打个招呼看看，有没有什么需要特别注意的地方？"

"暂时还没有，要看你那边有什么新发现。"莫警官答道。

"我能不能去旁观？"雪莹忽然开口问道。

沈鸢儿面露些许的诧异，但一双美目在雪莹身上扫过之后，随即亲切地笑了起来，"没问题，跟我来吧。"决定之后，罗逸凡和麦嘉玮继续去调查整理一些这几天的相关线索，莫警官和雪莹则同沈鸢儿一起，走向验尸房。

验尸房里，身穿白袍的沈鸢儿站在尸体旁，对面是同样已经穿上了白衣的莫警官和雪莹。

"我还是第一次看到真实的验尸过程。"雪莹蓝眸中隐隐透出几分期待。

沈鸢儿看到她的样子微微一笑，"验尸可不是什么好玩的事情，希望你不会后悔。"说完便戴上口罩和白手套，专注地开始察看尸体。

"从脖子上的来看，勒住颈部导致窒息是致死的原因。"沈鸢儿握着尸体的脖子解释着，然后又抓起尸体的手部，细细打量着，"指甲里有尘土，被勒住脖子时，都会手无意识地乱抓，因此通常会在指甲缝隙中留下尘土粉末。"

"看来确实是勒死。"

沈鸢儿点点头，忽然像是发现了什么，一手仍然抓着尸体的手，另一手拿起镊子，从指甲缝中捏出些许东西，放在托盘里，放在显微镜下。"是衣物的纤维，和死者身上穿的衣服不是同一种材料。"

雪莹想了想，"那就是说，有可能是凶手的？"

"很可能。"沈鸢儿又走回解剖台前，察看着尸体的下身，"死前遭到过性侵犯。"

"能从中提取到精液吗？"莫警官追问。

"应该没问题，结果我化验之后会交报告过去。"

莫警官和雪莹刚回到办公室后不久，麦嘉玮和罗逸凡纷纷赶了回来。莫警官示意他们坐下来，问道："怎么样？"

麦嘉玮喝了口水，带着调查的满脸风尘说道："对赵新提供的那

些人员名单分别进行了走访查问,那群人,开始个个嘴巴都紧得跟什么似的,软硬兼施,才能问出赵新的话有多少真实性。据调查结果显示,那天他们确实聚在一起赌钱,几个人都可以证实,赵新当晚到达的时间是10点左右,中间并没有离开过。"

"那就是说,他没有作案的时间。"雪莹思索着,可疑问就不免浮出水面,如果赵新没有杀人,那么他就没有必要隐瞒和死者发生过关系。既然是这样,为什么在死者小蚕体内会有赵新精液的残留?

显然同样的疑问也存在于其他几个人的心中,一时间大家都陷入了思考。片刻之后,莫警官才转向罗逸凡,"你去浪花夜总会调查,有没有什么收获?"

"浪花夜总会打着娱乐的名号,实际上是一家色情场所,小蚕和这次被害的小雨,都是那里的红牌,我给经营者看过赵新的照片,证实他确实是那里的常客,最近一年内,更是每次去必然大手笔地消费,所以和那里的很多小姐都很熟。"

雪莹听了他的话,暗暗沉思着,眼中一抹光芒闪过,但又似乎快得难以捕捉。

"你们怎么看两起案子?"莫警官问道。

"显然这其中必然有联系,不然不会这么凑巧,两个死者都是在同一家做事的小姐。"罗逸凡说着,"表面上看,这联系的关键人物应该是赵新,因为他就好像一截绳子中间的扣,和两名死者都有着接连,但这却是个死扣。"

莫警官点点头,"除非他能从看守警员的眼皮底下溜出去作案,不然这第二起案子,他绝对没有作案的可能。"

"那就是说,有两种可能:一是,赵新的不在场证明是假的,那么结果就是,两起案子并不是同一凶手;第二种可能,就是赵新确实不是凶手。"麦嘉玮也开口说道。

雪莹幽幽插话进来,"我更倾向第二种。"

"那又怎么解释在被害人的体内发现了他的精液?"

雪莹抚了抚耳边的长发,"这一点,我目前也还没有头绪。"

"也许鉴定科拿来验尸报告能给我们一点其他的启发。"莫警官说道。

[三]

几个小时后,沈鸢儿就把报告送到了莫警官的办公室。她将报告放在桌子上,惬意地在椅子上坐下来,面带结束工作的笑容。

"指甲里的纤维是一种合成纤维,很便宜的那种,市场上到处都可以买到。"

"那DNA的结果呢?"

"我就是要说这个,化验DNA的时候,有个很有意思的发现哦。"看几个人闻言都专注地看着她,沈鸢儿顿了顿,微微一笑,才继续说下去,"我对比了上次那个赵新的DNA,不是他的,但是,死者身上提取精液里的DNA,竟然不止一个人的。"

其他人脸上都露出惊讶的表情,莫警官沉吟道:"那就是说,凶手不止一个人,是团体作案?"

"而且,我对比了资料库里的记录,发现里面有几个是有犯罪记录的。"沈鸢儿边说,边拿出一份名单,分别递到几个人面前。

"这——等等,这上面的人——"麦嘉玮端详着手里的名单,微微皱起眉。

"怎么?"

"就是我这几天询问过的,第一起案子的当晚和赵新在一起的人。"

"难道他们都是共犯,所以为赵新做了伪证?"

莫警官摸摸下巴,沉沉道:"这也不是没有可能。"

"那接下来我们怎么做?"麦嘉玮看着莫警官询问。

"逸凡,你需要带几个人去'浪花',两个死者都是那里的人,我们不能保证会不会出现第三个被害者,你要带人对那里的人加强保

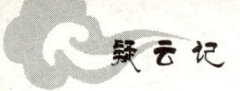

护,防止类似事件的发生。"莫警官转向罗逸凡交代。

罗逸凡点点头,"我这就去。"

"至于嘉玮,你和我一起去按照名单,带上面的嫌疑人来审问。"莫警官说完又温和地对雪莹说道,"小莹,你今天先回去,有什么新发现我再告诉你。"

第二天一早,侦探社的门就被敲响了,雪莹打开门一看,麦嘉玮那张无奈的笑脸出现在门口。忽然间雪莹有种说不出的感觉,似乎比起罗逸凡,麦嘉玮出现在这里是再正常不过的事情。但她还是做出漠然的表情,只有嘴角隐隐挂着的微笑,泄露了些微她自己都不自知的心绪。

"今天你怎么有空来了?"雪莹在沙发上坐下来,偏头看着麦嘉玮。

"我好像就昨天去调查,所以没来吧。"麦嘉玮摸摸鼻子,颇有些无奈,"我好像来这里都成习惯了。"

雪莹瞥了他一眼,好笑地说:"这习惯不好,我可没有招待你的义务。"但话虽这样说着,还是将一瓶水递到麦嘉玮的面前,"说吧,莫叔叫你来,是不是有了什么新进展?"

"我们逮捕了名单上的几个人,并且做了 DNA 的化验,确实和现场发现的相符,看来这起案子已经查得差不多了。根据'浪花'的人说,这几个人平时和赵新混得很熟,经常会和赵新一起去那里消遣,有时还会因为不付钱而和店里的人起争执,所以他们印象很深刻。"

"已经打算结案了吗?"雪莹皱起眉,似乎在努力整理着自自己的思路,"可我怎么想,这案子里都还存在疑点,赵新还好说,但那些有前科的人,明知道自己的资料有记录,为什么还会笨到故意在现场留下证据,让警方追查到?"

"我想,那些人大概是因为付不起钱才起了歹心。"

"可只要还存在疑点,我觉得就不能结案。"

"其实莫警官也是这个意思,所以才让我来问问你有什么看法。"

雪莹眨动海洋般湛蓝的眼睛,定定说道:"要想揭开谜底,还是要从案子开始的地方调查起。"

"你是说——"

"带我去第一起案子的现场看看吧,只看照片恐怕会错过一些细微的线索。"

很快雪莹和麦嘉玮就来到了第一个被害者小蚕被发现的现场,比起第二桩案子的地下通道,这里更接近浪花夜总会。

现场已经被清理过,但是地上仍然能够看出淡淡的痕迹。麦嘉玮拿出现场的照片交到雪莹手里,雪莹比对着察看,脑子里瞬间出现这样的画面。被害者横躺在地上,脖子上还缠绕着一截绳子,惊恐的眼睛一直到死都还瞪着。凶手随后脱下死者的衣服,实施了强暴。

雪莹在现场踱步,细细察看着每一处,忽然她在现场对面的墙壁前停住了脚步,凝神打量着,偏头沉思半晌,露出疑惑的神情。

"怎么?发现什么不对了吗?"麦嘉玮也走了过来。

雪莹摇摇头,但似乎又若有所思,她又望了望周围,问道:"这里是不是离'浪花'很近?"

"走过去大概不到十分钟。"

"我们去看看。"

"什么?"麦嘉玮露出诧异的神色,"你要去那种地方?"

"有什么大惊小怪的?难道警察查案子还要看地点?"雪莹斜看他一眼。

麦嘉玮摸摸鼻子,一时有些语塞,只能无奈答道:"好吧。"

看着他挫败的样子,雪莹唇边勾勒起一抹不易察觉的笑容,她轻轻拍拍麦嘉玮,"再说,不是还有你跟着我嘛,不会有危险的,我相信你。"

被雪莹这样一说,麦嘉玮似乎更加没法拒绝,只能和她一起去了"浪花"。

[四]

　　这个时间的浪花夜总会还没有营业,雪莹和麦嘉玮在门口遇到了罗逸凡。罗逸凡看到他们,似乎并不觉得意外,只是露出迷人的笑容,和他们打着招呼。

　　"辛苦你们了。"麦嘉玮向罗逸凡点头打招呼。

　　"没什么,早就习惯了。"

　　"这边有什么发现吗?"

　　听到雪莹的问题,罗逸凡显得有些诧异,"发现?不是说准备结案了吗?我正准备要回警局去呢。"

　　雪莹低头凝思,轻声说:"我总觉得事情不会这么简单。"

　　"你发现了什么疑点?"

　　雪莹点点头,"首先,上次说赵新经常在这里花上大把的钱,你们不觉得奇怪吗,他一个喜欢滥赌的人,又哪来的那么多钱花在这里?其次,这两起案子,都发生在被害者回家的路上,如果不是跟踪,就是凶手很熟悉死者每天回家的必经之路,那群赌徒,会有那个时间花在这种事情上吗?"

　　"你的意思是说,凶手另有其人?"

　　"你想怎么做?"罗逸凡问道。

　　雪莹想了想,"那个赵新,家里还有没有其他人?"

　　"有妻子和一个儿子。"

　　"我们不如去他家里看看有没有什么发现。"雪莹向麦嘉玮说完,又转向罗逸凡,"逸凡,我觉得你暂时还是不回警局去比较好,这几天再观察下这里有没有什么可疑的人,另外问问看,这里最近有没有新进人员。"

　　罗逸凡微微一笑,"这里就交给我吧。"

　　赵新的家在城郊一处低矮的平房区,雪莹和麦嘉玮一路打听,才找到赵新的家。走到门口,就看到一个中年女人正站在屋子前晒衣服。看到雪莹他们，那女人怔忡地问："你们找谁？"

麦嘉玮走上前，"请问赵新是不是住在这里？"

那女人闻言立即露出戒备的神色："你们是来要债的？我告诉你们，赵新不在家，我也不知道他死到哪儿去了，他在外面做了什么，都和我们没关系。"

雪莹友善地向她笑笑，"可是我们知道他在哪里，他涉嫌杀人案，已经被拘留在警察局了，我们这次来，就是为了这个。"

"你们是警察？"女人狐疑地打量着他们。

麦嘉玮拿出证件让她看过，才又确定般地问道："你是他的妻子王瑾吧？"

女人还没回答，从屋子里又走出个男孩儿，说是男孩儿，看上去也有十七八岁的年纪，他走到女人身边，看着雪莹和麦嘉玮问道："妈，他们是什么人？"

"警察。"

"警察？警察来我们家干什么？"

"没什么，这里没你的事，你先回屋去。"女人向孩子安慰一笑，直到看着那男孩儿走回屋子里，才又转向雪莹和麦嘉玮，"没错，我就是王瑾，你们想知道什么？进屋说吧。"

雪莹他们在王瑾的带领下走进屋里，这里面看上去可以说有些凄凉。屋里除了几件旧家具，几乎是什么都没有，能够想象，这家人过的是怎样一种凄苦的日子。有个好赌，又频繁出没于声色场所的男人，使这个家也似乎飘摇起来。

王瑾到了两杯白水放在他们面前，不安地问："你们说命案，是怎么回事？"

麦嘉玮拿出两个被害人的照片递到王瑾面前，"你见过这两个人吗？"

王瑾凑上前看了看，摇摇头，"不认识。"

"那么你听过浪花夜总会吗？"麦嘉玮又追问。王瑾还是摇了

摇头。

"你知道你丈夫在外面赌钱吗?"

王瑾一声长叹道:"怎么会不知道,那些来要债的人,连我家门槛都快踏破了。赵新每天东躲西藏的,连我都不知道他在哪里。"

雪莹想了想,插话问:"那他又怎么会有钱去找女人?"

"找女人?"王瑾瞪大了眼睛。

麦嘉玮指着照片上的人,"这两个人,都是浪花夜总会的小姐,据说赵新经常出入那里,还每次都出手大方。"

"什么——"王瑾震惊地看着麦嘉玮,好像一时间无法消化他说的话,她的目光有些失神,似乎受到了不小的冲击。

"看样子,你也不知道。"麦嘉玮轻声叹息,有个这样的丈夫,王瑾的日子恐怕也不好过。

"你的儿子多大了?"雪莹忽然问道。

"今年高三毕业。"

"很辛苦啊,该考大学了。"雪莹感慨道,王瑾不解地看了看雪莹,没有说话。"不过他今天为什么没去上学?"

"他身体不太舒服,请了几天假在家休息。"王瑾回答。

"妈,我要出门一趟,您一会儿去上班锁好门。"才说着,刚才那男孩儿走出屋,向着王瑾不放心地说道。

王瑾点点头,慈爱地叮嘱道:"早点回来。"男孩儿应了一声,就走了出去。

"还要去上班?那我们是不是打扰到你了?不知道是做什么工作呢?"雪莹偏头问。

"哦,我是医院的护士。"

"嗯,那恐怕要经常值夜班。"

"可不是。"王瑾点点头,"你们也看到了,家里这样,总得有人上班赚钱,不然这日子还怎么过下去?现在他又弄出人命,真不知道往后怎么办好。"王瑾说着,眼圈已经有些微微泛红。

"我们还没结案,还有一些疑点正在查,不一定就是赵新做的,你放心,我们会尽早查清楚的。"雪莹安慰她道。然后她自己站起身:"你还要上班,我们也就不打扰,先回去了。"

王瑾一直把他们送到门外,才道别离开了。

[五]

正在警方商讨要不要结案的时候,案子却再次发生了。这次的死者仍然是浪花夜总会的小姐,但唯一不同的是,沈鸢儿在留在现场的绳子上,发现了些微的血迹。

坐在莫警官的办公室里,几个人只好再次重新分析案情。

"那些人还都好好地关押着,应该不可能再作案了吧?难道我们在抓人的时候有遗漏?"麦嘉玮的脸上带着疑惑。

"或者说,凶手根本不在这些人当中。"雪莹定定地说道。

"可是,现场发现的 DNA 遗留,确实是这些人的没错。"莫警官摸着下巴,似乎已陷入了沉思,"难道小莹你还有别的看法?"

"你怀疑有人栽赃陷害?"罗逸凡看着雪莹问。

雪莹没有回答,而是反问他:"这几天你在'浪花'那边有什么发现吗?"

"你是说上次让我调查的?"罗逸凡拿出记录,看了看继续说道,"'浪花'新近的员工有两个,一个服务生,和一个清洁女工。"

"有资料吗?"

罗逸凡摇摇头,"那种地方你也知道,雇人的时候根本不需要详细的资料。"雪莹点头,上次查柒柒的案子,在"虹"俱乐部,也是同样的情形。

正在说话间,沈鸢儿走了进来。"结果出来了,绳子上的血迹不是死者的。"

"有什么发现?"

"死者的脖子上,在致命的勒痕周围还有很多细微的伤痕,看来

是这次凶手在勒死被害人的过程中，遭到了激烈的反抗，从血迹的位置来看，凶手当时肯定狠狠勒住绳子，虽然杀死了对方，但自己却在这个过程中被粗糙的绳子表面磨破了手，才会留下血迹。"沈鸢儿解释着。

"那也就是说，这血迹很可能是凶手留下的，只要找到这个手上有伤的人，就是第一嫌疑人。"

麦嘉玮皱起眉问道："可是，这么多人，要到哪儿去找一个手上有伤的人呢？"

"当然是，和这几起事件有关联的地方。"

"你是说浪花夜总会？"

"在这之前，我还有几个问题想再问问鸢儿姐。"

沈鸢儿点点头，"没问题，来我办公室吧。"

雪莹和沈鸢儿站起身走到门口，忽然停住脚步，像是想到了什么，回身对莫警官说："莫叔，能不能帮我打个电话？"她走回莫警官身边，耳语了几句。

"没问题。"莫警官应了一声拿起桌上的电话，又顿了顿向麦嘉玮和罗逸凡说道，"你们两个，先去浪花夜总会查手上受伤的人，我打完电话随后就到。"

雪莹赶到浪花夜总会的时候，莫警官他们已经等在那里。这个时候的夜总会还没开始营业，连员工也是来的三三两两的。

"人还没有找到，还有些人没来上班。"莫警官说着。

雪莹点点头，"我们继续等，那人应该还不知道我们怀疑到了他，所以一定会来的。"

"你是不是已经知道真正的凶手是谁了？"麦嘉玮看着雪莹的表情，疑惑地问。

"等他来了，我们就知道了。"

正在说话间，一个身影推门走了进来，雪莹凝神看向门口那正走进来的身影,轻声说了句"来了"。几个人顺着她的视线望过去,麦嘉玮不由得惊讶地瞪大眼睛,"那不是——"

那人走进来,抬头看到雪莹几人,眼中闪过一丝惊慌,似乎是瞬间就明白了他们的来意,立即转身就要向外走去,却被雪莹喝止住,"你以为还能逃跑吗?王瑾。"

王瑾缓缓回过头,神色渐渐黯然下去,面露颓丧地跌坐在地上。雪莹上前一步,目光灼灼地看着她。"这就是你所谓的夜班?我们已经打电话到你所在的医院查过了,你最近请了长假根本没去上班,又哪儿来的夜班?但是你每天都要出门,那是因为到这里应征做了临时的清洁工。"

麦嘉玮等几个人也要上前,却被莫警官制止住,"先听小莹说下去。"

"我对你的怀疑是从查看第一起命案的现场开始的,最早我们都以为,这种杀人强奸的案子,凶手一定是个男人,所以一直在调查你的丈夫赵新和他的那些赌博的同伴,但是我在第一个现场的墙上,发现了一道浅浅的印记,在布满尘土的墙壁上,这个显然是新痕迹的地方引起了我的注意。但我当时并没有明白那是怎么造成的,但回去细想之后,才有了清晰的思路。"雪莹顿了顿,看了眼王瑾,"那条小巷狠狭窄,我想你在杀死被害人的时候,为了增强力度,一定是用后背抵住墙,然后用绳子狠狠勒住死者的脖子,我目测了一下那个高度,一个男人就算半蹲,也不足以把痕迹留在那个位置,所以我意识到,也许我们一开始调查的方向就是根本错误的,凶手很可能是个女人。"

"所以你才会叫我一起去赵新的家?"麦嘉玮从身后问道。

雪莹点点头,"我想,如果是女人,杀人的动机肯定不会是表面上看到的那么简单,所谓的强奸杀人,也就不成立。那么此人一定有这么几点:第一,是赵新身边的人,并且对他有怨恨;第二,熟悉'浪花'这几个被害者的下班时间和路线,很可能是'浪花'里面的人；第三，如果要冷冻起精液达到嫁祸的目的，必然熟悉一些医疗知识。"

"然后你就怀疑到了我？"王瑾愣愣地问。

"可以说，我一到你家，就怀疑到了你。"

[六]

"你听到我们说你丈夫拿了很多钱去夜总会找小姐的时候，很惊讶，但其实你早就知道这一切了。我们去的时候，我故意只说了你丈夫被抓起来，并没提到他那些赌友，你不知道，其实我们早就已经把那些人也抓了起来开始调查，所以保护这里的警察才一撤离，你就迫不及待地再次作案，而这就恰好证明了他们并不是真正的凶手。"雪莹顿了顿，继续说道，"真正的凶手，就是在勒死了第三个被害者，并且留下血迹在绳子上的你，王瑾，能不能伸出你的手来给大家看看？"

"呵呵。"王瑾闻言，忽然笑了起来，身体也随着她的笑而微微颤抖，"如果换了你，你能够不恨他们吗？你知道他那些钱都是哪儿来的？那都是存起来给儿子上大学的钱啊，可是他不顾我们的劝阻，都拿来赌博和给了这些女人，要债的每天找上门，日子也过得不得安宁。儿子因为这样，在学校被嘲笑、受欺负，所以不愿意去上学。"

"关于这一点，我也猜到了，那天我问起你的儿子为什么没去上学，你说他不舒服，但是看他的样子，丝毫不像是身体不适，而且还能出门去玩，如果真是病到都不能去上学的孩子，不会是这个样子，所以，他没去上学肯定是因为别的原因。"

"如果不是这样，我也不会这样恨他们，那个死鬼自己要怎么玩都无所谓，我受再大的苦也认了，但我不能让孩子也因此被耽误了。"王瑾双手握拳，说到气愤的地方，发泄般捶打着地面。

"所以你恨你的丈夫赵新，恨那些拉着他一起赌博的人，恨他花钱找的夜总会小姐。"看到她的样子，雪莹心中隐隐倒有几分同情。

王瑾咬咬牙，终于抬起头，"没错，所以我向医院申请了长假，到这里应聘做了临时的清洁工，为的就是接近那些人。我知道我丈夫和那些人隔三差五就会来这里，我每次会从垃圾箱里悄悄拣起他们用过的保险套，收集起精液冷冻，然后摸清那些女人的回家路线，等在方便下手的位置，勒死她们，然后将准备好的精液涂抹在按摩棒上，制造出强暴的样子。"

"王瑾，你确实令人同情，但是你知道吗，你的所作所为，把自己从一个被害人，变成了杀人凶手。"雪莹幽幽说道。

"他们罪有应得。"王瑾咬牙说。

"他们有没有罪，不应该由你来评判，麻烦你和我们去警局走一趟吧。"麦嘉玮说着就要上前。

"哈哈，我不会被你们带走，不会！"王瑾说完，伸手一摸，一把黑洞洞的枪蓦然拿在她的手中，在大家还来不及反应的时候，她已经叩响了扳机，目光狂乱地直指向她对面的雪莹。

"小心！"随着一声枪响，惊呼声响起，一道身影已经以迅雷不及掩耳的速度，挡在了雪莹身前，等雪莹看清的时候，麦嘉玮那有些苍白的脸，在她眼前扩大起来，殷红的血从他的右肩缓缓流出。

"你——"雪莹艰难地张了张嘴，却只吐出一个字，然后头脑便一片空白。

王瑾开了枪之后，也呆愣在原地，似乎第一次开枪伤人带来的震撼太大，让她一时无法反应过来，莫警官等几个人抓住这个机会冲上前，夺下她的枪，把她制服。罗逸凡则快步到雪莹身边，扶住麦嘉玮，查看着他的伤势。

"没有伤到要害，问题不大。"罗逸凡说着拍了拍雪莹，给她无声的安慰，然后立即转向一旁的警员，高声道，"叫救护车。"

"不要紧，我没事——"麦嘉玮忍着疼痛，轻轻握了握雪莹有些冰冷的手，那掌心传来的温热触感，让雪莹似乎如梦方醒，心里顿时没来由地安定了下来。她看了看向自己微笑的麦嘉玮，又抬头望向还在挣扎着，面带疯狂的王瑾。

"王瑾，你知道你做错了什么吗？"雪莹沉声开口，湛蓝色的眼眸恢复了以往的神采，"你应该做的，是做一个好妈妈，虽然你口口声声说是为了自己的儿子，但你有没有想过，如果你出了事，他爸爸又是那个样子，无法尽到一个父亲的责任，你的儿子怎么办？他明年就要上大学，现在要怎么继续生活下去都是个问题。"雪莹说着话的时候，没有对王瑾的怨恨，只有一抹怜悯闪动在眼底。

王瑾闻言停止了挣扎，双眼失神地看着前方，她翕动了一下嘴唇，但最终什么都没有说，而是任由警员将她带了出去。在她转身的那刻，分明能看到她眼底滑落一滴泪水。

医院里，白色的病床上，麦嘉玮百无聊赖地坐着眺望窗外，雪莹和罗逸凡推门走了进来。

"伤口怎么样了？"雪莹走到床边坐下来，侧目看着麦嘉玮。

"早就没事了。"麦嘉玮看上去有些愁眉苦脸，双手无奈地一摊，"在这样待下去，人都快要发霉了，我到底什么时候才能出院啊？"

罗逸凡笑着走上前，双臂环胸看着麦嘉玮，"你什么时候能出院，我们说了可不算。"

"能不能拜托下莫警官，让我回去工作吧。"麦嘉玮语带恳求地看着罗逸凡。

雪莹一把拍在麦嘉玮的肩上，但触到他的伤口的时候，还是刻意放轻了力度。她斜瞪了麦嘉玮一眼，"有什么事都先把伤养好再说。"

麦嘉玮被她拍得哀叫一声，求饶道："怕了你了行吧？"他顿了顿，又疑惑地问："你们有没有问过，王瑾一个普通主妇，为什么会有枪？"

雪莹忽然神色一凛，没有回答。从她的神情中，麦嘉玮似乎也看出了些许的端倪，不禁猜测道："是M？"

罗逸凡点点头，"枪好像是M给的，并且允诺王瑾，如果她报仇成功,还会给她一笔钱,供她儿子上学。"

麦嘉玮也陷入了沉默。

从病房走出来,不觉间已经冬去春来,医院院子里的桃花绽开在枝头,随风飘落,纷飞在眼前。

"说实话,小莹,这次确实太危险了,你下次不要这么拼命比较好。"罗逸凡忽然开口说道。

雪莹沉吟片刻,才轻轻回答:"有些事,如果不去尝试,又怎么会知道结果呢?"就好像她寻找父亲的路,虽然希望渺茫,但她相信只要自己尽力,就一定能做到。

"试试看吗?"罗逸凡露出若有所思的神情,这样的表情,雪莹也曾经见到过,但她无法分析出,他的心里到底在想些什么。忽然罗逸凡伸出手,轻轻拂过雪莹的长发,随着他的动作,一种如沐春风般的柔和气息在两人之间弥漫开来。雪莹偏头看着罗逸凡,竟是一脸前所未有的正色,"小莹,做我的女朋友吧。"这句话,仿佛来的这样突然。

雪莹有片刻的怔忡,出神地看着罗逸凡,她听见自己的声音说道:"对不起。"

第八章 消失的证据

[一]

　　黑暗中的办公室，一个黑影幽然独坐。屋子里并没有开灯，只有从他身后的窗子，透进来隐约的月光，洒落在他面前的桌子上，将他逆光的脸映衬得越发漆黑难辨。他的手碰到桌上的器皿，却又触电般立刻缩了回来，脸上也露出了几分迟疑。他凝视着那器皿良久，又缓缓地伸出手，这次终于拿了起来。他闭了闭眼，神情中闪过一抹坚毅，倏然拉开抽屉，将手中的器皿放了进去。

　　不知又坐了多久，他才站起身，在屋子内踱着步，似乎在察看着这个自己每天工作的地方。即使没有开灯，他对这里也是无比的熟悉，他的指尖在每一件东西上游走，直到脚步在门口处停了下来。他深吸一口气，唇边勾勒起一丝莫名的笑意，这才拉开门走了出去。

　　随着沉闷的关门声响起，一串脚步声在空旷的走廊里渐行渐远。

　　"什么？你说停职？"雪莹惊讶的声音从侦探社传了出来。她随之有些紧张地扣住麦嘉玮的肩，皱眉看着他。

　　"哟——你轻一点行不行，我可是出院没多久的人。"坐在沙发上的麦嘉玮微微痛呼一声，脸上露出一丝痛苦的神色。

　　雪莹闻言赶忙放轻了手上的力道，语带关切地问："伤口没

事吧?"

麦嘉玮笑笑,"开玩笑的,放心,我又不是纸糊的,这种小伤根本不算什么,你别放在心上。"

雪莹低头沉默着,却不时用余光打量着麦嘉玮,心底那异样的情感又涌动上来。自从麦嘉玮受伤入院以来,她似乎能感受到,自己与麦嘉玮、罗逸凡的关系发生了微细的变化。在麦嘉玮挡在她身前的那一刻,她仿佛心中有什么被狠狠牵动。就算麦嘉玮为了保护她也好,只是职责所在也罢,在她扶住慢慢倒下的麦嘉玮,看着殷红的鲜血从他身体里流出的时候,她前所未有地乱了方寸,被一种恐慌包围住。

雪莹也曾追问自己,为什么会拒绝罗逸凡?她不否认自己一向都很欣赏罗逸凡的优秀能力,也愿意和他一起。但他却无法说服自己,答应罗逸凡的表白。是确实像她自己说的那样,为了专心寻找父亲,还是有什么别的原因?

这种纷扰的心绪让她一时不知道该要怎么面对他们两个人,所以她这几天才会找借口推托掉几桩案子,避开和他们的接触。但却没想到麦嘉玮一来,就带来这样的消息。

想到这里,雪莹游离的思绪又被扯回到了正题。她又再次追问:"你说鸢儿姐被停职调查?这到底是怎么回事?"雪莹对待自己亲切的沈鸢儿印象很好,通过这一阵时间以来的接触,她们很快便熟悉起来,听到这消息,她当然惊诧之余,也担忧不已。

"你能不能先坐下?我这样和你说话很累。"麦嘉玮仰头看着雪莹,指了指自己的脖子。

"毛病还挺多的。"雪莹撇撇嘴,虽然在抱怨,但还是依言在麦嘉玮对面坐了下来,"现在可以说了吧?"

"是这样,前几天发生了一桩命案,一个年轻男人被杀死在家中,当时验尸的时候在死者指甲中发现了疑似凶手留下的皮屑,所以提取了下来准备化验。可没想到第二天沈鸢儿不仅没有上交化验结果的报告,反而把装有皮屑的器皿丢失了。"

雪莹听了，眉间皱得更深，一双湛蓝的眼眸深沉似海。"这太奇怪了，鸢儿姐做事一向严谨，不像是会出这种闪失的人。"

麦嘉玮点点头，"但是，就在今天早上，我们却从她的办公室抽屉里发现了丢失的皮屑，而且经过进一步验证，正是丢失的皮屑。因为有涉案的嫌疑，所以被停职调查了。"

"那就更奇怪了，如果鸢儿姐是嫌疑人，那她又怎么会傻到偷走证据又放在办公室，那么轻易就被大家找到的地方？就好像是故意这么做的一样。"雪莹沉思着，"可鸢儿姐为什么要这样做呢？"

麦嘉玮轻轻叹口气，似乎也难以说出个缘由，只能望向雪莹，"在给她做审讯的时候，她只坚持说，她不是凶手，但其他的什么也不肯说，所以我想，如果你去问问看，会不会能有不一样的发现。"

"那还等什么，我这就和你去警局。"雪莹说着拿起外套，拉起麦嘉玮就走了出去。

审讯室的门口，莫警官拦下了雪莹，他的神色有些凝重，沉沉地开口说道："小莹，在你进去前最好做个心理准备。"

"怎么？"

莫警官顿了顿，向门里看了一眼，才继续说："今早鉴定科那边送来了报告，那死者指甲中的皮屑提取的DNA，在资料库中找到了相符者，竟然是沈鸢儿，因此她现在不仅是失职，还成了这起案子的第一嫌疑人。"

雪莹的蓝眸中微光一闪，只说了句"我相信她"，便推开门走了进去。

今天的沈鸢儿脱去了她一贯的白袍，坐在审讯室里，虽然有些疲惫，但嘴角却挂着一抹怡然的笑意。看到雪莹，她似乎并不惊讶，而是靠向椅背，浅浅地看着雪莹坐下来。

"你来也没用的，该说的我都说了，东西是我弄丢的，但我没杀人。"

"那你为什么要把证据藏起来?"

沈鸢儿微微一笑,"我只不过是忘在那里了。"

"我从来不相信巧合。"雪莹看着沈鸢儿,眼前仿佛浮现出第一次见面的情形,她那样亲切地笑着交给她塑料袋,并叮嘱自己别再掉东西,雪莹倏然间在心中作了一个决定。她目光炯然,"我来,并不是要问你案情,而是要告诉你,事情的真相,我一定会查清楚的。"

沈鸢儿抬眼望着面带坚持的雪莹,神色中有一丝复杂,包含了犹豫、欣慰,和更多说不出的情绪。她静静地坐在原地和雪莹对视,暗涌的气息在这一片沉默中悄然流动。

[二]

"你刚才在审讯室,和沈鸢儿说的那番话什么意思?"雪莹才走出审讯室,麦嘉玮便迎上来不解地问。

雪莹握了握拳,定定道:"我要参与这个案子的调查。"

麦嘉玮听了也没有再说什么,像是早已经料到雪莹会做出这样的决定,他抚了抚自己的乱发,"那你打算怎么做?"

"当然是从开始的地方查起。"

"开始?"麦嘉玮略微思索片刻,恍然大悟道,"那个命案现场!"

雪莹微微一笑,"没错,我想去那里看看。"

"我和你一起去,我这里还有一些关于这起案子的资料,等我也去拿上,正好在路上顺便和你说明。"

麦嘉玮拉开门,正与一个走进来的人擦身而过。那人在雪莹面前站定,雪莹微微一怔,一时间不知道该说些什么好。那人看着雪莹的表情,眼中闪过一抹狭促的笑意,他伸手揉了揉雪莹的黑发,"怎么?还在想那天我说的话?该不会是被我的表白吓到了吧?"

"你——"看着眼前若无其事的罗逸凡,雪莹只吐出这一个字。

"我跟你开玩笑的。"罗逸凡笑道,"难得会看到什么时候都冷静的你,这样不知所措的表情。"

"逸凡——"

"你以为我一定会这么说吧？"罗逸凡耸耸肩，俯身在雪莹耳边，小声说道，"但那些话是认真的哦，不过我会耐心等的。"

"我们可以走了。"这时，麦嘉玮快步走了进来。罗逸凡退后一步，看了看麦嘉玮手中的东西，问道："你们要去查沈鸢儿的案子？我和你们一起去。"

雪莹迟疑片刻，点头答道："也好，多一个人就多一份力，我们走吧。"

"查到死者和鸢儿姐有什么关系吗？"雪莹打量着这普通的公寓房间，一边问着。

麦嘉玮摇摇头，但看雪莹仍然专心地察看着四周，根本没在看他，便又开口回答道："没有，被害人有过盗窃案的犯罪前科，服刑三年出来后，平时基本不怎么出门，平时接触的人可以说十分有限，是送餐的人来发现了尸体。"

"他叫过外卖？"雪莹偏头问。

"是的，海鲜比萨，而且叫了很多，像是要在家里招待什么人。"

"海鲜？"雪莹重复道，眼中一抹光芒闪过，"那就更奇怪了，上次见过鸢儿姐吃饭，我记得她说过自己海鲜过敏，如果是她，又怎么可能要海鲜比萨？除非——"

"除非另有其人。"麦嘉玮接口道。

雪莹点了点头，又继续追问："被害人致死原因是什么？"

"头部受到重击。"一旁的罗逸凡解释道，说着他走到方桌旁，继续说下去，"死者头部不止一处伤口，但致命伤是桌上的一个台灯的方形底座造成的，凶器当时就被扔在尸体旁，但指纹已经被擦去。"

"还有其他的伤？"

"应该是这样的，被害人先是倒下来，头部磕在了这个桌角上，虽

然伤口很深,但并不足以致命,凶手当时看到被害人倒在血泊中看着自己,感到很慌张,情急之下又拿起桌上的台灯,向着被害人的头狠狠敲下去,而最终导致死亡。"罗逸凡边说,边以动作演示着。雪莹听了似乎陷入了沉思,还没开口,罗逸凡又说道:"还有一点我也觉得很奇怪。"

"什么?"

"香水。"看雪莹和麦嘉玮都有些疑惑地看着自己,罗逸凡补充道,"那天我刚进入这个现场的时候,闻到屋子里有一股还没完全散去的香水味道。"

雪莹思索着缓缓开口道:"平时鸢儿姐为了不影响解剖的准确判断,是从来不使用香水的。"

"那也就是说,那晚来死者这里的,并不是沈鸢儿。"麦嘉玮也若有所悟地颔首。

"但这些都只是我们的猜测,并没有具体证据能证明沈鸢儿是无辜的,而且,她到现在还不肯说出原因。"罗逸凡语气中有些胶着的忧虑。

"没错,现在我们能做的,只有继续追查下去,直到找到真相。"雪莹仰头望向窗外,蓝眸中闪动着灼灼的神采。

第二天放学的时候,麦嘉玮便出现在雪莹的学校门口。他卖力地挥动着手,老远地隔着人群和雪莹招手,有些滑稽,但却可爱。一旁的子晴见状,轻笑着说了句"我先回去了",然后在雪莹还来不及阻止的时候,已经快步离开。

"你特地来这里,想必是有什么新发现?"雪莹走到麦嘉玮面前,偏头看着他问。

麦嘉玮点点头,打开自己的笔记本,迅速说道:"我查到了,沈鸢儿有不在场证明,案发那天她正好被派去参加法医的研讨会,不在本市,根本不可能赶回来,同去研讨会的人也已经证实,她整天都在那里,没有离开过。"

雪莹露出灿烂的笑容，显得如释重负，虽然一开始她就相信沈鸢儿是无辜的，但却迟迟找不到可以确定的证据。"太好了，这样就可以证明她并不是凶手。"

"可是——"麦嘉玮迟疑片刻，继续说道，"莫警官也帮忙说了情，但她工作失职的事情还免不了要追究，暂时还在停职及受审查中。"

"这我知道，只要能证明她无罪就已经很好了，其余的我们再查。"

"这样最好。"麦嘉玮也摸摸鼻子笑笑，"那我先走了。"

雪莹有些惊讶道："这么快就走？不去喝点东西吗？"

"今天不了，我还有任务。"

"你来这里，就特地是为了告诉我鸢儿姐的这个消息？"雪莹看着他，蓝眸中似乎有某种情绪闪动。

"我看你好像很着急的样子，觉得应该早点告诉你知道。"麦嘉玮揉了揉一头乱发，显得略为局促，"咳咳，而且，我也顺路，真的是顺路——"

雪莹定定地看着他，忽然一阵银铃般的笑声从她唇边溢出，一发而不可收，而那俏丽的脸庞，也绽开如这午后的阳光般灿烂明媚。

[三]

雪莹独自走在回去的路上，正好可以借这个时间，好好整理一下自己的思绪。从自己和沈鸢儿的接触，和对她的了解，沈鸢儿是个冷静能干的女人，不像是会一时冲动犯罪的，并且种种迹象都显示，凶手并不是她。但她为什么要包庇那个凶手？如果她有不在场证明，并没去过案发现场，那么死者指甲里留有沈鸢儿的皮屑，又要怎么解释？

"喂，学姐，走路不看路是很危险的。"身后忽然想起清脆的声

音,雪莹转过头,一个少女正站在她身后,唇边挂着一丝微微的笑意。

"是你?朱九儿?你怎么会在这里?"

"我不住校,当然是放学回家,路是大家的,没人规定我不能走吧?"

"当然。"雪莹索性停下来让她经过,她此刻无心和朱九儿争论下去,说实话,她对朱九儿本身并没有什么看法,上次学校里的事,她更多的是受了M的挑唆。虽然朱九儿所做的事情,雪莹不能原谅,但她却又矛盾地欣赏朱九儿的聪明。本能地赏识有能力的人,好像朱九儿,好像罗逸凡,这似乎成为自己的一个习惯。

但朱九儿却并没有挪动脚步,她反而站在原地,定定地端详着雪莹的脸,好像在捉摸着什么,忽而露出一丝浅浅的笑,走到雪莹面前,仰头目不转睛地注视着她,轻声说道:"你在发愁哦,这样的表情不像是你应该露出来的,我似乎嗅到了有意思的事情。"

雪莹看着朱九儿,并不说话,但脑海里却飞快思索着一个可能。如果自己考虑不出个结果,和这个聪明的学妹探讨一下,也未尝不是个好办法。她想了想,整理一下自己的语言,才开口说道:"你说,两个人有没有可能有相同的DNA?"

她问得很直接,朱九儿也并没有惊讶的意思,看上去倒有些饶有兴味。"完全相同?我记得曾在资料中看到过,这个可能性不大,但是如果非常相似,那么这种情况下只有两种原因,第一,可能是同卵双生子。"

雪莹凝思了一下,摇了摇头,据她所知,沈鸾儿并没有姐妹,更别说双生姐妹了。朱九儿见状,继续说下去,"如果这个原因被排除,那另一种可能就是骨髓捐献。"

雪莹若有所思地沉默着,朱九儿拍拍她,"希望能有帮助,有问题欢迎再来问我,我对能让你为难的事很感兴趣。"说完,从雪莹身旁经过,淡然离去。只留下雪莹一人,望着朱九儿的背影出神,蓝色的眼眸光芒闪动。

"调查结果出来了!"麦嘉玮一边说,一边兴冲冲地走进莫警官的办公室。屋子里的雪莹和莫警官不约而同转头看着他。麦嘉玮来不及坐下来,就迫不及待地开口说道:"沈鸢儿在中学的时候,果然曾经接受过骨髓移植的手术,捐献人好像原本就是沈家认识的人,据说交情还不错。"

"那现在还有联系吗?"雪莹追问。

麦嘉玮摇摇头,"据当时的医生护士说,沈家那时是给了钱的,相当于是买的骨髓,但后来怎么样,医院方面就不知道了。"

雪莹思索片刻,蓦然站起身走向门外。

"小莹,你要去哪儿?"莫警官问道。

"去找鸢儿姐谈谈。"雪莹说着挥挥手,打开门走了出去。

在警局的门口,遇上了罗逸凡。罗逸凡仍然是挂着一抹迷人的笑意,看着雪莹问:"这么急匆匆的,是为了沈鸢儿那个案子?"

雪莹点点头,"查到一些疑点,想去找她问问看。"

"需要我和你一起去吗?"

"不用了,我觉得我和她单独谈一下比较好,有其他人在恐怕不方便。"雪莹说完就迈步要走,却被罗逸凡伸臂拦住了。

"你还在介意那天的事情?"

"什么事?"雪莹并不看罗逸凡,她不是不知道罗逸凡指的是什么,但有些事,却让她无法回答,"我已经忘了。"

罗逸凡不在意地一笑,"我只是想说出来试试看。"

"玩笑说过就算了,我们没必要总拿出来说,你说是不是?"雪莹看向罗逸凡,勉强笑得若无其事。

"小莹,我上次也说过,我真的不是在开玩笑。"

"但事情太突然了,我没办法接受。"雪莹顿了顿,"而且,我上次也说得很清楚,在找到父亲以前,绝不会考虑这些事,现在我们只

保持这样的朋友关系不是很好吗?"

"朋友。"罗逸凡重复道,脸上的神情似乎有片刻的凝滞,他忽然目不转睛地看着雪莹,专注地问道,"很多事是会改变的,如果有一天,我做了让你觉得无法原谅的事,你还会把我当做朋友吗?"

雪莹疑惑地望着他,罗逸凡的神情中,竟有一丝正色,但没等雪莹回答,他随即便笑了起来,"我只是做个比喻,给你这个朋友打个预防针,所以,做我的女朋友绝对比做朋友好,你考虑下。"

雪莹仍然不说话,细密的目光打量着罗逸凡,看得他有些不自在起来。罗逸凡拍拍雪莹的头,笑道:"快点去做你的事情吧,我也还有别的事,先走了,改天我们再一起吃饭。"罗逸凡说完,又如阳光般一笑,转身走进了警局的大楼。雪莹凝视着他的背影,心绪莫名地纷乱起来,不为罗逸凡的表白,而是她隐隐觉得,罗逸凡似乎真的隐瞒了什么,但如果他自己不愿意说,却没有人能够窥知一二。她第一次发觉,自己竟是如此对罗逸凡一无所知,他到底在想什么呢?

[四]

雪莹骑车直接来到沈鸢儿家,沈鸢儿打开门,让雪莹进到屋里,自己则去厨房端了一壶花果茶,和一盘精致的小点心。雪莹细细地打量着沈鸢儿,但沈鸢儿只是手拿着茶杯,一口一口地浅酌着,并不开口说话。

"在家里感觉怎么样?"雪莹轻轻地问。

"很好啊,正好前一阵子休假也没休够,顺便再休息一下。"沈鸢儿放下茶杯,微笑地看着雪莹,从她的脸上,难以看出有关停职和案子的任何痕迹。雪莹思索片刻,决定回旋后再婉转地问出自己的问题。

"家里就鸢儿姐你一个人?"

"父母都出差去了。"沈鸢儿看似不在意,云淡风轻地说着,"他们从以前开始就这样,我从小就经常一个人在家,也习惯了。"

"没有什么可以一起玩的朋友吗?"

沈鸢儿顿了顿,目光似乎飘向远方,她的手轻轻抚着瓷杯的边缘,思绪有些游离,淡定的神情一瞬间有了些微的裂痕。半晌,才幽幽开口说道:"很多事都是会改变的,即便有朋友,也因为各种各样的原因而渐渐疏远了。"

相同的话,这是今天雪莹第二次听到,从罗逸凡和沈鸢儿两个不同的人嘴里说出来,却都好像别有一番深意。"各种各样的原因?和换骨髓的事情有关?"雪莹这次直接问道。

沈鸢儿似乎并不感到意外,她顿了顿,才缓缓回答道:"我也是手术结束之后才知道的,以前关系很好的,可以说是从小一起玩到大的朋友,但自从那之后,可能是因为收了我们家的钱,有了利益的关系,感情便有些变味了,慢慢疏远起来,后来听说她父母都在一次事故中死了,现在自己一个人,生活的想必也不尽如人意吧。"

"那么你想到了可能是她做的,所以一直在袒护她?"

"我想你既然查到了骨髓的事情,就应该知道,DNA 几种相同的可能,据我所知,她没有姐妹,那么除了她,我实在想不出还有谁。"

雪莹也点点头,"既然你说给我听,那么表示,你愿意把真相说出来了?"

沈鸢儿轻轻一叹道:"其实也没什么真相,我检测了皮屑里的DNA,然后发现了她是凶手,当时很惊讶,冷静下来第一个念头就是帮她掩饰,我知道的也就这么多了。"

"我回去会和莫叔说的,她叫什么?住在哪里?"

"我也知道,这次避无可避,在家这些天我也想明白了,只有说出来,对她才是最大的帮助。"沈鸢儿说完,取出笔和纸,写下了名字和一串地址交给雪莹,"你们到这里应该能找到她。"雪莹收起纸条就站起身,沈鸢儿望向她,"不喝杯茶再走?"

雪莹摇了摇头,"不了,多耽搁一分钟可能就会影响案子的发展。"

"小莹。"沈鸢儿忽然唤住了往外走的雪莹,"见到她的话,请别太难为她。"

雪莹没有回头,只是挥了挥手。

"这里就是蒋菡的家。"麦嘉玮小声地向莫警官说着。莫警官点点头,又指了指门内,麦嘉玮会意地敲敲门,可门内回答他的,是一片沉寂。"请问有人在家吗?"麦嘉玮问道,但仍没有半点声音。麦嘉玮看向莫警官,莫警官摸摸下巴,从腰间拿出了枪。罗逸凡和麦嘉玮也拔出枪,将雪莹拉到身后,同时将手放在门把手上,没想到门并没有锁,一转,一推,门便打开了。

房间里很安静也很整齐,只有从窗口处传来的微风,吹动桌子上的纸张,发出轻微的"哗哗"响声。几个人走进屋,却见一道血迹从桌边延伸出来,触目惊心。走在前面的麦嘉玮和罗逸凡互看一眼,沿着血迹的方向快步走过去,赫然见到一个女子平躺在地上,脸色苍白,闭着双眼,血还在从她的手腕流出来,染红了周围的地板。而在她张开的右手中,静静放着一把染血的锋利匕首。罗逸凡走上前,蹲下身查看,然后摇了摇头。

"通知警局。"莫警官说完戴上手套,走到桌前拿起桌子上的那张纸,看完后又交给雪莹,"是遗书。"

"是自杀?"雪莹接过来查看看,心中也沉甸甸的,她不禁想到沈鸢儿,她还特别叮嘱过不要为难蒋菡,如果她知道蒋菡自杀了,不知会有什么样的反应。

她走上前,也戴上手套,小心地检查着尸体,在翻开死者伤口的时候,她微微怔了一下,又仔细看了看,然后站起身缓缓转向莫警官说道,"蒋菡在遗书上写,是因为杀了人而赎罪自杀,但我觉得有两个疑点。第一,那起案子过了这么久,在我们查到她的时候,她忽然自杀，这未免也巧合了，第二，蒋菡既然打算交代罪行再自杀，她在遗书里既没写自己为什么要杀人，也没写怎么杀了人的，看上去似乎有些奇怪。所以我认为，是不是自杀，还有待进一步查证。"

"小莹的话有道理。"罗逸凡也开口说道。

莫警官摸摸下巴，也点头认同，"如果这案子就这么结了，我也总觉得有点奇怪，等一会儿其他人来了，把证据都收集回去，然后做详细的尸检之后，再来定论结案也不迟。"

"另外我还有一个建议。"雪莹停顿了一下，说道，"我觉得，验尸还让鸢儿姐回来做比较好。"

"这——"莫警官露出一丝难色，"她毕竟还在停职，这样吧，我回去请示一下，另外，再问问她本人的意见比较合适。"

[五]

在莫警官的争取下，最终沈鸢儿在不复职的情况下，得以为蒋菡操刀做尸检，但前提是不能参与此案的全程调查，并且要在莫警官的监督下进行。

验尸房里，莫警官和沈鸢儿分别站在两侧，旁边还站着要求跟进来的雪莹。沈鸢儿戴上手套和口罩，仔细检查着蒋菡的尸体，边查看边说着："从症状看，有轻微中毒的症状。"

"那是说，有可能是毒发身亡？"莫警官问。

沈鸢儿摇摇头，"毒的计量不致死，顶多是昏迷，根据尸体胃部消化程度来看，应该是混合在食物里一起吃下去的，最终死因还是伤口失血过多。"

莫警官摸摸下巴，"既然死前有中毒昏迷的迹象，那自杀的可能性就很小。"

"因为根本就不是自杀。"雪莹说着，翻过尸体的手腕，将上面的伤痕呈现在沈鸢儿和莫警官眼前。

"这是——"沈鸢儿一怔，托起蒋菡的手腕又仔细看了看，"确

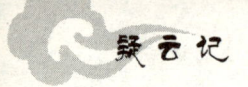

实,这伤口太整齐,而且周围丝毫没有试刀伤的痕迹。通常自杀的人都会因为心里犹豫不定,会反复用刀在手腕上划过,留下一些比较浅的痕迹,其中真正致命的,只会有一道,而尸体的手腕上,只有一道伤痕。"

"我在现场看到尸体的时候,就觉得有些奇怪,她手中的刀,如果握起来,方向应该是刀刃向外,刀背对着自己,不是很奇怪吗?这样怎么可能自杀?唯一的解释就是,这作为所谓自杀工具的刀,是有人后放在她手中的。"雪莹凝视着尸体手腕上狰狞的伤口,解释道。

莫警官点点头,"那就是说,是有人在食物里做了手脚,导致蒋菌陷入昏迷,然后割破了她的手腕,导致她失血过多而死,制造成畏罪自杀的假象。"

"而那个人,应该就是前一起杀人案的真正凶手。"雪莹补充。

"这样说来,那张所谓的遗书,有可能也是假的。"

沈鸢儿摘下口罩,说道:"这个只要做笔迹鉴定就可以知道,如果需要蒋菌的笔迹,我可以提供。"

"上次发现的皮屑又怎么解释?是蒋菌曾经去过现场?还是另有隐情?"莫警官又问。

"恐怕不是蒋菌的,你们看。"沈鸢儿说着,指着蒋菌的尸体,"刚才验尸的时候我反复看过,她身上没有半点伤痕,更别说抓伤。"

"那这皮屑的真正主人——"

"显然不是蒋菌。"

雪莹皱起眉,微微深思,"如果还从这些皮屑入手的话,骨髓移植可以排除了,蒋菌不可能同时给两个人捐献骨髓,难道她还有孪生姐妹?"

沈鸢儿摇头,"我从小就认识他,但从来没听说过。"

"也许还有什么,是我们所不知道的。"雪莹若有所思,案子也似乎随之陷入了胶着。雪莹微微抬起头,轻轻的目光瞄向沈鸢儿。沈鸢儿摘下手套,沉默地凝视着儿时好友的尸体,眼睛有些微微泛红。

路两旁已经有了几分春意,空气中涌动着微热的气息,雪莹推着车,走在回侦探社的路上,这样似乎才能够让她头脑更加冷静地思考。这起案子看似走入了死胡同,但却又总给人在心底存留着一丝希望。蒋菡的父母已经死了,现在连她本人都死无对证,她到底有没有姐妹?如果有,又在哪里?要在茫茫人海中寻找这样一个人,无异于大海捞针,但在案子没有定论以前,警方又不好以通缉的方式来查找一个不确定到底是否存在的人。

"咦,又见面了,学姐也住在附近?"

雪莹心中一动,回过头,果然见到含笑的朱九儿站在她的身后,手中还拎着超市的购物袋。朱九儿举起购物袋向雪莹点点头,算作打招呼,"我家就在这边,帮妈妈出来买点东西,学姐你在干什么?"

"没什么,正准备回家。"雪莹顿了顿,思索一下又继续说道,"顺便思考点问题。"

听到雪莹这么说,朱九儿立时露出饶有兴味的表情。"上次的案子还没解决?"

"可以这么说,主要是有个关键的人还没有找到。"

"哦?"朱九儿挑起眉,又上前一步,"这个人很重要吗?如果我能帮你找到,你要怎么感谢我?"

这次换雪莹有些惊讶了,"你?要怎么找?"

"你有关于这个人的什么资料?"

"我也不确定。"雪莹说着拿出蒋菡的照片,递给朱九儿,"但有可能和这个人是双胞胎的姐妹。"

"就是你说相同骨髓的那个?如果是双胞胎,通常应该会长得比较像吧?"朱九儿说着,接过雪莹手中的照片。

"我只能说也许是,因为现在我们有的资料,也只有这些。"

"OK,把这照片交给我用一下。"雪莹刚要再说些什么,朱九儿却扬着手中的照片自信地笑着,"我先把东西送回家,离这里不远的地方有家冷饮店,学姐不介意请我喝点东西吧?你先去那里等我,15分钟后,我就过去。"

雪莹看着朱九儿,似乎在判断她话中的可行性,但和朱九儿打交道的经验告诉她,虽然有些冒险,但这个聪明的小学妹也许真的能够带给她一些好消息。片刻之后,她在心里做了决定,向朱九儿点点头,表示同意。

[六]

雪莹等了不多时,便看到朱九儿夹着个小巧的笔记本电脑,推开门走了进来。朱九儿四下张望,雪莹向她招招手,朱九儿快步走来,坐在了雪莹的对面。雪莹招来了服务生,将单子递到朱九儿面前,却被朱九儿推开,张口就点好了冷饮,似乎对这家店很熟悉。雪莹也为自己要了一杯苏打汽水,然后看着朱九儿。

"你打算用什么办法?"雪莹问道。

"不是打算,而是我已经做了。"朱九儿将电脑打开,推到雪莹面前,"上次我们交手,相信学姐你也知道,网络能做很多事吧,刚才我在家里,把你给我的照片已经传到了网上,动用大家的力量来寻找相似的人,这家店有无线网络,我们来看看结果。"朱九儿说着凑到屏幕前,手指飞快地在键盘上飞舞,很快便打开了一个网页。她指着上面的字,向雪莹说道:"你看,下面有人留言说见到过长得相似的人,还不止一个人。"

雪莹也紧盯着屏幕,"问问他在哪儿看到过。"

"别急,有些人提供的消息可能是真有用,而有些人只是为了凑热闹罢了,我们要沉住气再等一等,才能分辨出谁是真正有用的人。"朱九儿说着,气定神闲地靠向椅背,拿起桌上的饮料,用吸管搅动着，然后缓缓喝了起来。

雪莹尽管心中也着急，但也明白朱九儿的话有道理，所以也同样耐心等待着。朱九儿端着杯子，透过透明的杯子看着雪莹，仍是一如既往的冷静。雪莹沉默半响，才缓缓问："你为什么要帮我？"

"我上次不是说了么？我对能难住你的事情很感兴趣。"

雪莹喝了一口汽水，一股沁人心脾的凉意顿时袭遍周身。朱九儿这理由虽然听起来有些奇怪，但她相信，朱九儿确实是会因为这种原因就出手的人。因为她有自信，能够解决任何问题，帮自己找到答案，对于朱九儿来说，就是心理的一次胜利。

"有了，快看这条。"朱九儿忽然放下杯子，唤着雪莹。雪莹循着她指的方向看去，屏幕上果然显示有人留言，说这个女孩似乎就住在自己家附近，而且还附上了详细地址。

"这个地址，是你照片上那个人的吗？"朱九儿转头问着。

雪莹摇摇头，蒋菌的家她去过，这并不是蒋菌家的地址，那么这个人所说的相似的人，就很可能是另一个人，难道在这世界上，真的有另一个蒋菌的存在？

雪莹飞快地拿出电话，拨通了莫警官的号码，飞快地说了几句之后，便挂断站起身。她看向仍坐在原地的朱九儿，"我怎么感谢你？"

朱九儿盈盈一笑，"上次的事，你也算手下留情了，我欠你一次，就当作两清吧，我不喜欢欠人情。"雪莹又看了看她，道了声"再见"，便向门外走去。朱九儿的声音又从身后缓缓传来，"另外，我还有个要求，只是问一下，我能不能也跟着去看一下？当然，你可以拒绝。"

雪莹想了想，毕竟这线索是朱九儿帮忙查出来的，这要求也并不过分，她停住脚步转头笑笑，"那还不赶快收拾你的东西？我可不会等太久。"

很快就证明，雪莹的这个决定是无比正确的。

雪莹和朱九儿来到地址上的地点的时候，莫警官已经等候着她

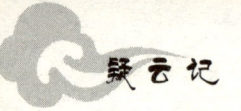

们。雪莹看着敞开的门,里面几个警员正在忙碌着。才一进屋,雪莹就皱起眉,她几个深吸气,脸色渐渐凝重起来。

"找到人没有?"雪莹走上前问。

莫警官点点头,"嘉玮和逸凡已经把人先带回去了,果然和蒋菡长得一模一样,但具体结果,还要做鉴定之后才能知道。"

"是她。"雪莹确定地说道。

"为什么这样说?"莫警官不解地反问。

"香水的味道。"雪莹又做了个深呼吸,才继续说,"上次罗逸凡说在那个男人死的现场闻到了香水味,我们后来查过,那是一款限量版,很少见,我好不容易找到一瓶查看过,和这里的味道一模一样。"看莫警官点点头,雪莹又问:"那她说了什么没有?"

"什么都没说,始终沉默着,但从邻居那里了解到,这个女孩儿叫做王芳,平时根本不出门,连邻居都很少见到她,不过倒是经常会看到有送包裹的来。"

"送包裹?"雪莹沉默着,"那应该是网络购物吧?她自己不出门,大部分东西可能都是从网络上购买,难怪会用那种限量版香水。"雪莹说完,目光望向桌上的电脑。

"这个我们也想到了,但是电脑有密码,查起来需要时间。"

"这种事情还需要时间?看来警察的办事效率果然不能信任。"一道清亮的声音传来,带着满满的自信与嘲讽,随着话音落,头束马尾,一身清爽的朱九儿走了进来。

莫警官看到朱九儿略感意外,他见过这女孩儿,自然知道她是谁,但却没想到她会出现在这里。他看向雪莹,雪莹解释道:"王芳的地址,是她帮忙查出来的。"

莫警官没有继续追问下去,而是转向朱九儿问道:"小姑娘,你有办法?"

"不就是破译电脑密码吗?这种事我小学就已经会做了。"朱九儿轻轻一笑,走到电脑前坐了下来。莫警官看了雪莹一眼,雪莹微微颔首,莫警官便没有阻止。只见朱九儿十指飞快地敲打着键盘,屏幕闪动,其他人都屏息等待着。

"打开了哦。"不一会儿,朱九儿转过头,那淡然的语气仿佛在说一件易如反掌的事情,"这个叫做王芳的女孩儿,看来的确不常出门,她不断从网络上购买各种东西,从生活用品,到食物衣服,而且从间隔来看,她几乎每天都有大把的时间坐在电脑前,她的电脑里全都是聊天记录,而且,我发现了一件很有趣的事情。"朱九儿说到这里,停了下来,招呼雪莹和莫警官上前。

[七]

"你们看,这是我调取出来王芳的聊天记录,里面有个名字经常出现。"朱九儿边说,边解释着,"我查到了这个人的 IP 地址,也许对你们有用。"

雪莹和莫警官看向电脑屏幕,果然如朱九儿所说,王芳和这个人在网络上来往密切,语言亲昵。"看最后一天的记录!"雪莹忽然指着屏幕,"王芳似乎和这个人约好了要见面。"

只见聊天记录的最后两句清晰地显示在屏幕上:"今天晚上见。好的,我会准备好你最喜欢的海鲜比萨,晚上见。"

海鲜比萨! 那个被害人死之前,不就是叫了很多海鲜比萨的外卖吗? 莫警官追问道:"能查到这个 IP 的地址吗?"

"具体不好查,需要时间,但在短时间内查到个大概地区还难不倒我。"朱九儿说着立刻又飞快地敲击起键盘,很快便念出了区域的名称。雪莹和莫警官面面相觑,不正是那个被害者居住的地方吗?

"很好,看来一切都对上了,剩下的,就是以这个作为突破口,还原整个案子。"莫警官说着站直起身,拍拍朱九儿的肩,"辛苦你了,今天多亏了你,谢谢,这里的调查基本结束,我找人送你回去吧?"

"不用，回家的路我还认识。"朱九儿说着站起身，拿起自己的东西。

"等等，我和你一起回去。"雪莹说着转向莫警官，"等鉴定结果出来，审讯的时候再叫我。"说完和朱九儿一起走了出去。

对王芳的审讯定在第二天，这期间将从王芳家里提取到的DNA和之前发现的皮屑中的，还有死者蒋菡的对了对比，结果表明，王芳和蒋菡是双胞胎的几率超过99%。

"查到王芳和蒋菡的关系了没有？"站在审讯室的隔音玻璃后，雪莹向麦嘉玮询问着。

麦嘉玮点点头，"我们从警局的电脑资料里查到，25年前，蒋菡的父母曾经报过案，说是家里的孩子失踪了，警方也曾动用很大力量去找，但最终没有结果。而现在看来，那个失踪的孩子，应该是蒋菡的双胞胎姐妹，那女孩就是王芳。"

"但后来却没人知道这个女孩儿的存在？"

"我想很可能是这样，在警方寻找没结果的情况下，蒋菡的父母为了避免伤心，在家里就此封锁了另一个孩子的信息，对外也不再提起。"罗逸凡说道。

"没错。"沈鸢儿这个时候推门走了进来，"我认识蒋菡的时候，他们家刚搬来我家附近，那时候他们从没提起过家里有两个孩子，我想那个时候，另一个孩子已经失踪了，他们也许就是为了避开这一切，才会搬家开始新生活的。"沈鸢儿说到这里，已经走到玻璃前，静默地看着里面的王芳，不再开口说话。

雪莹侧目看着沈鸢儿，从第一次见面开始，沈鸢儿留给她的印象就是和善可亲的，她从没见到过这样的沈鸢儿，一双明眸此刻紧紧凝视王芳，想必是从王芳那和蒋菡一模一样的容颜上，看到了那个已经死去的童年伙伴的身影，更何况，自己的第二次生命还是她给予的，想到这里，沈鸢儿美丽的脸上仿佛就浮动着一抹哀戚。

"可是蒋菡也是王芳杀的吗?如果这样的话,她就应该知道蒋菡是她的双生亲姐妹,却还杀掉了她?"麦嘉玮问道。

"网络自闭症。"雪莹忽然开口。

"什么?你是说和王芳上网有关?"麦嘉玮疑惑地问。

"所谓'网络自闭症',并不完全是因为上网而直接造成的,而是由于多种因素共同作用才产生的一种心理疾病。"罗逸凡解释道,"我们调查的时候显而易见,王芳对网络有着很强的依赖,几乎可以说是足不出户,购物、交流,可以说所有的生活全都通过网络,久而久之她心理就会产生偏差,在现实中的性格很可能会产生障碍,孤僻、冷漠、情感缺乏,因此杀了自己的姐妹也并不奇怪,更何况她从小就被拐离家,和蒋菡之间也并没有什么感情。"罗逸凡顿了顿,继续说下去,"我想大概是童年的经历让王芳产生的阴影,进而不信任和人的交流,对网络产生了依赖,这种情况,如果不及时加以矫正或者治疗,会导致精神性格的异常,但很可惜,王芳自己一人,似乎没有能够被引导。"

麦嘉玮点点头,几个人看到莫警官推开审讯室的门走了进去,在王芳的对面坐下来,便都不再开口说话,专注地看着里面。

"姓名?"莫警官询问道。王芳偏着头,没有立刻回答,神情中似乎写着几分犹豫。莫警官有点意外,这么多次审讯以来,他第一次看到嫌犯回答名字需要思考的,于是又追问了一遍,"姓名?"

王芳摇了摇头,"不知道。"

"你的名字自己不知道?你最好配合一点儿。"

"我也不确定。"王芳的目光看上去又像是确实迷茫,"我叫王芳,但还有另一个名字,我也是后来才知道的,据说是叫做蒋苔。"

听了她的话,莫警官心里稍微踏实下来,至少从她的话中可以听出,王芳并不排斥谈及自己的事情。他思索了一下,拿出第一起命案

被害者的照片，径直问道："这个男人你认识吗？"

王芳凑上前看了看，摇摇头，"没见过。"

[八]

"既然你知道自己的另一个名字，那么蒋菡你总认识吧？"莫警官也不急于追问案子，转移了话题。

"当然，她是我姐姐。"王芳说到这里，脸上的表情看不出一丝波动，显得漠然而无动于衷，"不过不怎么见面。"

"她死了，你知道吗？"

"不知道。"王芳甚至眉都没有皱一下，更不用说见到悲伤的神情，就好像一潭死水，只剩下麻木。

"可我们在蒋菡的家里，发现了一封遗书，而那遗书和从你家拿来的便条纸上的笔迹，经过鉴定，是一致的，这你怎么解释？"莫警官将蒋菡的遗书丢在王芳面前，"这遗书本来是你杀了蒋菡想要嫁祸给她的，但没想到却是画蛇添足，出卖了你，你太自信自己隐藏得很好，觉得我们并不会查到你，所以根本没对笔迹做任何掩饰。"

王芳眼睛眨了眨，放在桌子上的手也渐渐握成拳，一抹异样的光芒在她眼中凝聚。忽然，她牵动嘴角，露出微微的笑容。"这都要怪她，说什么要我去自首，她有什么权利那样义正辞严地教育我？就凭她是我的姐姐？我当年被拐走卖掉，过着苦日子的时候，她又在哪里？还在家里享受着生活吧？就因为在我养父母死后，她冒出来给我一大笔生活费，就能买我叫她一声姐姐？就能处处管着我？我不需要这种虚伪的关心！"

"所以你就杀了她？她是你的亲姐姐。"

"一个25年都没见过的亲姐姐。"王芳补充道。

"那么这个男人呢？你为什么杀他？"莫警官又指指桌上的照片，"你做这一切，都是为了嫁祸给蒋菡，那也就是说，人确实是你杀的。"

王芳低下头，喃喃道："我不是故意要杀他的。我约好和他见面，到了他家一聊天，才知道他是有前科，从监狱出来的人。我不知道他犯过什么案子，心里很害怕，想要离开，他非要拦住我不让走，我情急之下使劲推了他一下，谁知道他自己脚下不稳，摔倒的时候磕在了桌角。"王芳说到这里，停了下来。

"但那个时候，他其实并没有死，看着倒在血泊中的那个人，你更加害怕了，又拿起旁边的台灯，补上几下，直到他断气。"莫警官接下去说着。

王芳点点头，"那天正好约好去蒋菡那里拿生活费，我擦掉了现场可能留下的指纹，回家换了衣服，就去了她家。她可能看到我神色有些不对，一直追问，我烦了，就告诉了她。她一直说要去自首，我当时拖延说过几天，但她还总以一副姐姐的口吻教育我，前几天更是说我要不自己去自首，她就要报警，我在她那里吃饭的时候下了药，然后割破她的手腕，写了那封遗书。"

审讯室里忽然陷入一片炙人的沉默，门被从外面打开，沈鸢儿打开门走了进来。她俯下身在莫警官身边说了几句，莫警官点点头，自己则靠向椅背。沈鸢儿在一旁坐下来，也不急于开口，只是打量着王芳。

王芳也许是被她看得有些莫名，她终于忍不住先开口问："该说的我都说了，还看着我干吗？"

"我看的不是你。"沈鸢儿缓缓回答，"而是我的好朋友，你的姐姐蒋菡。"

听到蒋菡的名字，王芳扬起眉，但表情仍没有太大的变化，她斜看了沈鸢儿一眼，漠然重复道："你认识我姐姐？"

"没错。"面对这个杀了自己朋友的凶手，沈鸢儿似乎也并不愤怒，她眼中含着隐忍的悲哀，望着那张和蒋菡一模一样的脸，"你以为蒋菡过着比你幸福的生活，总觉得如果没有被拐卖，自己也同样能得

到幸福，但是你不知道，蒋菡的父母，也就是你的亲生父母，死得比你的养父母还要早，我们查了蒋菡的账户，她每月给你的钱，除了她努力工作的薪水，不够的部分，是由当年她卖骨髓，我家给的那笔钱里面划出去的。这笔钱她一直没动，之所以现在拿出来，只是为了给你这个妹妹一点补偿，因为她觉得亏欠了你。"

"你以为这样说我就会对她感恩吗？"王芳问，但说这话的时候，她那一直漠然的神情似乎有了一丝裂痕，露出若有所思的样子。

"不管你信不信。"沈鸢儿继续说道，"而且，我想蒋菡之所以知道你杀了人，也不仅仅是看你脸色不对，更多的而是双胞胎之间的感应，她感受到了你心里的害怕与慌乱。"

"切，说什么感应，骗人的把戏。"王芳再次开口的时候，语气中好像不再那样确定。

"我要说的就这么多。"沈鸢儿说着站起身，又看了王芳一眼，像是要把这副容貌深深映刻在心里，然后向门口走去。

王芳被带出审讯室的时候，沈鸢儿已经站在雪莹他们的身边，但却不再那样直视着王芳。王芳走得很慢，脚步显得些许的沉重。在她即将走出去的时候，雪莹的声音却清晰地传入每个人的耳中，"最后再告诉你一句，你和蒋菡的名字，蒋菡、蒋苕、菡苕，是指荷花的花苞，我想，你们的父母一定也希望你们姐妹俩能够像荷花一样，洁净地成长，而不是双手沾满了罪恶，尤其那血还是自己亲生姐姐的。"

"如果不是那个人告诉我说，姐姐的生活一直比我好，那是我应得的，我就不会因为憎恨而下决心杀了蒋菡，我对不起姐姐。"

"现在说这些已经太晚了。"

王芳低低的哭泣声传来，有悔恨、有伤心、有不甘，令人听来不禁动容。

"你说的那个人，是谁？"雪莹忽然有种预感，诱导犯罪，会乐于做这种事的人，她心中几乎已经有了答案。

"一个网名叫做 M 的人,但其他的我就不知道了。"

[九]

"又是 M。"走在回家的路上,麦嘉玮和罗逸凡因为正好有任务要办,顺道和雪莹一起走,麦嘉玮愤愤说道。

"算了,M 喜欢挑衅警方,这也不是第一次了。"罗逸凡劝解。

雪莹偏头沉默着,像是若有所思,良久才开口说:"不对,我总觉得 M 的用意远不止这么简单。"

"什么意思?你是说,他不仅仅是在单纯的找麻烦?"麦嘉玮面露疑惑。

"这次你总算聪明了。"雪莹拍拍他,继续解释道,"我以前也只是觉得,让警方忙碌,而他躲在暗处看笑话,这就是 M 的目的,但通过鸢儿姐这件事我发现,欣赏那些人的痛苦,才是他最大的快乐,尤其是警察的。"

"那么他很可能进而以后的目标都瞄准警察?"麦嘉玮追问。

雪莹点点头,"我也不是很确定,这只是个猜测,说是直觉也可以,说不好他的下一个目标会是谁。"

"让他来找我好了。"麦嘉玮挥动着拳头跃跃欲试地说,"我一定把上次挨的那一枪补还给他,当然,还有找到你父亲。"

雪莹看他一眼,心底有些感动,但嘴上还是说:"就凭你?还是保重好身体,照顾好自己吧。"

"小莹。"半天没开口的罗逸凡忽然说,"我觉得你还是少参与到这些事情里面来比较好,很危险。"一旁的麦嘉玮听了,似乎也认同地点头。

"在没找到爸爸之前,我是决不会罢休的。"雪莹眼底闪动着不容置疑的坚定。

就在快要走到侦探社楼下的时候,雪莹忽然停住了脚步,目光灼灼地看着门前。麦嘉玮和罗逸凡也顺着她的视线看过去,一个身穿短袖T恤的男人正站在那里,仰头望着侦探社,但由于距离还比较远,难以看清他的模样。

雪莹怔了片刻,脱口叫道:"爸爸?"麦嘉玮和罗逸凡闻言都是一愣。

也不知道是听到了雪莹的声音,还是有感应般,那人回过头来,在看到他们几人的时候也是一慌,连忙迈开步子,急匆匆地消失在转角。

"爸爸!"雪莹又叫了一声,跑着追上去,但雪莹脚步虽不慢,那男人却是更快,转过一个街角,已经消失了踪影。等到麦嘉玮和罗逸凡追过来的时候,只看到雪莹站在转角,良久地凝视着前面空无一人的小路。

"是你父亲?"麦嘉玮问。

"可是你父亲已经失踪那么久了,怎么会就这样突然出现在家门口?距离这么远,你会不会看错了?"罗逸凡也问道。

雪莹摇摇头,"不会,那一定是我爸爸没错,我决不会认错,但他为什么要跑掉呢?"

雪莹的问题没有答案,回答她的,只有满路的空寂。

第九章 第三个凶手

[一]

这天清早,天还没完全亮起来。马太太下了夜班回家,乘电梯径直上了六层。马太太是倒班,上一天一夜的班,然后再休息一天一夜。此时楼道里静悄悄的,大部分人都还在睡梦中。马太太早就习惯了在这个时间下班回家,本来也没什么感觉,但却不知道为什么,今天的楼道里让她觉得分外的阴森,透着说不出的怪异,让人汗毛直立起来。

从下电梯到家门还有一小段路,要经过前面三户住家的门口,然后再拐个弯,就是马太太的家了。马太太心里一紧张,不由得加快了脚步,随着她的脚步声,楼道里的声控灯也逐个亮了起来,昏黄的灯光洒落在空荡荡的楼道里,这段路却比往日感觉要长上许多。马太太越走越快,但也愈发心慌,空气中隐隐浮动着一股异味,充斥在口鼻中,有种反胃的冲动。

忽然"吱呀"一声,拐弯前最后一家的门,在马太太面前缓缓打开,更确切地说,那扇门本来就开着一道细小的缝隙,这会儿只是开得更大了。马太太眼皮猛地一跳,心似乎都提到了嗓子眼儿。她停下脚步犹豫了一下,还是忍不住好奇地向门内看了一眼。顿时,一股血腥的味道从敞开的门里传了出来。

时近早上,天已经有些蒙蒙的亮了起来。透过从屋里照进来的微光,清晰可见一个少女的身影,晨曦在她身上映照出一层光晕。也许是听到了脚步声,她慢慢转身朝马太太的方向望来。她目光失神,带着十分的迷茫,但她衣服上一大片殷红的血迹却看起来触目惊心。在她的右手中,握着一把闪着寒光的刀,一道血迹蜿蜒顺着刀刃流了下来,滴落在地板上。而在距离她不远处的地板上,还躺着一个浑身是血的人,分辨不出那个人的容貌,但那人一动不动,也不知道是死是活。

马太太张大嘴,却发不出任何声音,甚至移动不了脚步。但那少女似乎也没有进一步的举动。两个人互望了良久,少女终于动了动嘴唇,吐出一句话:"请帮我报警,我杀了人。"说着,泪水从她的脸颊悄然滑落。

早上七八点钟,城市已经完全苏醒了过来,街道上出门上班的人潮涌动,脚步匆匆,四处充斥着喧闹。

莫警官起身关上办公室的窗子,看了看表,准备回家一趟。昨天为了抓捕一桩案子的犯人,连带审讯,折腾到凌晨才结束。本来想就这样直接继续今天的工作,但转念又想到,今天是女儿莫黎十九岁的生日。妻子出差在外面赶不回来,要是连他都不回家,女儿就太可怜了。虽然他知道,和莫黎一起长大的那几个好朋友肯定少不了会帮她庆祝,可自己这个做父亲的,怎么也该送上份礼物,尽一点义务,作为平日无暇照顾女儿的一种补偿。

想到这儿,莫警官又重新在座位上坐了下来,准备打个电话给雪莹。她和莫黎年纪相仿,可以咨询一下这个年纪的女孩儿到底喜欢什么样的礼物。莫警官的手刚碰到桌子上的电话,电话却在这个时候响了起来。

莫警官微微皱了下眉,这个时候打来电话,想必是又有什么新案子发生,看来回家的事情又得向后推迟了。他接起了电话,没想到竟然是上级打来的。莫警官有些诧异,除非是有什么重大案件,否则上面不会特意打电话来过问。他才刚听了几句,便"嚯"地站了起来,脸色突变,连声确认着:"什么?您说什么?"在得到对方肯定的答复后,莫警官这才说了句"我明白",然后缓缓挂上了电话,神情无比地沉重。

他忽然向门口快步走去,但还没有到一半,就停下了脚步。莫警官站在原地,脸上写满了焦急,但脚却像粘在地上一样,没有移动半分。"嘉玮、逸凡,进来一下,马上!"他高声向外面叫道。不一会儿,麦嘉玮和罗逸凡匆忙地开门走了进来。

"有起命案,需要去查一下,疑犯已经自首,你们记录一下地址,现在马上过去!"莫警官的声音中似乎充满紧张和焦虑,甚至有些颤抖。麦嘉玮和罗逸凡互望了一眼,都惊讶无比。做了多年的警官,莫警官早已处在任何变故都能够冷静依然,这样才能更加敏锐而准确地做出判断,但此时却好似完全不像平日的睿智。

"您不和我们一起去吗?"麦嘉玮疑惑地问。

莫警官闭上眼,摇了摇头,再睁开眼定定看着他们,说出了一串地址,"去这里。"

"这地址怎么有些熟悉——"麦嘉玮凝神思索了片刻,忽然瞪大眼睛,磕磕巴巴道,"这,这不是,莫警官您家?"

莫警官沉默地点头,"嫌疑犯,是我的女儿莫黎,刚才我接到电话,这件案子我要避嫌,不能参与,但我相信小黎肯定是无辜的,就靠你们,找到真相。"莫警官说这话的时候,坚定地看着麦嘉玮他们。

感受到莫警官的信任与寄托,麦嘉玮顿时觉得重担在肩,沉甸甸的,但又充满责任感。他用力点点头,"您放心,我们一定会的。"

"另外就是,给小莹打个电话,让她和你们一起,我觉得会对你们有帮助。"

"好。"

"有消息立刻通知我!"莫警官仿佛仍然不放心,又叮嘱道。

送走了麦嘉玮和罗逸凡,莫警官又走回桌旁坐下。他尽管心情无比沉重和焦急,却好像被束缚在这里,完全无法施展。他忽然一拳重重地打在桌上,但心中的无奈和不甘,却挥之不去。

[二]

雪莹抱着书本,和子晴一起走向学校大门,但她始终低着头,沉默不语,显得有些心事重重。

"小莹,你今天怎么没骑车?"子晴看着雪莹的样子,终于忍不住开口问。

"我忘了。"

"啊?"子晴张大嘴巴,露出惊讶的神情,"忘了?那你就这样走过来,一路都没想起来?"她的问话良久得不到回答,子晴皱起眉看着雪莹,而雪莹却好像丝毫没有察觉,也没有回应她的意思,于是子晴又叫道:"小莹,小莹?"

"嗯?你刚才说了什么?"雪莹偏过头,看向子晴。

子晴微微叹息,无奈地问:"我都叫你好几声了,你到底怎么了?"

怎么了?这个问题还真让雪莹回答起来有些为难,她又看了看子晴,索性停下脚步,附在子晴耳边低语了几句。

"什么?你说看到了你爸爸?"子晴惊讶地瞪大眼睛,不敢置信地看着雪莹。

雪莹点点头,"虽然只有一会儿,但我确定那就是我爸爸没错。"

"既然他回来了,为什么不找你?"

"我也不知道。"雪莹若有所思地回答,"可能爸爸有他自己的理由吧,不过我不会放弃的,既然他就在这里,那我更有信心能够找到他。"她的蓝眸中,闪动着坚定的光芒。"我有预感,很快就能见到爸爸了。"

"无论怎么样,我会一直支持你的。"

雪莹刚要开口再说些什么，一辆警车在她面前倏然停了下来，玻璃窗摇下，麦嘉玮和罗逸凡从车里向她招手。

"小莹，你一会儿有没有课？"罗逸凡探出头问道。

雪莹点点头，"一早上就有，你们怎么会来？"

"莫警官让我们来找你，这件事很重要，你的课能不能先放一放？"麦嘉玮索性走下车，看着雪莹问。

看着麦嘉玮一脸严肃的神情，一种不安渐渐在雪莹心里凝聚，她急急地问："到底什么事这么紧张？"

"我们正要去莫警官家，他家里发生了命案，他的女儿是嫌疑犯。"麦嘉玮一口气说完。

"什么？"雪莹震惊得一时无法消化这个消息，就连手中的书掉落在地上都好像没有察觉，直到麦嘉玮捡起来交还给她，她才怔怔地问，"莫黎？这不可能。"

"但莫黎已经自首了。"麦嘉玮沉声说，"我们来找你，也是莫警官的意思，他希望你能帮帮莫黎，同时，我个人也希望你能和我们一起找到真相，拜托。"

"不用你说我也会的，我们现在马上去莫叔家，不，是去现场看看。"雪莹说完，从麦嘉玮手中取过书，交到一旁的子晴手中。

"我知道，帮你请假是吧？"子晴会意地摆摆手，"你们快去，老师那里有我。"

雪莹没来得及回应，立刻快步走进车里，麦嘉玮也转身上了车，车子飞快扬长而去。

莫警官的家里雪莹不是第一次来，但此刻这里显得异常凌乱。在警员的看管下，莫黎安静地坐在沙发上，眼睛红肿，衣服还有些凌乱。雪莹走上前，和莫黎打招呼，但她从始至终只是重复着一句："人是我杀的。"雪莹无奈，拍了拍她的肩，和麦嘉玮罗逸凡先开始查看现场。

尸体仰面倒在地上，让人吃惊的是，死者的脸上，似乎隐隐带着一丝欣慰的笑。而且，雪莹感觉这张脸有些熟悉，但又一时想不起来在哪里见到过。雪莹蹲下身观察着，"好像没有搏斗的痕迹，死者几乎没有进行反抗。"

"来看这个。"麦嘉玮招呼雪莹走过去，桌子上并排放着几个相框，里面装着莫黎不同年纪的照片，而其中的好几张，都是莫黎和另外两个男孩儿、一个女孩儿，一起照的。麦嘉玮指着照片，"这个照片里的男人，不就是被害人吗？"

"我见过这个人，我来莫叔家的时候，曾经碰到过一次照片上那几个人，听莫黎说是从小一起和她玩到大的好友。"怪不得她觉得眼熟，雪莹陷入了思考。从照片看来，这几个人似乎并不止好朋友这么简单，每张照片上，无论做什么，两个男人都对莫黎呵护有加，喜爱之情一览无余。莫黎也笑得灿烂，并不像是有什么嫌隙，那么，她又有什么理由，非要亲手杀了自己从小一起长大的好朋友呢？那死者脸上欣慰的笑容又是什么意思？难道是心甘情愿，被自己喜欢的人杀死？

这时候罗逸凡快步从里屋走出来，"我这里也有发现。"

雪莹和麦嘉玮快步走了进去，却在看清屋内的情形后，都有些怔忡。莫黎的卧室内，东西散落了一地，显然是被人匆忙中用力扫下来的。床上凌乱无比，而床单上那一点早已干涸的血迹，似乎在告诉着他们，这里曾经发生了什么事。

"看来有必要带莫黎去做个被侵害的检查。"雪莹闭了闭眼，艰难地开口。先不论莫黎是不是凶手，发生这样的事，莫警官那里该是怎样痛心？

"我先采集些证据带回去给鉴定科。"麦嘉炜说着走上前去。

罗逸凡站在原地没有移动脚步。"从现在看来，被害人很可能是对莫黎实施了强暴侵害，然后莫黎一怒之下杀了他。"

"你的前半段猜测我也同意，但后面部分我不能认同。"雪莹顿了顿，继续说道，"就算发生了这种事情，我想莫黎也不会冲动之下就杀了自己从小到大的好朋友。"

"小莹，我希望这个案子你不要意气用事。"

雪莹转头看向罗逸凡，有些不敢置信，"你的意思是说，因为莫黎是莫叔的女儿，我偏袒了她？我真不知道你为什么要这样说，现在很多证据都还不明朗，你就这么草率地下了结论，要给莫黎定罪，这不像是你罗逸凡的作风。"

"小莹，我——"

"你不用继续说了。"雪莹避开罗逸凡想要抓住她的手，一闪身向屋外走去，"总之，在检查结果出来前，我是不会就这样下结论的。"

[三]

雪莹走到客厅里，轻轻拿起桌上的照片，来到莫黎面前，在她面前蹲下身来，柔声问道："他们是你的朋友是不是？"目光看到雪莹手中的照片，莫黎似乎被触动了心伤，刚干的泪水又流了下来，滴滴落在雪莹手里的照片上，打湿了镜框。莫黎抬头看了雪莹一眼，点点头。雪莹顿了顿，又追问道："死的那个人，就是其中的一个，对不对？他叫什么？"

"孙筱。"莫黎轻声回答，然后忽然激动地抓住雪莹的手，"是我，是我杀了他。"说完便跌回沙发上，泣不成声，再也不肯开口。

雪莹看着莫黎，不知为什么，莫黎这种急于认罪的态度，让她隐约觉得怪异。这时候有警员上前，示意雪莹要带走莫黎，雪莹安慰地拍了拍莫黎的手，看着警察把她带出去，自己则站在门口，也感到眼眶有些酸涩。

"我们也先回去吧，还要赶紧和莫警官汇报情况呢。"麦嘉玮也走上前，而一旁的罗逸凡则只是看着雪莹，有些欲言又止，但最终他还是什么都没说。

雪莹点点头，"别让莫叔太担心了，我和你们一起去。"

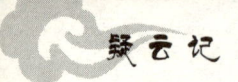

"不用了,你还是先回学校上课,从尸体表面看,是一刀致命,其他还要等鉴定科那边的化验结果出来,我会第一时间打电话联系你。"麦嘉玮抚了抚越发凌乱的头发,也显得有些许的烦乱。

"好吧,看来也只能先这样,莫叔那里,你帮我多关照下。"

"不用你说我也会的。"

"嗯。"雪莹感激地又看了麦嘉玮一眼,这才和他们告别离开。

但此刻谁也没有注意,在他们身后的楼梯安全门悄悄地打开了一道缝,一双眼睛定定地注视着这一切,从莫黎被带走,到雪莹他们离开。那人紧握双拳,眼中闪动着灼灼的光芒。

虽然勉强结束了半天的课程,但雪莹却完全不知道上了些什么,也暂时顾不上思考父亲的出现,惦念着莫黎的事情,心里怎么也无法平静下来。终于熬到过了中午的时候,麦嘉玮的电话打了进来。

"结果怎么样?"

"那床单上的血迹是莫黎的,莫黎确实曾经被性侵害,而从床单上提取的痕迹表明,是死者孙筱。"麦嘉玮飞快地说道,"关于现场我们发现的那把刀,是杀死孙筱的凶器,上面除了莫黎的指纹,还有被重叠上的半枚其他人的指纹。"

"其他指纹?那就是说,还有别人也拿过这个凶器。"

"是的,但具体人我们还没查到,另外,一会儿要对莫黎进行审讯,你要不要也一起来,她和你还比较熟悉,可能看到你在场也不会那么紧张。"

"当然,我马上过去。"雪莹说完,便挂断了电话。

从学校到警局的路上,她一直在思考整个案子。即使早上罗逸凡说了那番话,但从各方面综合来看,她都不相信莫黎是凶手,只不过还没有确凿的证据。看来孙筱侵犯了莫黎是事实,那之后呢?被侵犯的莫黎会去了哪里?做些什么?莫黎为什么要一口咬定是自己杀了孙筱?如果她不是凶手,那凶手也必定是她认识的人,她在袒护着谁?雪莹相信,只要继续追查下去,真相就一定能浮出水面。

没有骑车，雪莹赶到警局多用了些时间。本打算在去审讯室前，先问候一下莫警官，却没想到在审讯室前，看到了莫警官的太太，莫黎的妈妈。听其他警员说，莫太太案发的时候出差在外，她像是听到消息，匆忙中赶回来，看到被警员带到审讯室的莫黎，她哭着迎上去，紧紧抓住莫黎不放。

　　"小黎，到底发生了什么事啊？你怎么会杀了孙筱？不是你做的，对不对？快跟他们说，不是你！"莫太太猛地摇晃着莫黎的手臂，看到自己的母亲，莫黎也忍不住眼圈一红，掉下眼泪来。看着伤心的母亲，她张了张嘴，但最终什么也没有说。

　　莫太太的哭声在走廊里回荡，每个人都低下头，不知道要怎么办才好。这时莫警官忽然快步走了过来，用力拉下莫太太的手，将她拽住，低声斥责道："你这是干什么？不要妨碍调查工作。"

　　"工作，你就知道工作，那是我们的女儿啊！"莫太太边控诉，边挣扎着，但莫警官却没有放手。雪莹望着莫警官，他的脸上也笼罩着一层深沉的痛，抓着莫太太的手也有些微微的颤抖，泄露了他难以平静的心绪。但莫警官依然表现得很镇定，他皱着眉，看了自己的女儿一眼，向两旁的警员沉声交代道："带进去吧。"然后便拉着莫太太转身头也不回地走进了隔壁的屋子。

　　在莫警官转身时，从他的口袋里掉落出一张折叠整齐的纸，雪莹捡起来打开，"辞职信"三个字触目惊心地呈现在眼前。看来，因为莫黎的案子，莫警官已经做好了辞职的打算。雪莹握着纸的手有些微微颤抖，她悄悄拽了拽麦嘉玮，将手里的纸无声地递了过去，她清晰地听到麦嘉玮的抽气声传来。麦嘉玮看着雪莹，雪莹向他点点头，眼中闪动着坚毅的神采，为了莫黎，也为了莫警官，她一定要尽快把这个案子查清楚！

[四]

　　审讯室里，莫黎除了哭，不再开口说一句话。麦嘉玮坐在她的对

面,似乎有些手足无措,不知道该要如何是好,显然并不善于应对这种场面。雪莹站在一旁,也静静地沉默着,她的蓝眸又望向审讯室的隔音玻璃,因为她知道,莫警官肯定就在那玻璃后,关注着里面的一切。那玻璃后站过太多的人,每一个人都不是一个旁观者,他们的心和里面息息相关。从上次沈弯儿的事情,到现在都轮到了莫警官,这起案子和M是不是也有关联呢?

雪莹终于在莫黎对面坐下来,一双湛蓝的眼眸,定定地凝视着莫黎,"小黎,现在你还说是自己杀了孙筱吗?想想你的爸妈,如果你被定罪,他们怎么办?"

莫黎终于有了一丝触动,这次她没有再坚持重复着自己杀了人,而是低着头沉默着。雪莹见状又追问:"好吧,那么我问你,你说杀了孙筱,用的是那把刀对不对?"看莫黎点点头,雪莹又问:"是怎么杀的?捅了几刀?"

"我——我记不清了。"莫黎迟疑了一下,轻声回答,"我只记得,他向我走过来,我情急之下,就一刀扎了过去,他就那样倒下了。"

"那是面对面的时候扎进去的?"雪莹又问。

莫黎点点头。

"好了,可以先把她带出去了。"雪莹忽然向麦嘉玮说道。麦嘉玮虽然觉得奇怪,但还是让警员把莫黎带了出去。

"这样就结束了?"等莫黎走出去,麦嘉玮才疑惑地问。

"足够了,因为她已经告诉了我,她不是凶手。"雪莹说这话的时候,目光望向玻璃后,语气坚定,因为她要让莫警官和莫太太听得清清楚楚。

"你刚才说,莫黎不是凶手?"麦嘉玮不确定地问,但显然也松了一口气。

"莫黎对现场的陈述,大都不太清楚,尤其是她说刀是从正面扎进去的,我想她只是看了尸体是正面向上,仰躺着,衣服上有血迹。"

"对啊,验尸报告说,刀是从后面扎进去,伤及内脏,才会致命的。"麦嘉玮恍然大悟。

"没错。"雪莹解释着,"从伤口看,凶手应该是从后面袭击死者孙筱,然后立刻把刀拔了出来,孙筱向后倒地,才会仰面向上,但莫黎当时慌乱之下根本有看清,以为倒是从正面扎进去的。"

"那么真凶到底是谁?和刀上发现的那半枚指纹有没有关系?"

"还不清楚,但至少有几点可以肯定,第一,既然莫黎这样袒护这个人,他们必然认识,而且感情很好;第二,孙筱死的时候,既然凶手能够从他后面杀人,那说明这个人孙筱也同样认识,而且对他没有防备心,才会这样轻易得手。"

"嗯,看来我们需要按照这个方向重新调查一下。"麦嘉玮话音还没落,一个警员疾步走了进来,在他耳边说了几句。麦嘉玮的脸色微变,他看着雪莹,摸摸鼻子说道:"看来不用找了,又有人自首,说自己才是杀了孙筱的真正凶手。"

"什么?"雪莹露出惊讶的神情,"人呢?"

"马上就带进来。"

不一会儿,警员便带进来一个垂着头,衣服脏且乱的年轻男人。他在雪莹和麦嘉玮的对面坐下来,抬起脸,一张本应是阳光帅气的脸庞,此刻看上去却憔悴无比,头发凌乱,脸色苍白,双眼充斥着血丝,下巴还有新生出的胡楂。但即便和照片上那个有着灿烂笑容的人有着天差地别,雪莹还是几乎是立刻就认出了他,莫黎的另一个好友。

"姓名?"麦嘉玮问道。

"钟子慕。"

"你说是你杀了孙筱?"

钟子慕眼都没眨一下,毫不迟疑地应道:"是的,抓我吧,我才是凶手,放了小黎,她是无辜的。"

"你怎么知道莫黎是嫌疑人?"雪莹忽然插口问道。

"我——"钟子慕一顿,才回答道,"我听小黎邻居说的。"

"哪家邻居?"雪莹又咄咄地追问。

"记不清了,和哪家又有什么关系,都说了我是凶手,赶紧把我抓起来就是了!"

雪莹平静地看着他:"我们会的,但这你又何必着急?说说你是怎么杀了孙筱的吧?你们几个,应该是好朋友不是吗?"

"已经不是了。"钟子慕沉沉地开口说道,"我和小黎,孙筱,还有孙怡雯从小就认识,尤其是我们三个,同一所幼儿园,小学一个班,初中、高中,都是一个学校,怡雯,也就是孙筱的妹妹,比我们低一个年级。"

"你喜欢莫黎,是不是?"雪莹打断他的叙述问。

钟子慕一怔,继而也毫不掩饰地点点头:"但我从没和她说过。"

"那孙筱呢?他也喜欢莫黎吧?这件事你知道吗?"

"多少有点感觉。"钟子慕顿了顿,继续说道,"前几天,小黎曾经来找过我,说孙筱向她表白了,问我该怎么办,说实话,我佩服孙筱的勇气,那正是我所没有的,也许是我一直以来顾虑得太多,所以我就告诉小黎,让她自己决定。"

雪莹偏头微微一叹,其实莫黎的行动,就为她的决定做了最好的诠释。不难猜想,莫黎之所以去找钟子慕,实则是因为她喜欢钟子慕,重视他的想法和感受,那么昨晚发生了那样的事,在爸妈都不可能马上回到身边的情况下,她惊慌之余去找钟子慕也不是没有可能。

"昨晚莫黎去过你家?"雪莹问。

"没错,她哭着跑来找我,叙述了发生的事情,我一怒之下冲到小黎家,孙筱还没有离开,我质问他为什么要这么做,争论之下吵了几句,我就拿起刀,趁他没防备杀了他。"

雪莹眼前仿佛浮现出这样的场景,钟子慕一口气冲到莫黎家里,看到孙筱还在,立刻激动地上前和他吵了起来,也许两个人还互相推搡,钟子慕拿起旁边的刀子,杀死了孙筱。可是,她的思路在这里有些卡壳，心里总隐隐觉得还有什么地方不太对劲。

[五]

雪莹静静打量着对面的钟子慕，从头发到脸，再到那脏乱的衣衫，忽然开口问道："你衣服上的污迹，是在和孙筱动手打斗的时候留下的吗？"

钟子慕闻言一愣，片刻才回答道："没错，好像就是在那个时候弄脏的。"

雪莹又看了看他："袖口的扣子呢？也是那个时候弄掉的？"

"对，被孙筱抓掉的。"

"那我们为什么在现场没有发现你的扣子？"

钟子慕摇摇头，"当时我们打得很乱，谁知道掉哪儿去了。"

"那好，今天先问到这里吧。"雪莹说着站起身。

"等等，不先放了小黎吗？"钟子慕急急地问道。

雪莹走向门口，"你的话里有多少真实性还有待考察，暂时不能确定凶手，所以也不会随便放人，你们两个都是嫌疑人。"

坐在椅子上的钟子慕闻言低下了头。

麦嘉玮跟在雪莹身后追了出来，"上次查看尸体的时候，明明说过孙筱死前没有搏斗过的痕迹，可是——"

雪莹微微一笑，"所以钟子慕也没有说实话，而且，如果当时他们在打架，孙筱就更不可能毫无防备的让钟子慕拿刀子从背后杀死。"

"那也就是说，钟子慕的目的，只是替下莫黎。"

雪莹轻轻一叹，"这一切都是因为一个情字。"

麦嘉玮摸摸鼻子，看着雪莹，"那现在我们要从哪里调查起才好？"

"刚才注意到没有，那个钟子慕的衣服。"

"衣服？"麦嘉玮疑惑地重复着，"除了脏还有什么？"

"钟子慕的衣服上有石灰。"罗逸凡从一旁走了过来，"刚才他被带进来的时候,我正好看到。"

"逸凡,你去哪儿了?怎么半天都没见你人?"麦嘉玮问。

罗逸凡扬起手中的资料,"去调查这个了,死者孙筱的父母都在国外,和妹妹一起生活,叫做孙怡雯,比他们小一岁。"

"这个刚才钟子慕提到过。"

"我觉得,我们应该抽时间去拜访一下死者的家属。"罗逸凡说道,然后目光便落在雪莹身上。早上的不愉快让他似乎有些顾虑,不知道要怎么和雪莹说话。

雪莹淡淡地看了罗逸凡一眼,问道:"现在你怎么想?还觉得莫黎是凶手吗?"

"会蹭到石灰的,在大楼里面只会有一处,那就是楼道的墙壁,我想我们应该再去莫家居住的大楼看看。"罗逸凡这个避重就轻的答案虽然让雪莹并不满意,但也还可以接受。

这时候,莫警官搀扶着莫太太从隔壁房间走了出来。莫太太看到雪莹,显得又激动起来,她一步冲上前,拉住雪莹的手,哭求道:"小莹,看在我们家老莫和你爸爸的情分上,你一定要帮帮小黎。"

莫警官也走上前,双手轻轻搭在莫太太的肩上,像是无声地安慰着她,然后又转向雪莹他们,缓缓地说了声"谢谢"。这两个字听起来是在感谢雪莹刚才相信莫黎是无罪的,又仿佛凝结了千言万语。

"莫叔和阿姨你们放心,我们一定会尽快查清真相。"

在去莫家之前,雪莹他们几个人先顺路去了一趟孙筱的家里,路上她简单翻看了一下孙家的资料。

"孙怡雯知道她哥哥被杀了吗?"

"应该是知道,早上已经有人打电话告诉过她了,让她在家里等通知。"麦嘉玮答道。

孙筱的家,和莫家在同一个大院里,只是分布在院子的不同位置。雪莹他们按照地址找到孙筱家,按响门铃,开门的是一个年轻的女孩子。她和孙筱长得有几分相像,只是面容更加秀气一些。也许是刚哭过,她的眼睛有些微红。

"是孙怡雯吗?"在得到对方的肯定后,麦嘉玮拿出证件给她看,孙怡雯这才侧身让开门,让他们走了进去。

"我们打扰到你了吗?"雪莹询问,毕竟孤身一个女孩子,又刚死了亲哥哥,心中的难过可想而知。

孙怡雯摇摇头,"没事,我正在看相册,有点伤感,让你们见笑了。"

"相册?和你哥哥一起的?我能不能也看看?"雪莹友善地问。

"当然,我拿给你看。"孙怡雯招呼雪莹他们坐下来,然后自己走进屋里,拿出一本相册,"就是这个。"

雪莹接过相册,一页一页仔细翻看着,一丝微光忽闪地映在她天空般澄蓝的眼眸中,似乎多了几分深思。片刻,她把相册交还给孙怡雯,开口问道:"你和哥哥感情好像很好?我看里面每张照片都有你和他们一起。"

"嗯,还有小黎,人也很好。"

"莫黎?可她说是她杀了你哥哥。"

"不可能,这不可能!"孙怡雯斩钉截铁地说道,"小黎不会做这种事。"

"如果你知道,你哥哥昨晚对她做了什么,也许就不会这么想了。"雪莹幽幽开口。

孙怡雯疑惑地看着雪莹问:"我哥哥怎么了?昨天好像听他说,被小黎拒绝了什么的,然后他昨晚一夜没回来,我本来还以为他心情不好,所以到哪儿去喝酒发泄下之类的,可没想到,今天一早就接到了警察打来的电话。"孙怡雯说到这里顿了顿,也许是又想到了哥哥的死,陷入了沉默。

"你哥哥,用强硬的手段占有了莫黎。"面对这个才有十八岁的女孩儿,雪莹还是略微措了一下词,才说出口。

孙怡雯震惊地张了张嘴,显然明白了雪莹的话意味着什么。"那么,那个人知道吗?如果他知道了的话——一定是他,一定是他杀了我哥哥——"

[六]

"你指的是谁?"麦嘉玮连忙追问道。

孙怡雯指着照片上的钟子慕,"就是他,虽然他没说过,但我知道他也一直喜欢着小黎,一定是他杀了我哥哥。"

"关于这点,钟子慕早些时候也已经来自首了。"

"果然是他。"

忽然雪莹手中的资料因为没拿住而掉出了几张,飘落在孙怡雯的脚边。她向孙怡雯微微一笑,"能不能帮我捡一下?"孙怡雯毫不迟疑地帮她捡起来,交到了雪莹手中。雪莹又看了她一眼,微笑着道了声谢。

"你父母知道了吗?"

孙怡雯点点头,"我已经打电话告诉过他们,这两天他们应该也会回来了。"

"你自己一个人没关系吗?"雪莹关切地问。

孙怡雯摇摇头,"没事,我一个人可以的。"

"不好,一个女孩子毕竟不安全。"雪莹又转向麦嘉玮,"这几天还是派几个人手,在外面保护一下她吧?"麦嘉玮点头应了一声。

"我说了不用这么麻烦的。"

雪莹拍拍孙怡雯的手,"不麻烦,为了你的安全着想,不管你愿意不愿意,在你父母回来之前,我们必须这么做。"雪莹说完,这才站起身,"好了,我们今天先走了。"

"那案子就算查清楚了?"

雪莹轻轻摇头,"还有很多疑点,不过查清楚,我们会马上通知你,我保证。"

孙怡雯将他们送出门外，眼中隐含着几分失望之情。

莫警官家居住的楼因为是高层住宅楼，平日人们都习惯了上下走电梯，那些在外面忙碌的一天人们，没有人愿意再把更多的时间和体力耗费在爬楼梯上，因此三层以上的楼道里，足迹就开始越来越少，五楼以上，基本已经很难有足迹，地面和墙壁上也微微笼着一层尘土。

雪莹和麦嘉玮、罗逸凡，走在楼道里，为了避免破坏原本的痕迹，他们走得很小心，一串脚步声在空荡但却狭窄的楼道里回荡。

"看来这个地方确实有人来过。"楼道里的灯光并不足以照明，甚至因为平日不怎么使用，有的灯已经坏掉很久没有人修理。雪莹用手电的光束指着地上开口说道。

"有用脚涂抹过地面的痕迹。"罗逸凡点头赞同道，"看样子，是想要抹去尘土上留下的脚印。"

"会是钟子慕吗？"麦嘉玮问。

"他没有这么做的必要，而且，他已经被要保护莫黎的念头冲昏了头脑，我也不认为他还有破坏现场的心思。"雪莹摇摇头。

"从钟子慕刚才的状态来看，他不像是刻意装出来的，应该没办法做出这样看似冷静的事情。"罗逸凡也赞同。

"那也就是说，来过这里的不止钟子慕一个人。"麦嘉玮四下张望着说道。

"但现在的问题是，另一个人是谁？他和钟子慕是同时到的这里？还是在其他什么时间？"罗逸凡沉思道。

"那就要看他擦掉脚印的用意了。"雪莹凝神看着地面，又好像是没停止思考，"这个人为什么要抹掉自己来过的痕迹？而且，如果说钟子慕走楼道，是因为心急，等不及电梯，那么这个人又为什么会舍电梯而走楼梯？"

"这栋楼的电梯里，有监控录像吧？"麦嘉玮忽然说道。

雪莹点点头,"那只有一个可能,就是这个走楼道的人,不愿意被监控拍到。"

"那么这个人就极有可能是我们接触过的,又不住在这里的人。"

雪莹扬起嘴角,勾勒起一抹意味深长的笑。"我想,我知道这个人是谁。"

麦嘉玮和罗逸凡闻言都有些惊讶,雪莹并不以为意,也不急着解释,只是继续沿着楼梯缓缓而上。忽然,她停下脚步,蹲下身捡起什么。麦嘉玮和罗逸凡也走上前查看,用手电的光照过去,一枚纽扣捏在雪莹纤长的手指中。

"这扣子,不是钟子慕衣服上的吗?怎么会掉在这里?"麦嘉玮愣愣地问。

"没错。"雪莹微微一笑,"所以,这也更加证明了,钟子慕没有说实话,他的扣子根本不是像他说得那样,在和孙筱争执的时候弄掉的。"

"但好端端的,扣子也没道理自己掉下来,而且,他身上那些狼狈的伤痕又怎么解释?"

"我想这并不难。"罗逸凡的声音从安全出口的转角传来,只见他举着手电,对着墙壁正仔细端详着。他转头指着面前,说道,"你们看,这里堆放着不知道谁家施工余留的一些板材,上面残留着几个不起眼的铁钉。"麦嘉玮和雪莹走过去,罗逸凡把自己的手电递给麦嘉玮,自己则取出白手套带上,仔细察看着,"这里的灰尘有模糊的痕迹,说明有人曾经碰到过,而且从痕迹看来,应该是靠着木板倒下去。"

"看来这人很可能是钟子慕。"雪莹指着其中一枚微微突起的钉子,凝神看去,上面隐约挂着几缕丝线。

"这是衣服的纤维?"麦嘉玮问道。

"是的,从颜色和质地看,和钟子慕衣服的材质很像,不过还是你们拿去化验下比较好。"雪莹说话间，罗逸凡已经小心地捏下纤维，放进收集袋中。

　　看来钟子慕确实来过这里，但从他的证词看，他又好像根本没有看过尸体，甚至没有到过现场，他身上的伤，也并非像他自己说的那样是在杀孙筱的时候弄得，而是被楼道里的钉子和木板刮到留下的。雪莹相信，他确实曾经试图去找寻孙筱，那么到底是什么原因阻止了他呢？

　　"看来，我们需要找曾经来过这里的另一个人问问看了。"雪莹幽幽说道。

　　"是谁？"

　　雪莹顿了顿，缓缓开口道："孙怡雯。"

[七]

　　孙怡雯坐在审讯室里，显得有些局促。她不时眨着眼睛，看着坐在桌子对面的几个人。终于忍不住开口问："你们找我是不是为了哥哥被杀的事？"

　　"你不用紧张，我们只是想找你了解一点情况。"麦嘉玮安慰地向她笑笑，然后继续问道，"你和你哥哥，还有钟子慕、莫黎都是一起长大的朋友？"

　　"可以这么说，我有记忆以来，就和他们在一起了，父母一直很忙，我都是跟着哥哥他们一起。"

　　"你觉得他们三个人感情怎么样？"

　　"我上次也已经说过了，哥哥和钟子慕好像都很喜欢小黎，不过这也不奇怪，小黎是个可爱的女孩子，我从小到现在，受到她很多照顾。"孙怡雯说着，似乎想到了早些时候雪莹的话，脸上露出一抹担忧，她直视着雪莹问，"小黎怎么样了？"

　　"她很好。"

　　孙怡雯这才放心下来，她顿了顿，又问："那么你们找我来到底为

了什么?"

"平时你经常去莫黎家吗?"雪莹忽然开口。

"当然,我经常和哥哥一起去找小黎,自己偶尔也会去她家里玩。"

"恕我直接问了,你哥哥死的那天,你去过那里没有?"

孙怡雯一怔,愣愣地答道:"没有,我是今天早上接到电话,才知道我哥哥被杀了的。"

"孙怡雯,我们需要听实话,希望你能好好想想再告诉我们。"

孙怡雯沉默下来,不再回答,半晌缓缓摇了摇头。雪莹见状,定定地看着她,"那你能不能告诉我,在你的指甲里,为什么会有莫黎家楼道里墙上的白灰?"

雪莹的话一问出口,几个人都是一愣,孙怡雯飞快地摇了摇头,小声说:"我不知道你在说什么。"

"上次去你家里,你把相册递给我的时候,我无意中发现你的指甲里有白灰,虽然经过清洗,但却是没有办法彻底洗干净的,为了近距离确认,我故意掉出文件让你帮忙捡,从而确定了自己没有看错。在查看了莫黎家的楼道之后,我终于确定了一件事,就是你曾经到过那里,如果你还想不起来,我们可以剪掉你的指甲去对比化验下。"

"不用了。"孙怡雯轻声说道,"我确实去过那里。"

麦嘉玮惊讶地看了孙怡雯一眼,然后低下头继续做记录。

"你为什么要隐瞒?"

"我很害怕。"孙怡雯垂下眼,"那天哥哥心情看上去不好,我很担心他,他出去很久都还没有回来,我怕他会想不开,就打电话给他,但打不通,又想到他说被小黎拒绝了,就想说打电话问问小黎,可是也没人接。我猜想哥哥会不会去了小黎那里,就去找哥哥。"

"那为什么要走楼道?一般会选择乘电梯之类的吧?"

"怕遇上哥哥,我不愿意让哥哥以为,我在跟踪他,但我绝对没杀人,而且还是我的亲哥哥!"孙怡雯说到这里似乎是激动起来,声音也微微颤抖。

"先冷静下来,我们没有说你杀了你哥哥,和我们说说看,你到莫家的时候,看到了什么?"雪莹追问。

孙怡雯像是回忆起命案现场的情形,眼中浮动起一抹惊恐。"我去的时候哥哥已经死了,屋里没有别人,但我很害怕,马上就离开了,其他什么没有看见。"

"为什么当时你没有报警?"

"看到哥哥死了的时候,我心里很慌张害怕,而且事情发生在小黎的家里,我脑子里很乱,不知道该怎么办才好。"

"随后你做了什么?"

"我也不知道自己是怎么回到家里的,就那样坐到天亮,然后警察就打电话来了。"

"为什么要擦掉你在楼道的脚印?"

孙怡雯摇摇头,"不知道,下意识地就那么做了。"

雪莹想了想,又问道:"那我们去你家的时候,你为什么会一口咬定是钟子慕杀的你哥哥?"

孙怡雯抬起头,幽幽说道:"因为我觉得不可能是小黎,后来你们又说了我哥哥他——"孙怡雯迟疑了一下,"所以我猜只可能是他。"

雪莹一双蓝眸若有所思地盯着眼前的孙怡雯,像是在估量她话中的真假,良久才开口说道:"好吧,今天你可以走了,但最好待在家里,有消息我们随时通知你。"

孙怡雯离开后,麦嘉玮有些不解地问:"就这样让她走了?她刚才的话,虽然听上去没有什么不合理的地方,但我觉得她在很多地方都还没有说清楚。"

"你说得没错,孙怡雯的话里还有很多疑点,我需要点时间整理一下思路。"

麦嘉玮点点头,"好吧,今天也确实太辛苦了,你也先回去休息,

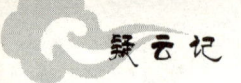

保持联系。"

雪莹走在回家的路上,边走边在脑中飞快地整理着案子的线索。莫黎、钟子慕、孙怡雯,几乎每个人的话里,都存在很多疑点。首先是莫黎,她说自己杀了孙筱,但却说不清自己是怎么杀的人,显然她没有说实话,她当时并不在现场,而是在孙筱已经死了之后才返回家里的,她这么做,初衷大概就是认为是钟子慕冲动下杀了孙筱,为钟子慕开脱罪行。莫黎之所以会这么判断,是因为她在被孙筱强暴后,第一个想到了去找钟子慕,愤怒的钟子慕当时恐怕是立刻冲去要找孙筱质问。

从这个层面看,钟子慕的嫌疑最大,但他的证词叙述又显示他并不了解现场,他说自己和孙筱争执下杀了孙筱,但他的扣子却掉在楼道里,与事实不符。而且,从楼道的衣物纤维来看,如果当时倒在那里的是钟子慕,那就能解释他为什么没有去现场,但是他自己决不会无缘无故倒下,这其中发生了什么?

孙晓雯的话,更是像麦嘉玮所说,疑点重重。看到自己的亲哥哥倒在面前,常理来说应该是先冲上去查看,即使不报案,也会先叫来救护车之类的,但为什么现场孙筱的周围,完全没有发现任何孙晓雯的痕迹?她甚至没有做过任何尝试,就那样离开了?最关键的是,通过那天现场的勘查,楼道现场的脚印被抹掉,连钟子慕的脚印都被抹去了,那也就是说,孙晓雯是在钟子慕去过莫家以后才去的,或者是在那之后才离开的。如果钟子慕没到现场,而是停留在楼道里,孙晓雯为什么没有看到钟子慕?可是要说孙怡雯有杀孙筱的嫌疑,未免也说不过去,她有什么理由杀了自己的亲哥哥?

很多的线索纠结在一起,在雪莹的脑海中无法清晰地捕捉,她感觉自己似乎明白了什么,但却又总觉得缺少一些至关重要的东西把它们串联起来。

快走到家门的时候,雪莹远远就看到有个人影在踱步,像是等候已久，却又带着迟疑，雪莹仔细看去，竟是莫警官。

[八]

"莫叔。"雪莹唤了一声莫警官，快步走上前去。莫警官看到她，犹豫了一下，但还是微笑着喝雪莹打招呼，"小莹，回来了？"

自从发生了莫黎的事情，虽然其他人并没说什么，但莫警官却自动申请了停职休假。上次雪莹捡到的辞职信让她明白，莫警官甚至已经做好了最坏的打算。对于莫警官出现在这里，雪莹并不感到意外。"您等了很久了吧？"

"哦，也没有，我只是在家待着闲不住，所以想来问问看案子查得怎么样了？"

"不如上去坐坐，我跟您详细说。"

莫警官摇摇头，"不用了，在这里就好，如果被人看到，怕对你们查案造成不好的影响。"莫警官的脸上虽然带着疲惫和忧虑，但看着雪莹的目光中却仍充满关爱，他温和地开口道："小莹，虽然这件事涉及小黎，但我相信小黎，也同样相信你们。我并不想左右你们的判断，只是想让你们知道，我会尽我所能地配合你们，如果你们需要什么帮助，或者要询问情况，只管找我问就好，不用有什么顾及。"

"嗯，您放心，现在我们已经查到了一点眉目，很快就会找出真相来的。"雪莹坚定地答道。

"我听说，子慕去自首了？"

"是的，您怎么看？"

莫警官摸摸下巴，略想了一下，"我虽然相信，小黎并不是凶手，但我也觉得子慕那孩子也不像是会做这种事的人，他这么做，我觉得更多的是为了保护小黎。"莫警官说到这里，轻轻一声叹息，"其实，子慕和孙筱都是好孩子，他们从小和小黎一起长大，都很照顾小黎，他们感情一直都很好，真不知道为什么会发生这样的事情。"

雪莹看了莫警官一眼，神色有些踌躇，她思索片刻才轻声问：

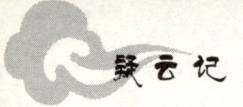

"呃,您知不知道,孙筱他——小黎——那个——"雪莹问话显得语无伦次,因为她实在不知道要怎么把话问出口。其实不用问,只要回到了家,莫警官想必也已经知道了孙筱对莫黎做了什么,自己的女儿发生了这样的事情,做父亲的莫警官,心里一定比任何人都要来得不好受。

莫警官面露黯然的神色,语气中带了几分自责,"这也怪我们,平时给小黎的关心太少了。我们也知道那两个孩子都喜欢小黎,但却没想到孙筱他会——不过我想他也是一时糊涂吧,现在人都死了,就也不要再说什么了。"

"那孙怡雯呢?"雪莹又问道,"您对她印象怎么样?"

"那孩子我就不怎么熟悉了,以前就是小黎,孙筱,子慕三个人总在一起,后来不知道什么时候,孙筱才带来了那个女孩子,那时候孙怡雯好像才几岁的样子,但我记得她很喜欢小黎,总是跟在小黎的后面,其他的就没更多的印象了。"

"我回去再好好整理一下,相信很快就能找到答案。"

"这次为了小黎的事情,辛苦你们了。"莫警官语重心长地感慨道。

雪莹不禁有些动容,她微微一笑,"说这些干什么呢?就算不涉及到小黎,寻找真相,也是我们应该做的事情。"

"今天我就先回去了,等你们的消息。"

雪莹点点头,送走了莫警官。她踏着楼梯走上侦探社,忽然间放慢了脚步。她仔细察看着,果然侦探社的门虚掩着,从里面透出些许的日光。雪莹每次走之前都会确认是否关好门,所以她无比确信自己一定不会出这样的差错,除非有人用其他方法打开门进入了侦探社。

她每踏出一步,都十分小心,手也轻轻探向自己腰际的小刀。如果有人闯入,对方的目的是什么?雪莹在脑中飞快思考着,和案子是否有关联?还是会和 M 有关?她不期然想到了父亲上次的出现,难道——

想着，雪莹已经走到了门口。她的手握住门把，略一停顿，蓝眸中寒光一闪，坚定地打开了门，扫视屋内，并没有发现任何人，一切看上去井然有序。就在她即将要关上门的瞬间，一道身影如风般飞快地从门后闪了出来，雪莹神色一凛，利落地转身，刚要发难，却似乎感受到一种久违的熟悉的气息。她一愣，瞬间的功夫，那人已经一侧身出了门，当雪莹反应过来再追出去的时候，已经不见了任何人影。

雪莹走回侦探社，仍是一副若有所思的样子。刚才短暂的一照面，虽没看清那人的真面目，她却清楚地感受到父亲那熟悉的感觉传递了过来。父亲真的回来了吗？可如果是这样，他又为什么要跑？要是真的有非躲着不可的原因，又为什么会出现在这里？一切仿佛坠到迷雾里，朦朦胧胧摸不真切。

忽然她的目光触及桌上的一份档案袋，她轻轻皱眉走上前，盯着那档案袋凝思着。她走之前确定是没有这个东西的，既然它不可能是从天而降，那自然是有人拿了进来。难道会是父亲？他到底有什么用意？

雪莹打开了档案袋，从里面拿出几张纸来。她仔细端详片刻，面露惊诧的神色。片刻，她嘴角缓缓扬起一抹笑容。她拿起桌上的电话，刚要拨通，兜里的手机却在这个时候响了起来。雪莹连忙放下话筒，拿出手机看了看屏幕上的号码，笑意不觉间更深了。

"喂？我正要给你打电话呢。"雪莹接起来径直说道。

麦嘉玮的声音从电话里传了出来，"是不是有了什么新发现？"

"你先说。"

"我是想告诉你，化验的结果出来了，楼道里发现的衣物纤维，已经确定是钟子慕的，另外还有，凶器上的那半枚指纹，也是钟子慕的。"

"原来是这样。"雪莹目光炯然，意味深长地说道。父亲的资料，将所有的片断瞬间好像都在她的头脑里珠子般串联起来，终于形成一道清晰鲜明的线。原来，父亲的出现，是为了帮助他们和他的老朋友

莫警官。"我想我已经知道事情的全部真相了,现在你们按照我说的去做。"

[九]

经过一夜的休整,雪莹头脑里的思路愈发地清晰起来。第二天一早,她骑车到警局,麦嘉玮已经等在那里。见到雪莹,他立刻急切地问道:"你说已经知道了,那凶手到底是谁?"

雪莹气定神闲地一笑,并不会打麦嘉玮的问题,而是反问:"别急,昨天我说的事情做得怎样?"

"逸凡一直在那边守着。"

"告诉逸凡,可以收工了,让他把人带到这里来。"雪莹说着继续向前走去,忽而又像想起什么,停下脚步,看向一旁仍一脸茫然的麦嘉玮,"我想,在那之前我们还是应该再会会莫黎和钟子慕。"

再次坐在审讯室的莫黎,看上去还有些憔悴,但却不像第一次的时候那样不安且茫然。雪莹望着眼前的莫黎,也并不急于询问案子,只是仿佛朋友打招呼一般问道:"这几天过得怎样?也该想清楚了吧?"

莫黎抬起头,浅浅地看了雪莹一眼,"我——"她看上去仍有顾虑,显得欲言又止。

"我昨天看到莫叔了。"雪莹忽然平静说道。莫黎闻言眼中浮现出一丝波澜,这一瞬间没能逃过雪莹的眼睛,她继续说道,"你知道吗,莫叔连辞职信都已经写好了,我想,他应该很快就会辞职了吧,莫叔做警察这么多年,却没想到现在要这样离开。"雪莹的话语中充满了遗憾,但她不会让这种事情发生,她在心里默默补充道。

"什么?"莫黎愣了愣,继而微微激动了起来,她的手紧扣着桌子的边缘,像是无法控制自己内心的情绪,连声音都带着颤抖,"不——不能让爸爸这么做——"

"能阻止他的恐怕不是我们,小黎,现在你打算说实话了吗?"

"我——"莫黎迟疑片刻，终于深吸口气，轻轻说道，"人不是我杀的。"

"那么到底是怎么回事？详细的把那晚的事情说给我们听听。"

莫黎咬咬唇，"前几天，筱忽然和我说，他喜欢我，希望我能做他的女朋友。我真的没想到他会忽然这么说，我们在一起这么久，我从没想过有一天，要在筱和子慕之间做出选择。"

"但你还是选择了。"雪莹缓缓开口。

莫黎显得有些诧异，她看了雪莹一眼，点了点头。"从筱说出口的那天开始，我们就好像没办法再像以前那样相处了，筱活泼开朗，对谁都那样热情，是个很好的朋友，我却没办法把他当作男朋友来喜欢，那时候我眼前一直出现子慕的影子，所以我告诉筱，我想我可能喜欢子慕，没办法答应他。可是那天，筱他突然来找我，好像带着一些酒气，情绪看上去有点激动，他进了门，就一直重复着喜欢我，我知道是我让他痛苦了，所以想再劝劝，但没想到——"

莫黎说到这里，似乎有些难以继续下去，她的叙述停了下来，温热的泪水顺着脸颊流下，落在桌子上。雪莹轻轻握住莫黎的手，无声地向她点点头，传递给她鼓励，"那件事，我们已经知道了，你就不用详细说了。"

"我真的拼命想要阻止他，但筱的力气很大，我挣脱不开。"莫黎哽咽着继续往下说，"后来我看他好像迷迷糊糊睡着了，就穿好衣服跑了出去。那时候已经快凌晨了，我心里很慌，也很害怕，一时间不知道自己要去哪儿；找谁商量才好，能想到的第一个人就是子慕。"

果然后面就像雪莹开始猜想的一样，钟子慕听了莫黎的叙述之后就跑了出去，莫黎很担心，先是不停打电话寻找，但都没有找到人，于是她立刻返回了家，却看见孙筱已经倒在血泊中，没有了气息。她第一个想法就是钟子慕冲动下杀了孙筱，而这一切都是因为她，她不愿意钟子慕因为她而背负上杀人的罪名，加上马太太经过，把她当作凶手报了案，她索性就担下了这个罪名。

"人真的是子慕杀的吗？"最后，莫黎还不忘关切地问。

"你相信他吗？"雪莹反问。

莫黎几乎毫不犹豫地点点头，"虽然当时子慕很生气，但他和筱，一直都是好兄弟，我相信他不会做这种事。"

雪莹笑笑，"那就对了，相信他，也相信自己就好。"

送莫黎走出审讯室的时候，正好和等在门外的钟子慕打了个照面。两个人先都是一怔，没想到会在这样突然的情形下见面。忽然有了种恍如隔世的感觉，像是许久没有见面了，莫黎的眼眶又红了起来。钟子慕动了动唇，一时千言万语涌上心头，但他却什么也无法做，最终都化作一句轻声的安慰："小黎，别哭。"说完这句话，他便被带进了审讯室。

此时的钟子慕看上去比前次平静了许多，虽然仍是那副狼狈的样子，但脸上的表情看上去却坦然而淡定。他端坐在雪莹和麦嘉玮的对面，沉默片刻，沉声开口问道："你们找我，还有什么要问的？"

"这句话应该是我们要问你。"雪莹反问，"你还有什么要说的没有？"

"该说的我上次都已经说过了。"

雪莹微微一笑，"那如果我说，我们已经查清楚了，莫黎并不是凶手，你又想起来些什么？或者说，和我们解释一下，你为什么要担下这个莫须有的罪名？"

钟子慕惊讶地看着雪莹，但仍沉默着没有开口，像是在估量雪莹的话有几分可信度。雪莹也不着急，只是温和地笑着。良久，钟子慕才低下头，缓缓说道："我没说实话，也许你们都已经知道了。"

"钟子慕，为了莫黎，也为了死去的孙筱，你更应该积极的配合我们，早日抓到真正的凶手，能不能详细说说那天晚上的事情？"

[十]

听到莫黎并不是凶手，钟子慕似乎心里一块大石终于落了地，他略微思考了一下，组织好语言开始叙述起来。"那晚小黎跑来找我，在这之前，她就曾经和我说过孙筱和她表白的事情，之前我也说过，我并没有阻止，如果小黎真的喜欢他，我愿意看到他们两个在一起。但我没想到孙筱会做出这样的事，我也是在那个时候才知道，小黎拒绝了他。我当时很生气，怒火几乎烧掉了理智，听到小黎说孙筱仍然在她家里，我丢下小黎就冲出家门，想要去找孙筱算账，但一路上晚风吹醒了我，让我渐渐冷静下来，抛开小黎的原因不谈，孙筱也是我从小一起长大的好朋友，我想还是应该和他好好谈谈看。"

"后来发生了什么？"

"我当时很着急，所以没等电梯，心想不过就六层，走上去很快就能到。我不确定是在走到几层的时候，好像有个人影从我身后闪过，然后就觉得脑后一疼，就没有了知觉。等我醒过来的时候，天已经有些亮了，我心里隐有些不好的预感，当我迅速赶到六楼的时候，正好看到你们带走了小黎，还听到这个警官——"钟子慕指了指坐在一旁的麦嘉玮，"他说什么一刀致命，我回去之后给孙筱家里打电话，怡雯告诉我孙筱被杀了，所以我才——"

"等等，你说你给孙家打了电话？"麦嘉玮诧异地问道，他和雪莹对望了一眼，然后便站起身说了句"我去查通话记录"，说完快步走了出去。

"你知道吗，莫黎以为是你杀了孙筱，所以自己才认了罪，你们都在以自己的方式保护着对方，但却让真正的凶手还逍遥法外。"

"抱歉，那个时候我别无选择，只能这么做，如果你真的爱过一个人，你就会理解这种连生命都可以为她付出的感受。给你们添麻烦了。"

雪莹微微叹道："幸好现在还不晚。"

忽然传来轻轻的敲门声，雪莹循声望去，门并没有关，罗逸凡不知道何时已经站在了那里，神情似乎若有所思。

"逸凡？"

"哦，我是想告诉你，人带来了。"

"很好。"雪莹站起身，走到罗逸凡面前，"在这之前，我想还是要请人跑一趟莫叔家，有样东西我们必须要找到。"

"我去吧。"雪莹在罗逸凡耳边低语几句，罗逸凡再次转身离开了。

等待的时间总是显得漫长，雪莹和麦嘉玮、罗逸凡再次坐在审讯室的时候已经是下午，而这次对面坐着的人，正是孙筱的妹妹孙怡雯。

"到底发生了什么事？"

"我们找到了杀你哥哥的凶手。"雪莹说道。

"真的？"孙怡雯睁大眼睛面露欣喜，"是谁？钟子慕？"

雪莹并没有回答她，而是反问道："孙怡雯，你的父母还没有回来？"

"他们那边可能事情比较忙，一时脱不开身吧。"

"可是我们给你在国外的父母打了电话，他们根本不知道这里发生了什么事，也没有接到过你的任何电话。"雪莹忽然沉声说道。

孙怡雯一怔，像是没想到雪莹会这样说，她顿了顿，才回答："那我可能是忘了打电话告诉他们，那时候脑子里很乱，我已经不记得自己到底都做了些什么。"

"连钟子慕在早上的时候曾经给你打过电话都忘记了？我们查过了你家的电话记录，根本没有你往国外打电话的记录，但却显示，钟子慕的手机号码曾经在你哥哥死的那天凌晨，往你家打过电话，而在这通电话里，是你告诉他，你哥哥已经死了，那时候警察还没有往你家打电话，你又怎么会知道孙筱死了？而且，你明知道钟子慕根本不是凶手，又为什么要屡次咬定是他杀了你哥哥？"雪莹蓝色的眼眸直视着孙怡雯，眼中闪动着咄咄逼人的光芒。

"是钟子慕告诉你们的？别听他胡说，他说谎！"孙怡雯闻言忽然激动起来，她敲着桌面站起身，却被一旁的警员制止住，又把她按回到椅子上。

"好吧，即使是他说谎，那这个你又怎么解释？"罗逸凡说着拿出一截木板，丢在孙怡雯面前，"这是我们在莫家楼道的窗外找到的，经过化验，上面有钟子慕的皮屑和你的指纹。"

孙怡雯摇摇头，"我不知道。"

"那让我来帮你解释好了，想必你就是用这个木板打昏了钟子慕，目的是阻止他去莫黎家和把杀人的罪名嫁祸给他，但你这样做，恰恰是画蛇添足，试问一个在现场周围都没留下指纹痕迹的凶手，怎么可能偏偏那么大意的把清晰的指纹留在了凶器上呢？"雪莹说完，目光灼灼地看着孙怡雯。孙怡雯没有解释，而是选择沉默不语。雪莹见状拿出一份档案袋，从里面抽出一张纸递到了孙怡雯面前，"这份心理咨询的病例是你的吧？你哥哥对莫黎所做的事情，感到愤怒的除了钟子慕，还有你，因为在你心里，同样喜欢着莫黎。"

雪莹话一出口，麦嘉玮惊讶地张大嘴，看着对面的孙怡雯。孙怡雯的表情从无动于衷，渐渐化作一抹冷漠，脸上的笑容也因为扭曲而显得诡异起来。但她只是笑着，并不开口说话。

"上次我们去你家里的时候，你正在看相册，我以为你是因为怀念死去的哥哥，但看到相册的一瞬间，我确实感觉到有些奇怪，但却说不上来，直到看到这份病例，我才恍然大悟，你的相册里莫黎的照片甚至多过你的家人，而且上面还有几张看上去很像是偷拍的，你其实看的不是哥哥孙筱，而是莫黎，而这份扭曲的感情，最终造成了这一切结果。"

"那又怎么样？喜欢一个人难道有错吗？"孙怡雯唇边的笑意更深，甚至开始呵呵地笑出声来，"喜欢小黎，我并不后悔。"

[十一]

雪莹摇摇头，"但你的这种喜欢，带给她的只有痛苦。"

孙怡雯忽然重重地拍响桌子，瞪视着雪莹："谁说的？你凭什么这么说？我帮她杀了玷污她的人，我保护了她！那个钟子慕又做了什么？"

"说说你是怎么杀了你哥哥孙筱的吧。"麦嘉玮问道。

"要杀他太容易了,那天晚上我听说小黎拒绝了他,心里很高兴,所以他出门以后,我就想去找小黎,但在门口,却发现哥哥他也走进了小黎家的楼门。我怕碰上他,所以就在楼下等,但过了一会儿,我却看到小黎哭着跑了出来,我本来想追去,但转念一想又从楼道上了楼。小黎家的门没锁,我走进去,看到他正躺在小黎的床上,而那情形——我把他从床上拽起来,他的酒好像才醒了一点儿,他沮丧地跟我说强暴了小黎,问我怎么办,我当然不会原谅伤害了小黎的人,所以我假意让他去客厅,说先回家,我会劝劝小黎,然后从借机背后杀死了他!"孙怡雯咬牙叙述着,但看着她那才满十八岁的面孔,此刻却写满一片阴霾与愤恨,不禁让人心生寒意。

"那钟子慕呢?"

"他?"孙怡雯冷冷一笑,"他那是自找的,谁让他要自投罗网?我本来擦掉指纹已经准备离开,刚走到楼道里,就听见匆匆的脚步声,我躲在暗处,随手从楼道堆放的杂物里捡了一块木板,正看到钟子慕走了上来,我等他经过的时候从身后袭击了他,然后返回现场拿了刀,把他的指纹印上去,又丢了回去,然后扔掉了木板。我本来以为,随着报案,钟子慕被发现,一定会被认为是凶手,可谁知道,小黎又返了回去,还自己担下了杀人罪。"

"所以你很担心,才会一直把我们往钟子慕身上引导。"

"你们不明白,小黎是个多好的女孩儿,以前父母常年忙工作,哥哥也不怎么和我玩,我在学校也没有什么朋友,是小黎第一个向我示好,拉住我的手和我玩,照顾我,我又怎么能不喜欢她?对于我来说,小黎就是天使一般的存在,为了她我什么都愿意做。"

孙怡雯的话,让雪莹不禁想到早些时候,钟子慕曾经说过的那番话——"如果你真的爱过一个人,你就会理解这种连生命都可以为她付出的感受"。但如果这是一段错爱,带来的只会是无尽的伤害。

结束了这个案子,雪莹的心情有点复杂,在释然中又似乎带了几分沉重。在警局的门口,莫黎和钟子慕终于见面。钟子慕把莫黎拥在怀里,小心地为她拭去眼泪,并轻声安慰着她。"别哭,这不是没事了吗?"

"可是,就只剩下我们两个了。"莫黎的泪水仍止不住地往下流。

"小黎,虽然孙筱不在了,我会连他的份一起,加倍对你好的。"钟子慕坚定地说着,将莫黎拥抱得更紧,眼中却也忍不住闪过一丝伤感。

"小黎!"听到熟悉的声音,莫黎飞快转头望去,闻讯赶来的莫警官和莫太太正向这里快步走来。莫黎眼眶一红,心中始终紧绷的弦似乎这才松开来,她望了钟子慕一眼,钟子慕笑着放开她,用眼神鼓励着她。莫黎吸了一口气,几步迎上前,扑进了莫太太的怀里。

"还好,事情总算解决了。"麦嘉玮不知道什么时候走到雪莹身边,感慨道,"虽然并不能说完美。"

"世上哪有那么多十全十美的事情?"雪莹笑望着眼前的情形,这不禁让她想到了自己的父亲,爸爸既然已经回到了身边,她坚信,见面的那天很快就能到来。她又想了想,继续说道:"我一直在想,孙筱死的时候,为什么会带着微笑的表情,我想他也是觉得解脱了,正因为喜欢莫黎,他如果活着,更没办法面对莫黎,这样的方式,算是一种赎罪吧。"

"但他却没想到会引起这么多的事情来。"

"没有发生的事情,又有谁能预测呢?"雪莹像是忽然注意到什么,追问道,"逸凡,你说是不是?"

"嗯?你说什么?"罗逸凡好像这才回过神,怔怔地反问。

"你怎么了?最近总看到你有点不对劲儿。"麦嘉玮也说道。

"你们多心了,我能有什么事?倒是小莹,上次你看到你父亲之后,有没有其他消息?"

"我也不确定,但我想他应该就在我的身边。"

"希望如此。"

三个人说话间,莫警官走了过来,"这次小黎的事情,辛苦你们几个了,谢谢。"

"莫叔,您跟我们不用这么客气。"雪莹微微一笑,"这样您就不用辞职了吧?"

莫警官一愣,继而笑道:"你个精明的小丫头,什么事都瞒不过你,我也休息得差不多了,过几天就可以继续上班,要我退休,还早得很呢。"莫警官说完拍拍胸脯,惹得几个人都笑出声来。

莫太太也拉着莫黎走了过来,"这次多亏了你们,今天晚上都去我家吃饭,我做好吃的慰劳你们几个年轻人,还有子慕也一起去!"

"那我们就不客气了。"雪莹俏皮地眨眨眼。

"你们去吧。"罗逸凡忽然说道,他迟疑了一下,"我还有点事,约了人,今天就先不去了。"

莫太太面露遗憾,但也不便勉强,只能笑着说道:"那好,下次再给你补上。"

"那我们赶紧走吧。"莫黎破涕为笑,那明媚的笑颜在夕阳的映衬下如花朵一般绽放。

离开的时候,雪莹走出几步,又回头看了一眼仍站在原地的罗逸凡。橘色的光晕将他的身影拉长,渲染出寂寞的影子。

雪莹在莫警官家吃完饭,又谈了一会儿天,回到侦探社的时候,已经是夜幕低垂。她踏着疲惫的脚步走上楼,忙碌了一天,恨不能立刻躺下休息。她拿出钥匙插进门孔,动作却瞬间停滞住。她手握门把轻轻一扭,门便在她面前打开来。雪莹立刻警觉起来,发生上次的事情以后,她更是每天出门前会仔细检查,她肯定自己是锁好了门的。

雪莹轻轻推开门,小心地走进去。月光从窗口照射进来,洒落在书桌前的椅子上,那椅子背朝着门的方向微微有些晃动,像是有人坐在上面,但却无法看清那人是谁。

"谁在那里?"雪莹沉声质问道。

那人并没有回答,只是椅子缓缓转了过来,雪莹睁大眼睛,一字一顿惊叫道:"爸爸?"

YI YUN JI 第十章

未完结的旅途

[一]

雪莹拎着大包小包的购物袋，正从超市里走出来放在自行车上，却看到前面一个熟悉的身影。她微微一笑，把车放在一旁悄悄走过去，在他身后猛然一拍，对方立刻惊叫一声跳起来，惹得雪莹心情大好地笑弯了腰，一张俏脸生动而美丽，惹得路人纷纷侧目。

"原来是你啊，你要吓死人是不是？"麦嘉玮转过头，看到是雪莹，这才微微定下神来。

"喂，是你自己不好，同样的手段还每次都被吓到。"

"没见过你这么喜欢吓人玩的。"麦嘉玮摸摸鼻子，颇有些无奈。

"你出来查案子？"

"嗯。"麦嘉玮点点头，又看向雪莹身旁的自行车，"你呢？疯狂大采购？"

雪莹撇撇嘴，笑着解释道："你也知道，我爸爸回来了，我要每天做饭给他，他都三年没吃到过我做的饭了，不好好表现怎么成？"

"呃，对了，你和你爸爸怎么样？"

"很好。"雪莹盈盈一笑，但眼底却有些担忧。其实自从那天父亲突然出现在侦探社到现在，已经有些日子了，但对于三年前发生了什么，父亲为什么会失踪，以及他这三年来去了哪儿，做了什么，父亲都只字不提。雪莹也想知道答案，但每次话到了嘴边，看着父亲的身影却又吞了回去。不管怎样，父亲已经回来了，如果不刨根问底能够让生活变回以前的那种平静，那么她宁愿当作什么都没发生过。

"那就好，你赶快回去吧，你爸爸还等着你，以后有时间记得再来帮忙查案子。"

雪莹眨眨眼，"你想得美。"说完骑上车，丢下麦嘉玮消失在街角。

在即将到家的转角处，雪莹一个拐弯，突然间从右侧转出来一个坐着轮椅的老人。尽管雪莹反应灵敏地捏紧了刹车闸，还是在惯性的作用下前车轮碰到了轮椅，老人惊叫一声，晃了几晃，险险地稳住了轮椅。雪莹见状连忙下车，关切地走到老人身边问道："您没事吧？"

老人显得有些惊魂未定，苍老的脸上仍有几分惊怕，良久才回过神，"哦，没事，我也不好，没注意到有车过来。"

"您要不要去医院看看？"

"不用了，小姑娘，我家就在附近，你能不能推我到楼门口？"

"当然没问题。"雪莹把自行车锁在一边，拿起购物袋，推上轮椅，按照老人所说的地址把老人送到了楼门口。

"确定不用我送您上去吗？"雪莹问道。

老人笑着摇摇头，"谢谢你的帮忙，我乘电梯就可以了。"

"那我看着您进去再走。"

"不用这么麻烦了，好孩子，你家里人一定还在等你回去，快去吧。"老人说着向雪莹挥挥手，示意她赶紧回去。雪莹不放心地又看了老人一眼，这才转身离去。而在她身后的老人并没有急着离开，而是凝视着雪莹的背影，嘴角勾勒起一抹若有似无的笑意。

"爸，我回来了。"雪莹打开门，轻快地和父亲打着招呼，然后将手中的大小购物袋搬进屋里。

正站在窗前沉思的男人转过身来，一张看上去年轻且刚毅英俊的脸,深邃的黑眸炯炯有神,他便是雪莹的父亲——陆岳。他看着雪莹慈爱地一笑,"小莹回来了?今天吃什么?"说着快步走过去,接过雪莹手里的购物袋放到桌子上。

"您不会自己看嘛。"

"你买这么多东西,准备吃上半年?"陆岳笑道,"怎么这么久才回来?"

"哦,遇上个朋友,麦嘉玮,我和您提到过的。"

陆岳饶有兴味地问道:"你总说的那个新人警察?"

"他现在已经不能算是新人了。"雪莹顿了顿,又补充道,"虽然进步不大。"

陆岳挑眉道:"既然你这么说,就说明人家还是有进步的哦?难得能听到你夸奖人。"

"我最近夸奖了很多人好不好?上次我说过的罗逸凡,也是很厉害的。"雪莹辩驳道。

"看来我不在的这段时间,你交到了不少朋友,等有时间好好把你们侦破的案子说给我听听,我要看看我女儿到底有多厉害!"

"那是啊,也不看看是谁的女儿。"雪莹说完,和陆岳相视而笑。"刚才好危险,差点撞上一位老人家。"

"什么?怎么这么不小心?没事吧?"

"幸好没事,老人家坐着轮椅,腿脚不方便,我已经把他送回家了。"雪莹边收拾购物袋里的东西,便回答道。

陆岳手上的动作一滞,追问道:"你说轮椅?是个什么样的老人?"

雪莹不解地看着父亲,"很普通的老人啊,有什么不对么?"

"他有没有和你说些什么?做什么?"陆岳看上去忽然紧张起来,这种气氛似乎也感染了雪莹,她放下手里的东西,不明白父亲为什么会这样问。陆岳拉雪莹站起身,上下仔细打量着雪莹,神情严峻。片刻他的目光停留在雪莹的上衣口袋里,雪莹顺着父亲的视线看过去,

一张看似卡片的小角隐约露了出来。

雪莹皱起眉,"这是什么?刚才明明还没有。"

陆岳缓缓伸出手,小心地从雪莹的衣袋里拿出一张白色的卡片,雪莹凑过去,那上面的字体清晰而有力:"我亲爱的朋友们,准备好迎接我的问候了吗?"署名是——M。

雪莹深吸一口气,惊诧地看向自己的父亲,"是刚才那个老人家?"

"很有可能,但是M很会伪装。"

"就是说,他也根本不是住在那里,只是为了引我接近?"

"恐怕是这样没错。"陆岳凝视着雪莹,沉沉开口说道,"小莹,我希望你能够从今天开始不过问任何案子,好好安心上学,远离这些危险的事情。"

"爸爸,我有权知道到底发生了什么事。"

陆岳握了握拳,走回桌前坐了下来,似乎是在心中斗争着,良久才说道:"好吧,也不能再继续隐瞒了。"

[二]

雪莹也走到桌子前,在父亲对面坐了下来,看着陆岳一下一下地把玩着手里M送来的卡片,像是在思考该要怎样开口。片刻的沉默之后,陆岳终于抬起头,凝望着雪莹的目光中充满慈爱。

"其实,M是我认识的一个老朋友,全名是Mark李。"

"什么?"雪莹闻言一愣,难怪M会在卡片上写上问候朋友们,原来除了指的是平日交手过的警察,还有更深一层的含义。

"您三年前的失踪和这个有关?"

陆岳点点头,仿佛陷入了回忆,面色也更加凝重起来。"三年前,我帮助老莫查案子,发现这个叫做M的人,很喜欢针对警察,处处以找麻烦为乐,在调查的过程中,我却发现他的很多习惯都接近于Mark。"

"这个叫做 Mark 的是个什么人?"雪莹偏头看着父亲,"怎么从没听您提起过。"

"一个不该存在于这里的人,准确地说,应该是早已经死了。"

雪莹再度露出惊讶的表情,"这是什么意思?"

陆岳从口袋里抽出一根烟点燃,透过缓缓升起的烟雾,有些出神地望向不知名的地方。"我刚到美国当上警察的时候就认识了 Mark,因为全警队就我们两个东方人,年纪又差不多,很快就成为了好朋友。Mark 很厉害,无论侦破技巧还是格斗技术,可以说都是在我之上,我们有种惺惺相惜的感觉。"陆岳说到这里停顿了下来,深深吸了一口烟,脸上也笼上了一层忧思。"事情的转折是一个女人的出现,她是那样美好,以至于我和 Mark 几乎同时爱上了她,她就是你的妈妈。"

"他因为这件事而心怀怨恨?可是,他针对的似乎是整个警察这个职业,而爸爸您已经不做警察好多年了。"

陆岳摇摇头,"我和你妈妈结婚的时候,Mark 并没有说什么,反而大方地说了祝福,退出了,但从我们结婚以后,他便和我们家渐渐疏远了,我知道他虽然嘴上不说,但心里还是介意的,所以你出生之后,Mark 更是很少出现了。"

"那他又是怎么死的?"

陆岳捻灭手里的烟,片刻不停地又点了第二支烟,仿佛这样才能保持心中的平静,他的脸上缓缓浮动出一抹伤痛。"我曾经和你说过,关于你妈妈的死吧?"

雪莹微微颔首,她不明白,妈妈的死和这事情有什么关系。"妈妈不是被黑社会的火并波及,被流弹打伤而死的吗?以前我还听那些叔叔们说过,爸爸您只身闯入黑社会的大本营,把他们一举消灭了,为妈妈报了仇,还成为警队的英雄。"

"其实,那不是我一个人的功劳,当时的报道也并不准确,和我一起去的,还有 Mark。"

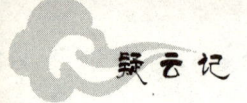

雪莹睁大眼睛看着父亲,"M也在?"

"没错,听到要为你妈妈报仇,他立刻决定和我一起去,那时候我们两个都受了伤,我的伤比较轻,在医院醒来的时候,却被告知Mark已经伤重不治身亡,而且在后来的报道里,警局为了树立英雄典范,也丝毫没提到Mark,只把我推了出去。"陆岳沉沉地说道,"但我总觉得对不起他,所以在那之后,也马上辞职带着你回到了这里,并且不再从事警察这个职业,开了这家侦探社。"

"那就是说,M那时候并没有死?"

"看来是这样,虽然我不知道这其中到底发生了什么事,但他再次出现已经让我很诧异,而又对警察满怀仇恨地不断报复,更加让我不安,所以为了确定他到底是不是Mark,我决定去美国调查,但我担心会有危险,当时对其他人都隐瞒下来。"

"也包括我。"雪莹幽幽地说道。

"我已经失去了你妈妈,不能再让你涉险。"

"那您这次回来,是因为查清楚了一切?"

"至少可以确定,这个M就是Mark,而且最主要的是,他也来到了这里。"陆岳说着,熄灭了最后一支烟。

"我大概也有所察觉,最近的几起案子,都有M的痕迹。"

陆岳沉思道:"但那并不是他本人,今天应该是他第一次出现在你面前,据我的调查,Mark并不是一个人。"

雪莹张了张嘴,继而也有些忐忑起来,她双眸灼灼,"如果是这样,他的帮手很可能早就出现在这里了。"

陆岳皱起眉,起身走到雪莹面前,将手搭在她的肩上,那丝丝缕缕的关心便从他温热的掌心传递了过来,他静静凝视着雪莹,沉声说道:"所以小莹,我才不希望你再冒险,以后帮忙老莫查案的事情都交给我来,你就安心地上学,过和以前一样的日子就好。"

雪莹还想再说些什么,但触及父亲饱含关切的目光,把到嘴边的话又吞了回去,乖巧地答道:"我知道了,我答应您,但您也要答应我，注意自己的安全，不能再不辞而别。"

陆岳闻言慈爱地笑笑，柔声说道："好，我们一言为定。"

"好了，光听您说故事，我都饿死了。"雪莹说着揉着自己的肚子，撇了撇嘴，又指指墙上的表抱怨着，"看吧，现在做饭恐怕只能赶上夜宵了。"

"这有什么关系？走，今天我们去外面吃。"

"太好了！"雪莹欢呼一声也站起身，"好久都没狠狠敲您一顿了，我要吃——"

[三]

这是一间可以称得上奢华的屋子，但却拉着厚重的窗帘，将窗外灿烂的阳光遮挡得严严实实。屋子里铺着厚厚的长毛地毯，欧式的古董家具，古典音乐飘扬在屋内的每一个角落，时而激昂，时而轻缓，但个个音符却都敲击着人心。

窗前一个黑色天鹅绒的沙发，镀金的木质把手，一个人面向窗子而坐，旁边还并排放着轮椅和一柄拐杖。他的手指随着音乐的节奏，一下一下地敲击着把手，奇怪的是，虽然窗帘完全遮去了窗外的风景，他却怡然自得地望着外面，仿佛在欣赏着无上的美景。

"你知道吗，窗外的风景根本不及我心里的万分之一，所以我从来不看。"那人缓缓地开口，"你心里的那道风景，我也已经欣赏过了。"

"什么？"另一道年轻的声音从他身后传来，"您——"

"有什么可惊讶的？"那人一声冷笑，"我总有权利看看，是什么原因，让你做出背叛我的事情吧？"

"我没有，义父。"那年轻声音的主人恭敬地垂手而立，显得小心翼翼。

"还说没有？你做了什么，你自己心里清楚。"那人说着拿过一旁的拐杖，站起身的动作摇晃着略显吃力。身后的人赶忙上前要搀扶

他，却被他一把挥开，愤怒地瞪着眼前的年轻面孔，"我养你这么大，现在你翅膀硬了，可以为所欲为了？"

"不敢，义父，我都听您的，保证这样的事以后不会再发生了。"

"真的什么都愿意做？"那人眯起眼，打量着低着头的年轻人，唇边慢慢勾勒起一抹狐狸般的笑意，他向那人钩钩手指，示意他走上前，轻声说道，"我要你接下去这样——"

"这——"年轻人似乎有点犹豫，他迟疑地望向那人，"这恐怕——"

"你不愿意？"那人瞪起眼，声音也高了起来。

"不，我一定按照义父您的吩咐去做。"

那人闻言，才露出满意的神色。"时刻不要忘了你的真正身份，如果忘乎所以，可能会失去对你来说重要的东西。"他的话像铁锤一样敲打在年轻人的心上，他抬头望了自己的义父一眼，手在身侧握紧成拳，又无奈地缓缓放开，终是沉默着又把头低了下去。

一条不起眼的小巷里，廉价旅店的招牌闪烁，不时明明灭灭，偶尔发出苟延残喘的"嗞嗞"声。这里地处偏僻，因此鲜有人经过，更不用说住宿，只有那些手头并不宽裕的人，才会栖身于此。

此时旅馆狭小的房间里，白色的床单上、墙壁上、地板上，以及简陋的家具上，到处都溅满了血迹，像是被鲜血染红的屠宰场。一个男人蜷缩在墙角，血不断从他的身体流出，他微睁着眼，看似已经用尽了全力，才能勉强维持这最后的一丝清醒。为什么会是那个人？他已经渐渐混沌的眼中，闪动出难以置信的神色，这已经超出他所能理解的范围。他半抬起沉重的手，用浸满鲜血的手指在眼前触目可及的地方开始困难地写着什么，但只写到一半便停了下来。他努力想睁开越来越沉重的眼皮，但脑中的意识却不受控制的渐渐模糊，直到失去意识。

莫警官和陆岳对坐在侦探社并不宽阔的客厅内，像很久未见的老朋友一般寒暄着。

"前一阵子小黎的事情,多亏了你家小莹。"莫警官笑着说道。

"莫叔您还说这些干什么。"端来茶的雪莹在父亲的身旁坐下来,"您也帮了我们家那么多忙呢。"

"是啊,咱们之间还客气什么。"陆岳说着,面带慈爱地看着自己的女儿。

"不愧是你的女儿,你不在的这些日子里,小莹做得很出色,绝不比你这个当爹的差,我看再过些日子,一定会超过你。"

陆岳笑笑道:"这恐怕没机会了,我已经打算让她不再参与破案了。"

莫警官看起来有些惊讶,"为什么?"

"这有什么奇怪的?只是希望她能像这个年纪的平常女孩一样,好好上学,没事和朋友一起出去玩一玩,享受她应该有的生活。"

听了陆岳的话,雪莹浅浅地垂下头,不知道在想些什么。虽然听出陆岳有所隐瞒,但莫警官也并不多问。虽然这些年联络比较少,但他和陆岳毕竟是熟识多年的朋友,有些事他知道如果陆岳不想说,他问了也没用。他笑着附和道:"也对,让她多去找小黎玩,她们年纪差不多,应该谈得来。"

莫警官话音刚落,口袋里的手机就响了起来,他拿出来看看上面显示的号码,微微皱起眉,继而无奈地向陆岳笑道:"看来我们今天这叙旧要就此结束了,警局打来的电话。"说着接起了电话,随着说了几句,莫警官的眉头也越皱越深,"什么?已经确认过没错?好吧,我马上就回去。"

莫警官说完挂上电话,但却没有马上站起身离开,而是望着陆岳沉沉问道:"你真的不打算让小莹参与案子的侦破了?"

"是的,怎么?"陆岳反问。

莫警官想了一下,这才开口道:"一件旅馆的房间内发生了命案,那被害人,是小莹曾经参与的案子里面的一个警员。"

"什么?"雪莹瞪大蓝色的眼睛,惊诧地问,"是谁?"

莫警官叹了一口气,"你还记得沈海心那个案子,我们调查的时候所去的那个村子吗?"

雪莹点点头,"是沈海心的家乡吧,难道——"

"是老卢,那时候村子里的警员。"

雪莹抽了一口气,老卢那已有了些风霜的脸顿时出现在她的面前,她追问道:"老卢为什么会出现在这里?"

"据说是他每月末都会固定来看他嫁到这里的女儿一家。"莫警官顿了顿,看似带着迟疑,但最终还是说道,"而且还有一件事最奇怪,现场遍布着同一个人的指纹,先赶到现场的警员觉得很奇怪,送去鉴定科做了化验,立即就得出了结果。"

"那是?"

"沈海心。"莫警官缓缓吐出这两个字,空气中像是忽然有一刻的凝滞,一种令人喘不过气的窒闷,在四周飘散开来。

[四]

"沈海心。"雪莹重复着这个写在每个人记忆深处的名字,残忍地杀了人之后,又莫名消失在火场里的女人,是一道心底看不见的伤,"她又出现了?"

莫警官点点头,脸上神情也越发凝重起来。"当初老卢参与了她的案子,会不会是她回来报复?"

"这都还不好说,毕竟我们谁也没看到她是怎么离开火场的,也不能确定她还活着。"

"但现场确实充满了她的指纹,我看——"

"老莫。"一直坐在旁边不发一言的陆岳忽然开口,"这件事,恐怕小莹不能给你意见了,我刚才也说过,不想让她在参与到这些事情中。不过——"陆岳顿了顿,"如果需要,我可以给你帮些忙。"

"那太好了。"莫警官紧锁的眉头这才舒展开些许。

"小莹以前参与过的案子,这几天也大概和我说了一些,我们还是先去看看现场,路上你再详细介绍下好了。"

"好,我们马上出发。"莫警官说着站起身,和陆岳一起走了出去。雪莹坐在原地,望着父亲和莫警官的背影,一张俏脸上写满若有所思。

父亲一走就是一天,回来后对案情只字不提,雪莹也没有开口询问。她不是不明白父亲的心思,他们父女俩好不容易才又能生活在一起,因此她并不愿违背了父亲的希望。但这案子却让雪莹无法不挂心,于是她借口去超市买东西,打电话把麦嘉玮叫了出来。

麦嘉玮看到雪莹,露出欣喜的神色。"今天你怎么没出现?你知道——"

"沈海心又出现了。"雪莹打断他的话。

麦嘉玮理了理自己蓬乱的头发,表情也严肃起来,"现场到处都是沈海心凌乱的指纹,而且——"

"什么?"

"死者的内脏器官都被掏出来,丢在旅店的垃圾桶里。"

"和沈海心的手法一样?"雪莹微微一怔,飞快思索着,"那有两种可能:一个是沈海心确实回来了,她就是凶手;另一种,就是模仿作案。"

"从指纹来看,是不是前者可能性比较大。另外还有一点,老卢给我们留下了讯息。"

"说说看。"

麦嘉玮从随身的包里拿出几张纸来,笑着说道:"我就知道你找我来是问这件事,所以带了一些照片,你看看。"他抽出其中一张,递给雪莹,"这就是老卢留下的。"

雪莹接过来,仔细端详着,墙壁的角落用血书写着两个字,因为未干的鲜血顺着墙流了下来,使得字迹有些模糊,但仍然能隐约看出

是个"四"字。

"这是不是表示,和沈海心有关?"麦嘉玮问道。

雪莹凝神沉思着,指着照片说:"你看,后面好像还有字,但因为老卢最后体力不支,所以没继续写下去。"

麦嘉玮凑过去看了看,不解道:"老卢到底要说什么?"

"这很难说,但有一点我觉得很奇怪,老卢为什么不直接写沈海心?这样哪怕他只写出几个字,我们也能清楚。"

麦嘉玮和雪莹同时陷入思索,但雪莹越想更加忧心起来。如果沈海心又回来了,这次她想干什么?会不会牵扯上更多的人?凶手如果不是沈海心,只是模仿作案,那很可能——想着,她的心不由得愈发沉了下去。

从那天之后,陆岳每天都会出门一阵子,到莫警官那里去探讨案情的进展,但在家里他却对案子的进展三缄其口,即使电话里和莫警官联系,也鲜少当着雪莹的面。雪莹尽管心中担忧,但过了几天看到老卢的事情之后,凶手也没有进一步的举动,也渐渐放心下来。也许只是个普通的杀人案件,是自己想得太复杂了,她这样告诉自己。

直到这种看似的宁静,被麦嘉玮的到来打断。这天雪莹和陆岳正在聊天,门外响起一阵急促的敲门声。雪莹和陆岳对望了一眼,才走到门口打开了门,麦嘉玮一张写满了焦急的脸出现在眼前。

"小麦,出了什么事吗?"雪莹闪身让麦嘉玮走进来。

麦嘉玮望了雪莹一眼,没顾得上回答,径直快步走到陆岳面前,和他打着招呼,"陆先生您好。"

陆岳不紧不慢地打量着他,"你就是麦嘉玮?听我们小莹提起过。"

麦嘉玮面露诧异,看了一眼也走过来的雪莹,雪莹向他眨眨眼,他立刻有些赧然地转头重又面对陆岳,眼中燃起几分急切。"莫警官让我来找您。"

"是不是案子有了什么新的进展?"

"要是那样就好了。"麦家玮轻轻一叹，拿出几张照片，"今天有不明人士寄了个包裹到警局，结果打开一看，里面装的是这个。"

等看清照片上的东西，雪莹抽了一口气，就连陆岳也是脸色微变。纸盒里用塑料膜包裹着一对鲜血淋淋的眼球，看着让人忍不住反胃。

"今天早上罗逸凡从门口取来的。"

"查清楚被害人了吗？"

麦嘉玮摇摇头，"鉴定科那边正在做 DNA 的比对，有了结果会传过来。"

"这倒让我想起了一个人。"雪莹的蓝眸中闪动出灼灼的光芒。

"确实。"麦嘉玮赞同道，"夜暮离，但我们打电话确认过，她现在还被关押中，不可能再次作案。"

"是你曾说过的那个，夜警察失散多年的女儿？"陆岳问道。

雪莹点头，脑中飞快思考着，看来又是模仿作案。这两起案子有没有关联？如果没有联系，怎么会这么巧合？要是有关系，那么沈海心的案子也绝对是同一凶手所为。但凶手为什么要这么做？

"现在最主要的，还是应该尽快确认死者的身份。"

麦嘉玮的电话响起，他接起来，半晌才说了句"我知道了"。然后挂断电话，向着雪莹和陆岳沉沉说道："已经在 DNA 资料库中找到相符的人了。"

"是谁？"看着麦嘉玮凝重的脸色，雪莹心中隐有不好的预感。

"夜楚。"

"什么？"雪莹震惊地往后退了几步，顿时感觉眼眶有些酸涩。她转向陆岳，语带沉重说道，"是夜暮离的父亲。爸爸，我——"

"这件事我会处理。"陆岳挥手打断了雪莹的话站起身，向麦嘉玮说道，"我和你一起回去看看。"

[五]

前两起案子还没查出头绪来，但这似乎还远远只是个开头，事情

很快更加轰轰烈烈地演变起来,警界频频有人遭受袭击,都是非死即伤,其中更不乏有头有脸的人物,使得警界一片混乱,调查毫无进展,却又人人自危。

没过多久,更加令人心忧的事情终于发生了。雪莹和陆岳接到麦嘉玮的电话赶到警局的时候,众多人正忙做一团。麦嘉玮快步迎上来,像是看到一丝曙光。

"现在怎么样了?"雪莹焦急地问道。

"罗逸凡已经醒了,人还在医院,受了点伤,但没什么大碍。"

"老莫呢?"陆岳追问道,语气中也是掩饰不去的急切,"找到没有?"

麦嘉玮摇摇头,"莫警官仍然下落不明。"

"为什么会发生这种事?"雪莹紧皱着眉,神情凝重道。

"具体还不知道,逸凡才刚醒过来,我正要去医院做问话,你们要不要也一起来?"

"好,我们马上出发。"雪莹不假思索的立即答应,然后又像想到什么,忐忑地转头看向一旁的陆岳,语带恳切地唤道,"爸爸,我想——"

雪莹的话还没出口,陆岳已经轻叹口气,颇有些无奈道:"一起吧,这次比较特殊,我们之前作的约定,就推迟执行好了。"

"还是您了解我,谢谢爸爸。"雪莹欣喜地上前给了父亲一个拥抱,陆岳慈爱地回以一笑,"谢我还不如赶紧帮忙把案子解决了。"

"那我们快点走吧。"

医院的病房里,隐隐浮动着消毒水的味道,罗逸凡坐在病床上,头上缠着刺眼的白色绷带,脸色仍然有些苍白,但所幸看上去还很有精神。见到雪莹和陆岳也一起出现,他的神情显露出自责,"是我太不小心了,才会出这种事。"

"逸凡,这不能怪你。"雪莹走到病床边安慰他道,"谁也不愿意出这种事的。"

"莫警官怎么样了?"罗逸凡问道。

"还没找到,不过我们会尽快查清楚的。"一旁的陆岳接口。

罗逸凡低下头,带着几分懊恼地握紧双拳,"我们正准备回警局的时候,我打开车门坐进去,刚发动车子等着莫警官坐进来,就听到外面有响动,于是我又下车查看,没看到莫警官的人,然后就觉得脑后被人大力敲打了一下,之后就不知道发生什么了。"

"你醒来就在医院了?"陆岳问。

"并不是。"麦嘉玮替罗逸凡回答,"我们是接到逸凡自己打来的电话,赶到停车场,发现他倒在那里的。"

罗逸凡点点头,"不知道昏迷了多久,我醒过来,拿出手机打了电话,然后只觉得脑后一阵剧痛,又昏睡过去。"

"你没看到是谁袭击了你们吗?"

"当时天已经黑了下来,而且我们毫无思想准备,根本来不及看清对方。"

"那时候是几点?"

"我们准备返回警局的时候,大概是晚上6点左右,走到停车场需要10分钟。"

陆岳看看表,面色凝重:"现在是早上9点,就是说老莫失踪已经超过12个小时了。"

"爸爸,莫叔不会有事的。"

陆岳微微一笑,那笑容中带着几分若有所思。"当然,我们一定会找到他的。"陆岳这话像是说给雪莹,更像是在说给自己听。

"你们有什么线索了吗?"罗逸凡问道。

"还不知道,但我想最近发生的这几起案子,有个共同之处,就是被害人都是警察。老卢被害的案子,虽然现场充满了沈海心的指纹,但我当时便有怀疑,沈海心并不是凶手,夜楚虽然没发现尸体,但我想也是已经凶多吉少。再加上这次你被袭击和老莫的失踪,这么短时

间内,有这么多同时针对警察的案件,我想并不是巧合。"陆岳沉思道,但他的神情远比语气更加凝重,像是还有疑虑并没说出口。

"前两起案子,都是刻意模仿了沈海心和夜暮离的作案手法。"雪莹补充。

"这凶手专门找警察下手,看起来对警察充满仇恨。"

"会不会是小莹你曾经提到过的那个人?"麦嘉玮看着雪莹开口问,"那个处处喜欢找警察麻烦的人。"

"你是说 M?"麦嘉玮反问。

雪莹低下头,似乎另有所思,良久才缓缓说道:"如果是这样,凶手在他认为没有达到报复的目的之前,肯定还会继续作案。"她忽然抬头,一双蓝眸目光灼灼地看向麦嘉玮,充满了担忧,"小麦,恐怕下一个目标就会是你。"

"好啊,让他尽管来,不管是谁,我一定会亲手抓住他的。"

"现在是逞能的时候吗?"雪莹的眼眸中燃起一抹莫名的怒意,忽然站起身,瞪了麦嘉玮一眼,恶狠狠地丢下一句:"总之你给我小心,你要是敢出了事,决不饶你!"然后便快步走了出去。

"我说错了什么?"麦嘉玮看着雪莹离开的背影,不解地摸摸鼻子。

陆岳上前拍拍麦嘉玮的肩,"没什么,她只是担心你,我去看看。"

医院的庭院里,陆岳找到了坐在长椅上的雪莹。他默默走到雪莹身边坐下来,慈爱地拍了拍雪莹的手,笑着开口问道:"怎么了?这可一点都不像你。"

"爸爸,我心里很乱,关于这案子,我脑子里的假设连自己都觉得可怕,不知道该不该说出来。"雪莹抬头看向父亲,眼中闪动着些微的迷惘。她从未有过如此不确定的时候,但眼前发生的事情,却让她不得不往最坏的地方去想,这个认知让她心中纷乱无比,理不出个头绪来。

"连我也不能说吗？那么让我来猜猜看好了。"陆岳顿了顿，"首先我们之所以肯定凶手不是沈海心和夜暮离，是因为莫警官和罗逸凡并不是那么容易就被袭击的，凶手能够在他们毫无准备的情况下成功，这不是一个女人能办到的。M虽然擅长伪装，但他坐在轮椅上行动不便却是不争的事实，因此也不可能是他，那么就只有两种可能，一是M另有帮手来帮他达到目的，另一种可能就是真正的凶手另有其人。但无论哪种，都显示这是内部人所为。"

雪莹咬着唇，神色中有些黯然。半晌才幽幽回答道："这个人能够模仿作案，并且熟知许多细节，虽然我并不愿意这样想，但这人多半是参与过这些案子的人，至少当时曾经在现场。"

"你有什么头绪吗？"

雪莹摇摇头，"我还有一点想不明白，那就是在老卢被害的现场，为什么会充满了沈海心的指纹？那些指纹又是怎么来的？"

"要伪造指纹并不困难，重要的是他为什么要这么做，我想大概是为了引起警方的重视吧，如果不是现场留下了沈海心的指纹，我们也不会把几桩案子联系到一起。"

"也就是说，凶手希望我们发现？"雪莹反问。

陆岳幽幽地开口说道："更确切地说，这是一场游戏。"

"游戏？"雪莹轻轻重复着，神情若有所思。

[六]

陆岳沿着记忆中熟悉的道路，敲开一扇门，门内露出一张年轻的少女脸庞。看到陆岳，少女充满愁容的脸上，勉强扬起一丝笑容，"陆叔叔，你怎么来了？"

"小黎，好久不见了，我是为你爸爸的事情来的。"

那少女正是莫警官的女儿莫黎，莫黎闻言赶紧打开门让陆岳走进去，急切地问道："是我爸爸有消息了吗？"

陆岳摇摇头，让莫黎重又陷入了失望，微微红了眼眶。陆岳不忍心看到这个和自己女儿差不多年纪的孩子难过,随即安慰道:"我就是为了你爸爸的事情来的,老莫也是我的好朋友,小黎你别担心,我一定会倾尽所能找到他的。"

尽管仍是一脸忐忑,莫黎还是因为陆岳的话而露出些许安心,经过上次的案子,她已经成长,而变得更加坚强。她坚定地望向陆岳开口道:"陆叔叔,如果有什么我能帮上忙的,您尽管说。"

陆岳沉吟片刻:"我能去老莫的房间看看吗?"

莫黎点了点头,把陆岳领到其中一间屋子门口,"就是这里,我不打扰您,有事情就叫我,我在客厅等。"

莫黎细心地关上房门,屋内陷入了一片安静。陆岳缓缓在屋子里踱着步,但却并没有急于动手去翻东西,而是边观察屋内的每一样物品,边在头脑中整理着自己的思路。他到底要找什么,连他自己也说不清,但上次在分析案情的时候,他的确是有所隐瞒,因为他不想在毫无证据的情况下就贸然说出来,影响大家的思路(这一点,雪莹也是遗传了父亲吧)。

陆岳一直以为,Mark 针对的只是他,因为当初他抢走了剿灭黑帮一切的功劳,但现在一连串的案子却让他不得不重新审视起 Mark 的动机。陆岳从口袋里拿出一张写满人名的小纸条,上面一长串名字都是最近被袭击的警界人员,而上面 90% 被画上了红色的圈,他犀利的目光紧紧凝视着手中的纸条,眼下看来,Mark 的用意还远远不止如此。除了一开始的老卢,夜楚的被害更像是向他示威,后面的这些人,包括莫警官在内,都与当年的事情有着千丝万缕的联系。

原来当时因为涉及黑帮,中美在那之后曾展开联合调查,当时还身为警员的这些人,都曾参与其中,但陆岳从美国回来后才发现,那些人中的大部分,现在都已经是警界的高层人员。这其中到底有着什么联系?这是陆岳现在最想弄清楚的问题,也许,这正是解开一切谜底的关键所在。

想清楚了这一点,陆岳才在房间里翻找了起来。他仔细地寻找了

第十章 未完结的旅途

一圈，并没有发现什么特别的收获，于是在桌前的椅子上坐了下来，凝神思索着。忽然他的目光定在桌子边缘一个不起眼的凸起上，他小心地摸索着桌子的底部，按住那个凸起的地方用手一拖，"啪"的一声，一个暗格便呈现在眼前，里面空间很小，只静静躺着一张金色的卡片。

陆岳拿起薄如蝉翼的卡片，举在手里目不转睛地端详着，镶金的卡片在阳光的照射下发出夺目的光彩。从上面的字迹可以分辨，是一张银行 VIP 保险柜的金卡。陆岳疑惑地皱起眉，莫警官为什么会有这个？那里面又存放了什么东西？陆岳把卡片轻轻放进自己的上衣口袋，这才将桌子的暗格还原，站起身走了出去。

看到陆岳出来，莫黎立刻迎上前，"陆叔叔，怎么样？"

陆岳慈爱地拍拍莫黎的肩，"就交给我吧，我会查清楚的。"

从莫警官家出来，陆岳直奔 S 银行。接待他的是一个年轻的业务员，看到陆岳拿出了银行的 VIP 金卡之后，立刻叫来了银行的经理。经理姓白，是个人如其名白胖的男人。看到金卡自然不敢怠慢，一般来说，把东西存到 VIP 保险柜里的，必定是极其贵重或者私密的物品，不管是哪一种，都是他们的大客户。

在白经理的带领下，陆岳毫不费力气地找到了卡片所对应的保险箱，白经理把钥匙交到陆岳的手里就走了出去。陆岳尝试着输入莫警官的生日作为密码，显示错误，他想了想，又输入了莫黎的生日，这次终于 pass，保险箱在他面前打开了。

令陆岳略感诧异的是，保险箱里面只有几个厚厚的档案袋，如果是警局内部的资料，又有什么必要这样谨慎地保存起来？他取出最上面一个档案袋，打开翻看起里面的资料，越看不禁眉头皱得越深，但脑中的思路却更加澄明起来。

里面竟是一份关于调查 Mark 的私密档案，原来当年 Mark 因为发现了警察内部的犯罪事实，才会被想方设法灭口，而那时候发生了他

们去剿灭黑帮的事情，警方就顺理成章宣称他已经死亡，根本不再去确认他的死活。而想必当初双方联合调查的时候，参与的我方警员也大都收受了好处，所以才会做得人不知鬼不觉。看这些档案的日期，当时莫警官应该并不知道此事，但渐渐他也产生了怀疑，所以开始暗中调查，才使得当年的事情渐渐清晰起来。

再打开下面的一个档案袋，陆岳的手不禁一顿，一张照片随之掉了出来，有些褪色的照片上面，一个金发碧眼的少年纯真地笑着。陆岳弯身捡起那照片，用手轻抚着，眼中的担忧却更深了。资料上写着，Mark曾到一所孤儿院收养了一名少年，而看到这少年英俊的面庞，陆岳顿时明白了莫警官失踪的原因。这张脸陆岳曾见过，雪莹怀疑的没错，那人确实早就隐藏在他们身边，而且竟然会是他，不知道雪莹知道后，会有怎样的反应。

尽管心中充斥着万千慨叹，陆岳还是平静地将东西都放了回去，重又锁好了保险箱。眼下当务之急，是该提醒雪莹他们小心，陆岳想到这里转身快步走了出去。

[七]

此时的雪莹正在侦探社里坐立不安地等待着父亲的归来，一早她就被陆岳告知，要她在这里老实待着等消息，他去做一些调查。雪莹知道父亲这样说，必然是心中已经有了思路，所以不禁期盼着父亲带回来新的线索。但在她心头却又萦绕着另一件不能让她放心的事情，那就是麦嘉玮。雪莹担心麦嘉玮的安危，虽然他也是受过良好训练的警员，但他那总是迷糊的菜鸟姿态，让雪莹怎么也放心不下。

雪莹拿起电话，拨通了麦嘉玮的手机，传来的却是占线的忙音。这让雪莹更加不安起来，她挂了电话再拨，还是忙音。雪莹匆忙放下电话，心也随着沉下去几分。不行，不能再等下去了，她站起身，坚决地向门口走去。

正当她的手触及门把的一刻，门被从外面打开，陆岳匆匆走了进来。看到雪莹的举动，陆岳大致也明白了女儿想要做什么，但他什么也没说，只是径自走到屋里的沙发上坐了下来。

雪莹脚步迟疑了一下，转身走了回来，看着父亲有些凝重的神色问道："爸，是不是有了什么发现？"

陆岳仰头看了看自己的女儿，并不急着回答，而是拍了拍自己身旁的位置说道："坐下来。"雪莹虽然有点不明所以，但还是听话地坐在陆岳的旁边，等待着他的下文，陆岳顿了顿，给自己点了一支烟，才缓缓把 Mark 的事情全部说了出来。

"这么说，M 会恨警察也不是毫无理由了？一直以来是我们错怪他了？"雪莹脸上也写着明显的诧异。

"小莹。"陆岳吸完了最后一口烟，才郑重地凝视着雪莹，"你还记得我曾告诉过你的话吗，不管有什么理由，犯罪就是犯罪。"

雪莹点点头，"爸爸，我明白。"

"而且，小莹——"陆岳迟疑了片刻，"Mark 在美国的时候，曾在孤儿院收养过一个孤儿，我想你多少也猜到一些，就如你所说的，这人一直就在你们身边，他——"

"是罗逸凡，对不对？"雪莹闭了闭眼，终于还是说出了一直盘踞在她心里的答案，尽管她不愿意相信这个事实，但有些事，并不是自欺欺人就能够解决的。

这次轮到陆岳有些惊讶了，看来他低估了雪莹的分析能力，见雪莹自己说了出来，他反而安心了许多。"原来你都已经知道了。"

"我也是想到最近以来，种种迹象表明，这人就是身边熟悉的人。而看到老卢被害的现场，写下的那个字，其实根本就不是'四'，而是没写完的'罗'字。而且莫叔失踪的时候，也是罗逸凡和他在一起。"

陆岳赞同地点头，"照这样看来，应该是老莫发现了他的身份，去和他求证，罗逸凡为了不暴露自己，把老莫关起来了，然后打伤自己制造了伤口，并且叫来警察。"

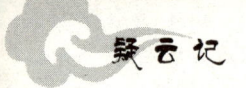

"没错,逸凡他的本领并不弱,不可能有人袭击一点都没察觉,连回头看清是谁的时间都没有,所以那个时候,我就怀疑是他了。"雪莹的语气中仍然能听出一丝伤感,毕竟和罗逸凡相处了这么久,不仅一直把他当作朋友,还从他那里学到了不少东西。

罗逸凡的一番话忽然浮现在雪莹的脑中——"很多事是会改变的,如果有一天,我做了让你觉得无法原谅的事,你还会把我当作朋友吗?"

事到如今,雪莹真的不知道该要怎么回答这个两难的问题了。

"对了,小莹,你刚才是不是要出门?"陆岳的声音打断了雪莹的思绪,让她又想到了麦嘉玮。

"我刚才给小麦几次打电话都没打通,很担心他,想去找他。"

陆岳闻言脸上神情也凝重起来,"说实话,我也觉得小麦很危险,因为罗逸凡不知道老莫有没有把这件事说给过别人,那么总和老莫一起的麦嘉玮,自然也是他的一个目标。"

雪莹听了父亲的话更加紧张,她奔回桌前拿起电话,迅速地又拨打着麦嘉玮的号码,片刻之后向陆岳摇摇头,"还是打不通。"

陆岳也站起身,走上前轻轻抚了抚雪莹的头,"别担心,你知道小麦有什么可去的地方?我们分头去找找看,记住,无论遇到什么事,一定要沉着冷静,别自己乱了阵脚。"

雪莹在父亲的安抚下渐渐平静下来思考,说出了几个地方,父女俩决定分头行动,随时保持联系。

"小莹。"在离开前陆岳又叫住雪莹,看雪莹回身看着自己,语重心长地叮嘱道,"一定要保护好自己。"

"爸爸您也是。"雪莹重重地点了点头。

在警局询问之后,只说麦嘉玮出去办事没回来,雪莹打电话话给父亲,得到回答说罗逸凡也并不在医院,这不禁让她更加焦急起来。她骑着自行车四处寻找,终于在离自己学校不远的一间蛋糕店旁,看到了麦嘉玮熟悉的身影。雪莹认得这家蛋糕店,她和麦嘉玮曾在这里讨论过案子。

雪莹松了一口气,把脚踏车放在一旁刚要出声叫麦嘉玮,却发现他手拿着电话似乎一直在和谁通话,然后走出蛋糕店的门,转身走进了喧闹的街道,瞬间拐入了旁边的一条小巷里。雪莹一惊,赶紧叫着麦嘉玮的名字,但可惜街上人声鼎沸,两人间还有一段距离,麦嘉玮又专心打着电话,根本没有听到。

雪莹不假思索地拨开人群跟了上去,走进巷子里并不见麦嘉玮的身影,眼前不远处就是两条岔路的转角,分别向左右延伸。雪莹脑子里回想起父亲的话——"无论遇到什么事,一定要沉着冷静",尽管此刻心里无比担心,雪莹还是静下心来仔细聆听着。学习武术时培养出来的敏锐听力,让她隐隐分辨出右边的岔路里传来说话的声音。

[八]

雪莹怕冲动行事反而会造成反效果,小心地放轻脚步向声音的方向移去。

"逸凡,你怎么从医院出来了?身体好了?"是麦嘉玮的声音。

"我没事,还是去找莫警官要紧。"雪莹听到罗逸凡的声音这样回答,原来,一直给麦嘉玮打电话的人就是罗逸凡,他用莫警官做诱饵把麦嘉玮叫到了这里,雪莹微微皱眉。

"对啊,你说知道了莫警官在哪里?"麦嘉玮似乎对罗逸凡还是毫无防备,雪莹不动声色地紧贴着墙,向巷口又移动了几分,悄悄探出头看去,罗逸凡也不是普通人物,因此雪莹也不敢靠得太近,以免被发现。

"嗯,我收到了消息,现在就带你去。"

"我们是不是应该先通知警局?"麦嘉玮问道。

"不用了,人多怕打草惊蛇,我们两个足够了。"

"那——"麦嘉玮想了想又说,"至少给雪莹打个电话吧。"雪莹闻言赶紧把手机调成振动，不由得会心一笑，这笨蛋，亏他这种时候还能想到告诉自己一声。

"还是别让他们担心，等我们解决了事情，回来再和他们说就好了。"罗逸凡继续劝到，看来他是想把麦嘉玮骗到其他地方去。

麦嘉玮抚抚自己蓬乱的头发，说道："我还是觉得，应该先通知大家，我们这样行动太贸然了。"

罗逸凡蓝眸中寒光一闪，雪莹知道，他已经结束和麦嘉玮继续争辩下去的想法，不禁将飞刀从腰间取出，拿在了手里，屏住呼吸观望着罗逸凡的一举一动。果然罗逸凡一抬手，自己的手机看似无意中掉在了麦嘉玮的脚下，麦嘉玮不疑有它，弯腰去帮他捡。正在这时，罗逸凡手中的消音枪已经拿在了手里。他刚瞄准麦嘉玮，一道凌厉的风声破空传来，罗逸凡虽没有看清是什么，但还是伸手敏捷地躲过，但很快便飞来了第二个，划过罗逸凡的面前，这次他看清了，那闪着银光的飞刀瞬间刺痛了他的眼睛。就在他一愣神的功夫，第三把飞刀已经划破了他的手腕，他手中的枪应声落地，发出清脆的声响。

麦嘉玮抬起头惊讶地看着罗逸凡，又看看地上的枪，这才震惊地张大嘴，明白了究竟发生了什么。罗逸凡却并不慌乱，而是用左手按住右手的伤口，扬声说道："小莹，既然来了，就出来吧。"

雪莹也无意再隐藏，从藏身的地方走了出来，站到他们的面前。

"你——"麦嘉玮看着凭空出现的雪莹，惊讶得说不出话。

雪莹瞪他一眼，劈头骂道："你个笨蛋，不是告诉过你不许给我出事吗？"

罗逸凡只是微微一笑，但笑容中却尽显苦涩，"我不是也和你说过，不要再查这件事了吗，你还不是一样追查了下来。"

"逸凡，不要再错下去了。"雪莹定定凝视着罗逸凡，"你和你养父的事情，我都知道了。"

"我早知道，你早晚会查到一切。"罗逸凡看上去并不诧异，"但是小莹，很多事往往是身不由己。"这句话，雪莹已经不是第一次从他嘴里听到，但此时听来，领悟了其中的深意，品味起来却更加感到苦涩无比。

"这一切，从一开始就是你做的？"雪莹轻声问道。虽然事实已经摆在眼前，雪莹却仍心怀一线希冀，她希望从罗逸凡那里听到否定的答案。

但罗逸凡却坚定地点点头，"在见到你们之前，我就已经来到这里，暗中联络俞斌，帮助沈海心，到观察朱九儿，放了夜暮离让她报复，还有王瑾，以及后面的沈鸢儿、莫黎，这所有事情，都是我做的。"

"杀了老卢、夜楚，莫警官的失踪，和最近其他警员的被袭，也都是你？"麦嘉玮不敢置信地问道。

"没错。"

雪莹痛苦地看着罗逸凡，沉声问道："其他人的事情都还好理解，沈海心是死是活？她是怎么从那间失火的房间出去的，老卢的被害现场，又为什么会充满了她的指纹？"

"那个资料室，其实有个暗门，和隔壁的房间中间有个夹层，但是旧时修建的图纸早就没有了，所以没几个人知道，这就是那一场火我为什么不让你们上前的原因，屋子里浓烟会让大家看不清，其实沈海心已经跑了，火烧之后，正好把一切都化为了灰烬，沈海心早就被养父送走了，至于指纹，只需要提前采集沈海心的指纹做成模型，然后在杀了老卢之后，沾了她的血印在房间里就是了。"

"逸凡，莫叔在哪里？还有M。"雪莹问道，"交给警方去自首吧，别一错再错了。"雪莹劝到，她真的不愿看到罗逸凡陷入这种境地。

罗逸凡牵起一抹很勉强的笑容，但那笑却不再迷人，而是尽显无奈与苦涩，他摇摇头，"太晚了，从跟随了养父的那天开始，我们就一直在过东躲西藏的日子，从那时候起，我就每天生活在养父的仇恨中，帮他报仇，这就是我存在的意义。和你们在一起，真的能暂时忘记这些，但最终我这条命还是属于养父的。"罗逸凡说完，手向怀中探去。

"小莹，小心！"巷口传来的是陆岳的声音，他接到雪莹的电话赶过来的。麦嘉玮听到陆岳的话，反射地把雪莹拉到身后，但罗逸凡却没有像预期中一样掏出什么，而是随着一声沉闷的枪响，他自己的身体缓缓向后倒去，刺目的鲜血染红了他胸口处的衣服，渐渐扩散开来。

"逸凡！"雪莹最先反应过来，她跑到罗逸凡身边，蹲下身颤抖地望着他，另一把小巧的手枪从罗逸凡的衣襟里滑了出来。但雪莹发现的时候已经太晚了，看来罗逸凡一开始就打算随时结束自己的生命。

"小莹——"罗逸凡苍白的脸上挂着最后一抹微笑，就连那湛蓝的眼眸似乎都黯然了下去，他费力地向雪莹伸出了手，"你还记得我曾经问过你吗，如果有一天，我做了不可原谅的事情，你是不是还把我当作朋友？"

雪莹握住罗逸凡冰冷的手，泪水忍不住模糊了眼眶。

罗逸凡露出一抹释然的笑，在这一刻，他终于可以解脱，做回自己。他的唇翕动几下，雪莹低下头靠近去听，随即点了点头。像是被抽离了全身的力气，罗逸凡的手慢慢垂了下去，终于闭上了眼睛。

雪莹的泪打在罗逸凡的脸上，已经说不出话来，一滴、两滴，汇成过往的画面。第一次见面时挂着迷人微笑亲吻她面颊的罗逸凡；在她调查夜暮离的案子陷入僵局，交给自己做犯罪刻画分析的他；在医院庭院里向自己深情表白的他；为了她的安危叮嘱自己不要再调查 M 事情的他，那才是定格在雪莹心中的罗逸凡，不论他做了多少错事，他就是罗逸凡，但现在他却永远不会再出现在她面前，向她展露迷人的微笑。

陆岳走上前，探了探罗逸凡的气息，无奈地摇摇头。麦嘉玮迟疑了一下,来到雪莹身边,也蹲下身轻轻把雪莹拉到自己的怀里,雪莹在他的怀抱中颤抖着,从无声地落泪,到失声哭泣,麦嘉玮轻抚着她的背给予她无声的安慰,自己心中也是无比的沉重。

这时罗逸凡一直掉在地上的手机忽然响了起来,陆岳神色一凛,捡起手机接了起来。

"逸凡。"电话里传来一道略显苍老的声音,但却是陆岳所熟悉的。

陆岳停顿一下,缓缓开口说道:"Mark,好久不见了。"

电话那端沉默了片刻,随即哈哈大笑起来,"陆岳,看来你们是知道了逸凡的事情啊。"

"罗逸凡已经死了,他不愿意说出你的下落,所以自杀了。"陆岳又看了看罗逸凡的尸体。

电话里再度陷入了一片静默,而这次时间更为长,就在陆岳以为对方不会再说话的时候,M忽然幽幽开口说道:"是吗,那个傻孩子。"

"Mark,收手吧,你已经赔上了他的一条命,难道还不够吗?我知道当年的事情是你受了冤枉,但你这样以恶制恶,什么时候才能是个尽头?而且也死了太多无辜的人。"

"收手?当初他们追杀我的时候,怎么没想过给我一条活路?老搭档,让我们来玩个游戏,检查一下你的水平是否退步。"电话里传来M尖厉的笑声,但那笑声里,却含着难以掩去的悲痛,"你没忘了,你的好朋友还在我手里吧,我一会儿会往逸凡的手机上发上一段视频,如果你能根据这个找到我,我就把他还给你,但期限是12小时,过时你可就再也见不到他了,怎么样,这个条件还可以接受吧?不过,你也没有选择的余地了。"M说完,电话随即就这样被挂断,巷子里除了雪莹的低泣声,就是一片炙人的沉默久久回荡。

[九]

警局的分析室里,除了机器转动的声音,没有一人开口说话,几

双眼睛都专注地盯着闪动的屏幕。早些时候，M 果然依言把一段视频传到了罗逸凡的手机，陆岳拿到警局，将影像传到电脑上放大。

画面上没有任何声音，能看到被绑在椅子上的莫警官，屋子里很幽暗，灰暗的墙壁，四处可见灰尘。像是一个废弃的房间，镜头内全部的家具也只有莫警官坐的一把椅子。唯有莫警官身后的一盏小窗，天蓝色的厚厚窗帘遮挡住了大半个窗子，只有中间的一道缝隙，隐约透出几分光亮。

"奇怪，这样什么都没有的房内，为什么窗帘看上去会格外干净？"麦嘉玮疑惑地说道。

"只有一种可能，那窗帘是后挂上去的，目的就是为了遮挡我们的视线，让我们难以分辨他所在的位置。"陆岳解释。

"爸爸，你看那里。"雪莹指着窗帘缝隙中，露出的一角白色大楼。

"那好像是个商场？"陆岳望着亮起的霓虹灯，又看了看视频的时间，"现在是晚上 9 点，如果 Mark 是在发视频之前才拍下来的，那应该是 6 点左右这霓虹灯就亮起来的。"

雪莹又仔细凝视着屏幕，一双蓝眸中充满锐利的目光。"那好像是个'君'字。"

"我去查查看，有没有名字里带个'君'字，而且在 6 点之前就亮起霓虹灯的商场。"麦嘉玮说完，迅速走了出去。

陆岳看看表，距离和 Mark 约定的时间已经过了三小时，处理罗逸凡的事情用去了一些时间，他们来到警局把视频处理清楚，就不知不觉到了现在，还剩下九小时的时间，如果没能在规定时间内找到莫警官，他明白 Mark 是什么都能做得出的人。他连自己抚养了十几年的养子都可以牺牲掉，没有他不能舍掉的东西。

想到这里，他不禁又看向一旁出神的雪莹，慈爱地拍拍她的肩，关切地询问道："你要不要先回去休息一会儿？这里有我们就可以了。"

"我没事。"雪莹摇摇头,罗逸凡的死的确给她带来很大的冲击,但她明白,眼下时间就是一切,因为这关系着莫叔的生死安危,由不得她兀自沉浸在感伤中。她只有强压下那份哀戚,尽快帮忙找到莫叔的下落,抓住M,才能尽快让这一切画上句号。

陆岳了解自己的女儿,所以也不再劝说,只得又将目光投向屏幕的画面,极力搜索着画面的每一个细节,雪莹见状也不开口,仔细端详起来。"根据目测,这屋子大约在商场的西南方。"陆岳开口道。

雪莹点头,"在 200 米到 500 米的距离,现在可以确定的是,这是一间朝东的房间,比那商场的位置略低一层的距离,应该是个废旧的场所。"

"不错。"陆岳赞同道,"现在就等嘉玮那边的结果出来,确定那栋大楼的位置了。"

陆岳说话间,麦嘉玮正推开门,匆忙走了进来。"查到了,君口百货,距离这里开车需要半小时的车程,我们是不是现在就出发?"

"别急。"陆岳冷静地阻止道,"先把君口百货周围的地图调出来看看。"

"是的,我们应该先划定范围。"雪莹也提醒。

在电脑的搜索下,轻而易举便找出了君口百货的周边地图,为了不放过任何一丝可能,陆岳圈定了半径 500 米内的距离,由麦嘉玮找来的警员分为几组,陆岳、雪莹、和麦嘉玮则带着几个人重点去查看商场的西南方向。分派完毕,大家就分头尽速行动起来。

"就是这里了?"几人站在一栋三层的楼前,麦嘉玮看着眼前这小巷里墙壁斑驳的旧楼,向陆岳和雪莹询问道。

"应该没错。"陆岳答道,"派几个人查看下这楼有几个出口,都把守起来。"

麦嘉玮点点头,对着随行的警员交代了几句,几分钟之后,几名警员都返了回来，麦嘉玮向陆岳道："除了这个大门，就只有后面还有个出口，已经有人守在那里了。"

"好，我们准备进去。"

陆岳说着，拿出罗逸凡的手机，又翻开那视频，做着最后的确认。却在这时，那电话又响起来，是一通可视电话，陆岳示意几人凑上前，一起端看着。

还是那间屋子，只不过此时坐在椅子上的莫警官低着头，头上戴了一顶大帽子，遮去了他的面孔。一阵细微的轱辘滚动声响起，一个摇着轮椅的身影，缓缓出现在众人面前。他背对着摄像头，虽然已经除掉了上次见面时化妆的一头白发，但雪莹还是从那背影一眼就认出了，那是 M。

"怎么，你们动作还不慢，找到楼下了吧。"M 并没转头，声音从前面传来。

"他怎么知道？"麦嘉玮讶异地问。

镜头前的 M 尖厉地笑起来，"你们一定奇怪我为什么会知道吧，我说了这是一道谜题，我当然不会让它脱离我的掌控。"

"Mark，你已经无路可逃了。"对于 M 的话，陆岳并不奇怪，既然他能坐在这里等他们的到来，就自然在这周围早已部署妥当，在门外有几个摄像头监控也不足为奇。

M 的笑声听起来刺耳而不屑，他的背影随着动作而微微抖动。"可笑，你们还是先抓到我再说大话吧，不过在这之前，你们恐怕是来不及了——"说着，M 推动轮椅向前，径直来到莫警官的面前。

"不好，快进去，君口百货是四层，那这里应该在三层的位置！"陆岳沉声说道。他仍手持着手机，率先冲进大楼内，麦嘉玮和雪莹也跟在他身后。而这时，视频还在播放着。这栋三层的建筑并没有电梯，几人打开安全门，向着楼上奔跑。

"你要干什么？"陆岳边跑边厉声道，"Mark，我们约定的时间应该还没到吧？"

"老搭档,很遗憾,我已经不再是原来的我了,信用这个东西在我眼里不值一钱。"M笑道,随即从轮椅的扶手中抽出一把闪着寒光的匕首,在众目睽睽下举起,准确无误地刺进莫警官的心脏,随即喷溅出来的血迹,染红了所有人的视线。

"不——"陆岳脚步一顿,最终还是来不及了吗?他们就只能眼睁睁看着自己的老朋友这样死在面前?视频就在这时结束,手机屏幕上伴着M那刺耳的笑声,重又回归沉寂。陆岳看了看同样面色沉重的雪莹和麦嘉玮,不禁又更加快脚步奔向楼上。

大约用去两三分钟的时间,几人来到三层,这废弃的楼似乎以前是间旅店,分列在走廊左右有八个房间,左右各四。

"看,这房子门口有滴落的血迹。"麦嘉玮指着一间房门口说道。

"别急。"陆岳在那房间门外停了下来,向麦嘉玮提醒着,"这也有可能是故布疑阵,诱我们上钩。"

麦嘉玮闻言拿出枪,和陆岳在门边左右分开,两人凝神向门内听了听,这才一点头,撞开门。房间里仍是那一片漆黑,那拍摄用的小型摄像机还架在屋子正中,椅子上的人依稀可以看出身形,但却一动不动。

"莫警官!"麦嘉玮说着就要上前,却被雪莹阻止,她吸了吸鼻子说道:"你们有没有觉得有什么不对劲儿?"陆岳点点头,示意她继续说下去。"这里虽然血腥,但却不是人体血液的味道。"

麦嘉玮走上前,蹲下身用食指沾了地上的血,凑到鼻子前仔细闻了闻,又伸出舌舔了舔,这才确认地开口:"应该是鸡血一类的东西。"

这时陆岳也到椅子面前,一把掀开被绑那人的帽子,却赫然是一具毫无生命的塑料模特出现在眼前。"我们被骗了。"

"那就是说,刚才M刺死的根本就不是莫叔?"

陆岳还没来得及回答,罗逸凡的手机又响了起来。他接起电话,M的声音又传出来:"怎么样,老搭档,我这出戏演得还不错吧?哈哈,你们刚才的表情想必一定很精彩。放心,这点信用我还是有的,你们的朋友还活得好好的。"

"你到底在哪里?"

陆岳说话间,雪莹走到窗前,将厚重的拉开窗帘全部拉开,脑中飞快思索着。要是M一开始就没在这里,那刚才的场景就不可能完成,但这楼已经被封锁,他们看到莫警官又确实是被关在这屋子里,死的人却不是莫警官。那么莫警官和M,又去了哪里?罗逸凡已死,M只剩下一个人,他本就行动不便,不可能独自移动被绑着的莫警官。忽然,她的目光定在窗外的君口百货上,一双清亮的蓝眸中微光闪动。

她快步走回父亲身边,无声地指了指手机,做了个通话的动作,陆岳立刻会意雪莹是让他继续拖长通话的时间。与此同时,雪莹已经迈步向门外走去,陆岳一边和M对话,一边向麦嘉玮点点头,两人也跟了过去。

雪莹悄声打开门,努力让自己不发出脚步声但又不耽搁片刻,她站在楼道里左右端详片刻,用下巴示意右侧的一扇门,麦嘉玮重又举起枪,用力踢开那扇门,指向屋内,在看清屋子里的情形之后,诧异地瞪大了眼。

这屋里的布局和隔壁的房间一模一样,唯一不同的是,那被绑椅子上的人,才是真正的莫警官。坐在窗前轮椅上的身影,雪莹也并不陌生。他缓缓转过身,比上次M现身在她面前时略有不同,一头黑发,虽然面容比起自己的父亲陆岳显得沧桑,但仍比那次刻意的乔装年轻不少。

麦嘉玮用枪指着M,小心翼翼地走向莫警官,他又警戒地看了看端坐在原地不动的M,用另一只手飞快地解开绑着莫警官的绳子,拉着莫警官一起返回陆岳和雪莹身边。而自始至终,M却都好像无动于衷,连眉毛都不曾挑一下。

"好久不见了,老搭档。"M向陆岳轻笑道,"你在后面追踪我这么多年，也累了吧，今天咱们终于面对面了。"

"Mark，你的事情我们都已经知道了，这都是被你绑来的老莫调查清楚的。"陆岳看了 M 一眼。

"那又怎样？"M 却好像丝毫不觉得愧疚地反问。

"当年确实警方有错，但你如今的做法，却害了太多无辜的人，就算你是为了向那些人复仇，但你这些年来策划的案子里，那些牺牲者又做错了什么？"

M 冷笑道："那都要怪他们自己，罪恶也需要滋生的土壤，如果他们不曾有过这种想法，又怎么会被我利用？"

"那罗逸凡呢？"雪莹忽然问道。

M 的视线倏然移向她，落在雪莹俏丽的脸庞上。"逸凡的死，是你的责任，我培养他十几年，派他来这里帮我，可却忽略了，他也是个有感情的人，最近一段时间以来，我一直发现他在用各种方法提醒你，远离这一切，为的就是想将你隐藏在安全的地方，只可惜，你太执着了，最终没能放弃追查。"

雪莹神色中闪过一抹黯然，眼前浮现出罗逸凡那总是挂着微笑的脸庞，随即坚定地抬起头，"不，害了他的人是你，是你的仇恨，对他的步步相逼，利用他来完成你的复仇，而他的死，也是为了掩护你的存在。"雪莹说着，又忍不住红了眼眶。

"也许你说得对，你们谁也别想抓住我，该是我去陪他的时候了。"M 唇角牵起一抹莫测的笑容，继续说道，"而且，你们一个也别想离开这里，我想大家一起到那个世界去，才不会寂寞。"

"不好！"陆岳的视线飞快在屋内巡视，却见 M 右手食指轻点，在他轮椅边的计时器就飞快跳动起来。

"是炸弹！"麦嘉玮惊道，"快走！"

"你们几人先走，我随后就来。"陆岳沉声命令。

雪莹摇摇头，"不，爸爸你不走，我也不离开。"

"小麦，带老莫和雪莹离开。"陆岳说着一个闪身，人已经来到 M

面前,他想要推动轮椅,却发现纹丝不动,早已被固定在地上,他又不甘心尝试着将M从轮椅上拉起来,这才看到M用绳索把自己捆绑在轮椅上,还系上很多死扣,看来一开始就打算同归于尽。

"Mark,你——"陆岳焦急地看向他,M只是含笑不语。

"爸爸,快!"被麦嘉玮拉到门口的雪莹坚定地停住脚步,不肯丢下父亲独自离去。陆岳见状,目光在M和女儿身上巡视片刻,飞快闪动的数字一点点变小,让他没有更多思索的时间。他一握拳,向门外跑去。

几人沿着上来时的楼梯,飞奔而下,沿路麦嘉玮略作停顿,不忘招呼着同来的警员退出去。这时楼上传来一声震天的响声,除了三层M所在的那房间传出火舌,其余玻璃也都因震动而碎裂大半,使得那老旧的楼看上去摇摇欲坠。雪莹和父亲与莫警官站在不远处,焦急地看着麦嘉玮,直到他最后从楼中飞跑出来,雪莹再也忍不住迎上前,紧紧抱住了他。

麦嘉玮受宠若惊地不好意思一笑,但还是伸出手,轻拍着雪莹安抚道:"没事了,你看我这不好好的吗?"

雪莹摇摇头,有些哽咽,"逸凡已经不在了,我不要再失去你。"

"我明白,我明白——"麦嘉玮将雪莹拥进怀里,抬头望向那燃烧不已的房间。M,这一切就真的这样落幕了吗?

尾声 YI YUN JI

一个月后,机场。

雪莹和麦嘉玮看着眼前手提行李的陆岳,显得有些依依不舍。

"爸,您真的要走吗?"

"是啊,陆叔叔,您刚回来,为什么不和小莹一起生活?"

陆岳摇摇头,向雪莹说道:"现在老莫也回来了,有什么事他会照顾你的。"说完,陆岳又转向一旁的麦嘉玮,慈爱地笑道:"还有你小子,我就把我们小莹交给你了,你也要帮忙照顾,可不能偷懒。"

"爸,看您说的——"雪莹不满地看了麦嘉玮一眼,麦嘉玮只好摸摸鼻子,表情极其无辜。那天的一拥之后,两人间仿佛有什么渐渐发生了改变,但他们很有默契地守住这份心照不宣,谁也不点明。

陆岳笑笑,随即正色道:"这件事已经牵扯了太多年,如今尘埃落定,我也想先休息一阵。"

雪莹自然也能明白父亲的用意,"爸爸,您放心好了,我会照顾好自己,也会继续守着侦探社,您也别忘了要打电话和写信回来。"

陆岳点点头,放下行李,给了雪莹一个紧紧的拥抱,这才又拿起行李,走向了登机口。在快要走进去的时候,他回过头,向雪莹他们招了招手,随即身影消失在两人的视线中。

"这下又剩下我一个了。"雪莹喃喃说道,蓝眸中闪过一抹失落。

"错,是两个,不是还有我嘛。"麦嘉玮插话进来。

雪莹瞪了他一眼,"你也算数?我和你好像不是很熟吧?"

麦嘉玮语塞地挠挠头,磕磕巴巴道:"你,你爸爸让我照顾你。"

又见他这副模样,雪莹似乎心情也好了起来。"照顾我?你有这个能力吗?我还是自己来比较踏实。"说完,雪莹转身向外走去。

"喂,你去哪儿?等等我。"麦嘉玮见状也追了上去。

雪莹回身向他俏皮地眨眨眼,"去照顾自己,吃——饭——"

"我也一起去,喂,走慢点啊——"

两人的声音很快便淹没在熙攘的人群里,对于他们来说,新的故事才刚刚开始。